U0894710

金龙鱼背后的粮油帝国

余盛◎著

天津出版传媒集团
天津人民出版社

图书在版编目（CIP）数据

金龙鱼背后的粮油帝国/余盛著．—天津：天津人民出版社，2019.7

ISBN 978-7-201-14621-8

Ⅰ．①金…　Ⅱ．①余…　Ⅲ．①粮油工业—工业企业管理—经验—中国　Ⅳ．①F426.82

中国版本图书馆 CIP 数据核字（2019）第 060670 号

金龙鱼背后的粮油帝国

JINLONGYUBEIHOUDELIANGYOUDIGUO

余　盛　著

出　　版　天津人民出版社
出 版 人　刘　庆
地　　址　天津市和平区西康路 35 号康岳大厦
邮政编码　300051
邮购电话　（022）23332469
网　　址　http://www.tjrmcbs.com
电子邮箱　reader@tjrmcbs.com

责任编辑　王昊静
策划编辑　马　优
装帧设计　仙　境

印　　刷　三河市文阁印刷有限公司
经　　销　新华书店
开　　本　710×1000 毫米　1/16
印　　张　17.75
字　　数　245 千字
印　　数　3000 册
版次印次　2019 年 7 月第 1 版　2019 年 7 月第 1 次印刷
定　　价　188.00 元

『前言』

这本书讲述的是金龙鱼品牌及其母公司丰益国际的商业传奇故事。

金龙鱼品牌是由东南亚商业大亨郭鹤年和郭孔丰家族拥有，并由李福官先生在中国大陆一手打造。从进入中国之日始，金龙鱼就面临着中国消费者从散油向包装油消费习惯的转变、本土竞争对手的强势崛起、转基因安全争议的攻击、国家标准制定的困扰等种种棘手的问题。

在中国，像金龙鱼这样，既取得惊人成功，又饱受争议的品牌，估计没有第二个。在总量高达1000亿元的中国小包装油市场上，金龙鱼品牌大约占据了35%的市场份额。换算为人数，相当于1.5亿左右的中国人，每天都在吃金龙鱼牌的食用油。金龙鱼是极少数几个能够覆盖中国广阔市场的品牌。无论是以极光出名的漠河极北之地，充满中亚风情的新疆喀什，还是青藏高原那高寒而又广袤的荒原，都可以买到金龙鱼的产品。只有康师傅、可口可乐等少数品牌的覆盖率可与其媲美。尽管市场做得如此成功，但金龙鱼却又饱受各种话题的争议。从转基因标识、化学浸出工艺、粮食危机中的价格操纵、地沟油谣言、外资垄断中国粮油市场的阴谋论，直至是否影响中国国家粮食安全的大话题，无不给金龙鱼造成巨大的困扰。

而如今握有金龙鱼品牌的丰益国际，自从它由郭鹤年的侄儿郭孔丰创建之日始，就面临着全球化扩张的机遇与风险、国际粮商巨头的竞争与合作、多元化商业帝国的并购与融合、研发技术上的创新与应用等艰难险阻。而丰益国际竟然一路有惊无险地走来，仅用了18年的时间，就进入了世界500强俱乐部。

由于金龙鱼品牌的影响力及丰益国际的庞大规模，它们牵涉的话题非常广泛。商业人士或许会纳闷，金龙鱼品牌和丰益国际公司如何能够发展得如此强大，究竟有何成功原因？投资人士需要了解，食用油产业及农业板块的运作有何特点、风险何在？如果是被中国式的游戏规则搞得晕头转向的外资企业，也许能领悟一些在中国做生意的窍门。每个普通的消费者，都会有兴趣了解转基因，了解自己所吃的食用油究竟是怎么一回事。我希望这本书可以给每一个关心这些话题的读者一个比较客观和清晰的答案。

让人惊异的一个事实是，这么多年来，各种商业、管理和营销类书籍汗牛充栋，但在这本书问世之前，居然没有过任何一本专门讨论金龙鱼和丰益国际话题的书籍在市场上出现过。也许是因为食用油这个行业很小很闭塞，外人对这个行当知之不多。也许是因为这个话题牵涉到三农问题及国家粮食安全，太过于复杂和沉重，极少有人能够摸清它的脉络。

我于2002年进入嘉里粮油集团下属的嘉里粮油商务拓展有限公司工作，一待11年，直到2013年离开。由于一直在深圳营销总部工作，几乎接触过益海嘉里旗下包括金龙鱼在内的所有重要品牌，涵盖调和油、花生油、菜籽油、大豆油和芝麻油等的营销管理，经历了第二代调和油上市风波、百万吨庆典、益海与嘉里的合并、赞助北京奥运等重大事件。在离开益海嘉里集团后，也没有离开食用油的行业，一直在做食用油品牌打造和产品营销的工作。在食用油行业中浸渍多年，见识了许多有趣的故事，以及一些不为外人所知的“行业内幕”。一直有心想把这些内容整理成书，但却拖到现在才开始着笔，了结这个心愿。

在开始金龙鱼和丰益国际漫长的传奇故事之前，让我们先回顾一下10年前发生在重庆的一桩小小的往事。这是一件小得不能再小的往事，相信已没有几个人记得。可是，我却一直以为，它昭告了一个商业帝国的来临。不仅仅是这桩往事中的几十人、数百人被裹胁其中，而是数亿人的生活，从亚洲到其他世界各大洲，都将受到它的影响。

余盛

2018年12月执笔于深圳

目录
Contents

『楔子』 wedge

一桶油与三条人命

何鱼想不明白，一小时前还在超市买油，现在怎么就躺病床上了呢？

2007 年 11 月 10 日，星期六，重庆，早上 8 点，何鱼匆匆出门，赶往附近的家乐福，那里即将开始 10 周年店庆促销活动。他只用了 10 分钟就走到超市东门外，却发现自己已经来晚了。数百名街坊已经在超市外头排成数列长长的队伍。其中一位排在前列的老婆婆是他认识的，名叫李秀珍，今年 78 岁，凌晨 4 点就来排队。从人群的交谈中可以知道，不少人是从重庆的其他区闻风赶过来的。许多人的手中都拿着超市的特价商品广告单。广告单上的显目位置，一款 5 升装的“新元”牌菜籽油，原价 51.4 元，今天只卖 39.9 元，而且只限一天，每人限购两桶。

8 点 20 分，超市其他大门已开，东门却迟迟没有动静。队伍骚动了起来。8 点 30 分，东门开了，原本还秩序井然的队伍在瞬间崩溃，一两百人同时挤向入口。不到一分钟，就有十几个人被挤倒在商场入口的玻璃门处，数人尖声惨叫。现场只有一个保安。保安开始喊叫让大家往后退，但根本不管用。人群挤向超市入口处的一个小山似的大油堆，开始拼命抢夺。看到现场的混乱状况，店里的工作人员不仅没有维持秩序，反而急着进行补货。工作人员站在梯子上，开始从货架往下抛油桶。

“他们往下抛油桶的时候都砸到人了，有人呼叫救命，大家都在抢，也没有人管了。家乐福的工作人员可以说是搬着一桶桶的油往人群里抛。每桶都是10斤重的油呀。”老婆婆李秀珍事后回忆说道。当时，工作人员往下扔油时，她跑去抢油，结果被周围的人挤到了货架旁，“我觉得腰很痛，站不起来，之后就被送到了医院。”医院检查显示，她的颈椎和腰部都有不同程度损伤。

凭借年轻力壮，何鱼抢到了4桶菜油，踉踉跄跄地要往收银台结账。但是，结账人流与进店人流的相撞困住了他。何鱼被人群挤倒在地，数只脚踩到了他的身上。所幸，何鱼死死抓住了另外一人的衣服，半撑在地上，才未被严重踩伤。

9点钟，超市紧急关门。何鱼等30多个伤者被送往医院。伤者多数是老人，其中，有3个人永远地离开了人世。

回顾往事，痛惜人命之余，我们不禁要问，一桶油仅仅10多元的折扣，为什么就能让人不要命地去拼抢？食用油产品，怎么会有这么大的魔力？

大家都在谴责家乐福的管理混乱，或者慨叹老百姓贪便宜的购物习惯，却几乎没有人注意到，事故的真正主角，是那一桶桶的食用油。

一桶桶沉默的“新元”牌菜籽油。

菜籽油的瓶肩上刻着原料原产国“加拿大”。菜籽油的商标，曾经属于湖北的一家公司，“武汉新元粮油工业有限责任公司”。菜籽油的生产厂家，是位于成都的“四川嘉里粮油工业有限公司”。

为什么隔着太平洋的加拿大菜籽油，千里迢迢来到中国内陆，被成都的一间菜油厂，使用了来自武汉的商标，最后在重庆家乐福，引发了一场夺去了三条人命的事故？

在这桶菜籽油的标签上，写着如今的商标持有人：“丰益中国投资（益海）私人有限公司”。

第一章

东南亚富豪中的异数

大马起家的东方糖王

在东南亚教父级的商业大亨中，郭鹤年绝对是一个异数。

与同时代的大多数东南亚华人一样，郭鹤年经历了大半个世纪的风风雨雨——英国殖民者的统治，二战的爆发和日本人的入侵，战后殖民势力的退潮，华人商业势力的崛起，当地土著民族主义的抬头，东南亚经济的起飞与泡沫的破灭，中国崛起对亚太区域经济格局的影响。时局动荡、大浪淘沙，上至权势熏天的国家元首和富可敌国的商业大亨，下至身无分文的外来苦力和心怀不满的当地土著，每一个人都被裹胁其中，像一叶叶处在风暴中的小舟，身不由己、跌宕起伏。能够始终屹立在船头，并能稳稳建立长青基业的，只有极少数人。

中国在全世界有 3500 万的海外华人，其中 2700 万在东南亚。东南亚华人不仅人数最多，在经济上也最成功，为当地经济的发展做出了重大的贡献。华人家族对东南亚各地的影响力，不能不让人瞩目。与郭鹤年差不多时代的有：中国香港的李嘉诚、李兆基、郑裕彤、包玉刚、霍英东和邵逸夫；泰国的谢国民和陈弼臣；印尼的林绍良和黄奕聪；菲律宾的陈永栽和郑周敏；澳门的何鸿燊；新加坡的郭芳枫，等等。

郭鹤年与他们有何不同？

一九四九，雾锁南洋。

年初，马来亚①柔佛州新山市，源自福建福州的郭氏家族遇到了大麻烦。郭家第一代移民，家族企业掌门人郭钦鉴刚刚去世。其名下的东升公司被法院勒令清盘，交纳遗产税后分割给各直系亲属。老大不在了，企业没有了，郭氏家族将何去何从？

关键时刻，从来不过问家族生意的郭钦鉴的夫人郑格如挺身而出，召集几个家族成员开会。郭鹤年最年轻，当时仅26岁。会议决定大家一块凑钱开公司。郭鹤年提议大哥做董事长，一位堂兄做总经理。他虽然未居要职，却凭借自己大股东的地位及领导能力而成为公司的实际掌舵人。

郭氏兄弟有限公司于4月1日正式开业。半年后，在遥远的祖国大陆，一位伟人在北京天安门城楼上庄严地向全世界宣告，中华人民共和国成立。郭鹤年不会预料到，几十年后，他的事业将于祖国的发展紧密联系在一起。同在这一年，郭家又一个婴儿呱呱落地，并被取名为郭孔丰。郭氏是一个庞大的家族。钦字辈亲兄弟六人，鹤字辈堂兄弟二十二人，下一代的孔字辈更是不计其数。谁也不会想到，这个婴儿，他日将以祖国大陆为最重要的事业根据地，创造出一个世界级的商业帝国。

郭钦鉴辛苦打拼了近40年，在新山市已成小富。深受不懂英文之苦的郭钦鉴，将他的三个孩子都送进新山英文书院和新加坡莱佛士学院读书，还用欧洲国王的名字给他们分别起了英文名：菲利浦、威廉和罗伯特。在殖民时代，入名校学英语，可是事业成功的基础。郭鹤年的老同学，有不少在马来西亚和新加坡政府中担任要职，如马来西亚的第二任总理拉扎

① 1963年，马来亚联合邦联同新加坡、沙巴及砂拉越组成了马来西亚。1965年，新加坡退出马来西亚。

克、第三任总理胡先翁，新加坡第一任总理李光耀等。胡先翁的父亲拿督翁是柔佛州的贵族和巫统创始人之一，也是郭钦鉴的好友。

郭钦鉴最大的一笔财富，来源于二战后英国军事管理局的合同。通过为日本战俘营供应蔬果，以及成为南柔佛主要的大米、白糖和面粉经销商，在短短三年时间内赚得四百万马币（1 马币约等于人民币 2 元）。郭钦鉴生前热心办理教育和当地华人事务，曾任新山宽柔中学董事长和福建会馆主席、新山中华公会理事，被柔佛苏丹封为准拿督衔。在他去世后，政府为纪念他对新山的贡献，特意将市内的一条横街命名为郭钦鉴路。

在郭鹤年的眼里，父亲表现得非常绅士，对朋友更是慷慨大方。父亲从来没有恶意中伤，或以阴谋诡计加害对手。郭鹤年决心要像父亲一样，在商场上成为“一个很有道德的人”。而大米、白糖和面粉生意，也成为郭兄弟公司的主营业务。

那个时代的马来亚，依靠来自中国和印度的劳工大量出产橡胶和锡，而其他大多数商品，包括粮食在内，均不能自给，需要依赖进口。虽然相邻的爪哇盛产白糖，但马来亚却要从印度进口白糖。因为爪哇是荷兰殖民地，印度则和供应面粉的澳大利亚一样，都归日不落帝国管辖。只有帝国供应不了的大米，才从殖民体系之外的泰国进口。马来亚的橡胶业、采矿业和海外贸易都操纵在英国人的手中，华人只能做当地的分销和零售。当时大多数殖民地都像马来亚一样严重依赖农业矿业单一经济，工业制成品必须从宗主国输入。

经营一段时间后，郭鹤年发现，大米价格的波动不大，难有高的利润，还是让给潮汕人去做（李嘉诚就擅长记住客户家米桶的深浅）。白糖的价格经常会有剧烈的变化。往往一条船，要用五六周的时间，才能从印度漂到东南亚。一旦市场缺糖，价钱就可以抬得很高。全世界的白糖的出口集中在巴西、古巴、印度和泰国等少数几个国家，价格容易受政治或天气等因素的影响。面粉的价格波动和利润则居于大米和白糖之间。富贵险中求，郭鹤年决定把白糖生意作为经营的主要方向。

初为人父的郭鹤年，对白糖还有另一种的切身体会。“一两岁的小孩子，晚上哭的时候，你给他一点糖，他就安安静静了。所以价钱可以抢得很高的。不然的话，父母亲第二天没有精神去工作了。所以我就觉得，这个生意真正可以做。”

当时正处于马来亚寻求独立、英国殖民势力退出的混乱时期，经济环境并不健全。“有的糖商，就叫人特地把海水喷到一包一包麻袋的砂糖上面，以后就向保险公司求赔偿，赔几万块，用来补贴他的成本，我们就竞争不过他。我们知道，也不去抱怨，还是埋头尽量竞争。他们当时是发财，但是到现在都看不见了。”

依靠诚信和努力，郭鹤年的白糖生意小有起色。可是，作为一个小分销商，郭鹤年只能被动地接受英国公司的盘剥。1956 年，苏伊士运河危机爆发，白糖价格翻了一倍多。可是，英国人却通知郭鹤年，当月无糖可供。仰人鼻息的滋味并不好受。次年，马来亚宣布独立，郭鹤年终于可以放开手脚大干一场。

1958 年，日本三井公司用化肥从印度换来 3 万吨白糖，需要找地方就近出售。那时候，马来亚和新加坡的贸易商，都是通过英国公司，一次几百吨地从印度进口白糖。可是，新加坡传来消息，一个叫郭鹤年的疯狂的年轻人，愿意将这些白糖全部拿下。

这单交易签约后，突然撞上中国急需外汇，从国内市场挤出 3 千吨白糖向马来亚出口。整个市场的白糖价格大跌。不过，郭鹤年通过英联邦国家间的关税优惠和三井公司的价格折让，拥有较大的成本优势。负责中国白糖销售的中国粮油食品进出口总公司——中国粮油食品（集团）有限公司（简称“中粮”，COFCO）的前身，意识到无法与郭鹤年竞争，决定转而与其合作，将马来亚的白糖销售业务委托给他。通过这单白糖交易，郭鹤年不仅绕过英国中间商，打开了与印度直接交易的通路，还与中粮不打不相识，建立了良好的合作关系。

郭鹤年还通过这单交易，让三井见识了他的雄心与实力，成为他非常重要的合作伙伴。之后，郭鹤年的炼糖厂、面粉厂等项目，三井都注入资金并提供技术支持。不过，日本人的精于算计，比中国人的酒量和烟瘾更让郭鹤年头疼。

将白糖贸易做大后，郭鹤年就必须经常前往伦敦，与各大交易商打交道。虽然郭鹤年痛恨英国殖民者的傲慢和冷酷，但是这个世界的贸易体系是英国等西方列强建立的，只有适应和进入这个体系，才有可能成长甚至与其争夺话语权。满口英语的郭鹤年，经常每天白天在他们的办公楼跑五六家，晚上就请一家出去吃饭，在吃饭中，把他脑中的看法都拿出来，拿出来以后回去再研究一点，写电报给新加坡，睡觉的时候差不多要半夜一点了。

郭鹤年亲自操盘白糖期货交易，“要不断收集讯息，研究各方面的供求、生产、消费，还有海运的问题。”“我相信比我聪明的对手有好多，但是有的人聪明，他的夜生活比较乱。等到第二天，可能我不会睡觉，不会在桌子那边睡，他们会睡觉。所以我就会跑得比较快。”

1963 年五六月份，郭鹤年抓了二十万吨左右的现货，到期货市场也买进了不少。“本来以为看得准，市场会涨，能赚大钱。想不到七八月份，价格不但没有稳定站住，还大大下降。假如资力不够的话，当时就破产了。”这也许是郭鹤年一生中最紧张的时刻。没想到，八月底，一个很凶的台风打到古巴，古巴的甘蔗园和砂糖厂大受破坏。古巴当时是全世界最大的食糖产地和出口地。受此影响，国际市场上糖价直线上涨，不仅挽救了郭鹤年，还让他大赚了 1400 万马币。

可是，不以套期保值为目的的期货交易，其实就是投机。有人上天堂，就有人下地狱。同样是在这一年，在古巴出生的传奇糖王约里奥·洛博破产。老天帮了一次忙，不可能指望再帮第二次。心有余悸的郭鹤年意识到，如果要想长久、稳固地做好白糖这门生意，仅仅依靠贸易和投机是不行的，还必须往上游走，抓生产和种植。

刚刚独立的马来亚，急需发展进口替代工业，以走上经济独立的道路。郭鹤年力排众议，毅然投入156万马币的巨资，几乎是郭氏家族当时所能动用的全部资金，在槟城创办了东南亚第一家独立的炼糖厂，即马来亚制糖有限公司。在今天看来，建这么一个工厂稀松平常，当年却是一个了不得的创举。在那时，制造业可是白人才干得了的事情。马来亚炼糖厂于1964年的投产，连伦敦的晚报都注意到了，并将郭鹤年恭维为“东方糖王”。由于郭鹤年申请到政府的全面关税保护政策，并使得政府禁止精制糖的进口，该公司很快就主导了马来西亚市场，将英国人等竞争对手淘汰出局。

马来西亚原本很少种植甘蔗。1968年，郭鹤年与政府合作成立玻璃市种植有限公司（Perlis Pelantations Berhad，简称PPB），向政府租借玻璃市州约6千公顷的森林地，开垦为蔗园。玻璃市种植有限公司上市后，郭鹤年以置换股份的方式，把马来亚制糖有限公司卖给玻璃市种植有限公司，并同时获得了玻璃市种植有限公司的多数股权。玻璃市种植有限公司控制了新加坡和马来西亚80%的食糖市场，有着稳定的现金收入，为郭鹤年的商业帝国奠定了基础。

面粉是郭兄弟公司的另一块重要生意，郭鹤年决定也建一个厂。在马来亚炼糖厂投产两年后，联邦面粉厂（Federal Flour Mills Bhd. 简称FFM）正式投产，并立即占据马来西亚超过40%的市场。

生意蒸蒸日上，郭鹤年却仍然苦恼。马来西亚是个小国，面积相当于中国云南省，独立时的人口只有一千万。不管做什么生意，稍微一努力就会“碰到天花板”。而且，马来西亚的时局开始出现变化。

从印尼、中国香港到中国大陆

马来亚独立和马来西亚成立后，政治被掌握在了马来人的手中。马来人不擅商业，不得不依靠华人来管理经济。马来西亚新成立了不少国有企业，政府都请求郭鹤年帮忙监管或经营。郭鹤年出任过的职位有：马来土著银行的董事，日本和马来西亚合资经营的综合钢铁厂的董事长，马来西亚国际船运有限公司董事局主席，马来西亚－新加坡航空公司主席等。

不过，国有企业可是大肥肉，郭鹤年一心为公，挡了别人的道，在这些职位上都干不长。而且，马来人的民族主义开始抬头，矛头主要指向华人。

1969 年，马来西亚发生“五一三”种族暴乱，上千人死于非命，其中多数是华人。此后，马来西亚政府发起新经济政策运动，在公司股权占有、城市人口就业、大学入学等许多方面，马来人均得到优先照顾，华人被打压。郭鹤年下定决心，决定走国际化道路。

印尼人口十倍于马来西亚。20 世纪 30 年代，还在荷兰殖民者统治时期，印尼曾是世界第二大糖产国和出口国。但是印尼糖业却衰退已久，连本国的食糖需求都不能自给。通过与印尼总统苏哈托的亲友合作，郭鹤年每年为印尼进口 50 万吨左右的白糖，并在印尼古隆马都建了炼糖厂和 2. 5 万公顷的甘蔗园。郭鹤年还与印尼首富林绍良合作，在印尼建立了两家规模在全球都能排名前列的大面粉厂。

与林绍良的合作并不愉快，郭鹤年“常常有被林氏坑骗的感觉”，应该要考虑寻找其他的篮子，来放下更多的鸡蛋。1973 年 4 月，一个神秘的电话改变了郭鹤年的生意轨迹。

依约从新加坡的家赶到中国香港宝华大厦，郭鹤年见到了两位华润五丰行（中粮在中国香港的总代理）的高级经理，他们一坐下去就讲，国家现在很紧张，急需 30 万吨的原糖，需要郭鹤年帮忙采购，同时也要帮忙买进一些期货。

那时候的 30 万吨，相当于现在的差不多 100 万吨。这种行情一出去，原糖的市场价格估计会大涨 20% 到 25%，在期货上也有巨利可图。

郭鹤年当即答应帮忙。当时，他手中并无多少存货。别的国家，除了巴西，也没有什么货。郭鹤年一边派人去巴西，另一边自己去瑞士的日内瓦参加一个糖的国际会议。这是一个大会议，郭鹤年特地报名参加，就是为了在那边天天跑来跑去，让人不会以为是他要在巴西买糖。

会议期间，有个英国商人朋友走来同郭鹤年聊天：“Robert Kuok，你知道吗？最近巴西很奇怪，从来没有看见过的日本人，年轻的，有两三个，天天在糖区，出进出进出进”。郭鹤年的心里一跳，英国人的情报这么厉害，但表面上不动声色地说：“是吗？你还有行情要告诉我哦。”

第二天，大会正在演讲。突然间，演讲人说，有国际电话找 Robert Kuok，还好他没说是巴西来电。郭鹤年赶去听电话，果然是去巴西的同事，听说他们有一点进展了。郭鹤年说：“你不但要有进展，还要快，这边开始有动作了。否则这个事情就会爆出来。我那边还在做期货，还没做得够。你要快，我也加快，多买一些期货。”去巴西的同事说他听得懂了。

三四天后，巴西的采购合同签了下来，郭鹤年在伦敦、纽约和巴黎的期货市场也都买好了期货。再过几天，全世界都知道了，原糖价格马上上涨。郭鹤年在这拨期货上，赚了 1300 万美元。按协议应分给中方的 600 万美元，存入中国银行伦敦分行的账户。

要知道，这 600 万美元对当时的中国意义非凡。这一年的外汇储备是：负 8100 万美元。这是新中国成立以来进行的第一笔商品期货交易，是一次新奇的实践。有趣的是，这一交易被认为“这种利润是剥削国际工人阶级”，经特批后才得以交财政部入账。

成功地完成国家委托的原糖采购任务，为他在日后回祖国大陆投资铺平了道路。在这次神秘约见中的一位干部，名叫林中鸣，1983 年被任命为中粮的副总经理，次年调经贸部任进出口局局长。另一位干部濮今心，后来则先进入嘉里与中粮的合资公司，再入职嘉里，为郭鹤年效力。

一笔 30 万吨的大额采购，就能抬高全世界的原糖价格，轻易获取暴利，这样的生意谁不爱做？事实上，同为计划经济国家的苏联，也不时来这么一手。搞得伦敦的食糖期货交易商一看到苏联人出现就紧张。从这里，我们也可以一窥国际食糖贸易的凶险。

当然，对于拥有蔗糖种植园和炼糖厂的郭鹤年来说，食糖涨价一定是有利的。这一年 10 月，第一次世界石油危机爆发，全球大宗商品市场恐慌，白糖和面粉价格跟着飞涨，炼糖厂和面粉厂为郭鹤年贡献了大量的利润。在其鼎盛时期，郭鹤年控制了国际市场上 150 万吨左右的糖贸易量，占当时世界总贸易量的 5%。

有得就有失，郭鹤年的几块新业务也受到了石油危机的重创。

郭氏集团大量粮食原料和产品的进出口贸易需要航运。那个年代的航运不稳定，船费有时会暴涨百分之二三十，导致交易本身赚钱，却因运输而赔钱。郭鹤年进入了航运业，在新加坡创办了太平洋航运。除了集团内部每年 250 多艘船的货运需求外，太平洋航运还对外承接矿石、石油和散货等运输业务。郭鹤年还在马来西亚和中国香港拥有船务或航运公司。为了方便船只维修，建立了配套的船坞及工程公司。航运业和保险业关系密切，他又设立了保险公司。

1974 年，郭鹤年在中国香港成立了嘉里控股有限公司，这是郭兄弟公司发展史上的又一个转折点。中国香港业务将超过马来西亚和新加坡，成为郭兄弟公司最重要的业务板块。嘉里集团一成立，就开始投资建设九龙香格里拉酒店。

1977 年 11 月，中国尚未启动改革开放，郭鹤年就应中国旅游局之邀，飞往北京，进行酒店项目的考察。1982 年，嘉里集团将杭州饭店翻新成香格里拉酒店。两年后，北京国贸中心项目签约。这是一个包括了中国大饭店和国贸饭店在内的巨大工程，一经建成就成为北京地标式建筑，直到今天仍然是中国最大的中外合资房地产项目。

在中国香港和大陆经营酒店都需要进行地产开发，郭鹤年就又进入了房地产行业。一时之间，航运、酒店和地产成为郭鹤年投资的重点。然而，1979 年爆发了第二次石油危机，世界经济元气大伤，这三个行业同时出现了历史性低潮。航运业务出现数亿美元财务赤字。新开业的曼谷和吉隆坡的香格里拉酒店因客源稀少而损失惨重。

面对不断增加的亏损，郭鹤年显示了他果断坚决的一面。对于航运业，除了保留太平洋航运外，其他都予以放弃。对于地产和酒店业，郭鹤年则坚信会等来繁荣光景。因此，面对颓势，他不但没有退缩，反而增加大笔投资。80 年代中期，在中国香港地产业最低潮的时候，郭鹤年投资了不少豪华住宅、商业楼宇和商务酒店。1989 年，他继续在中国香港投资建写字楼，并与华润合资建港岛香格里拉酒店。这种人弃我取的气魄，令其在中国香港名声大噪。“我相信中国不会摔破这颗东方明珠，令中国遭受损失。”

事实证明，郭鹤年的决策是明智的，世界航运业持续低迷了多年，而地产和酒店业则很快进入上升通道。1984 年的《中英联合声明》，将中国香港每年的土地供应限制在 50 公顷，致使中国香港地产市场进入了长达 12 年的牛市。地产真的是暴利行业。最近五年财报显示，嘉里建设有限公司年收入在 100 ~ 150 亿港币不等，股东应该分得的回报竟然占收入的一半左右。地产早已取代食品，成为郭鹤年最重要的现金牛。

表面上看，郭鹤年的发迹，与其他东南亚商业大亨没什么不同。抓住时代机遇，与政治权力结交，在房地产行业中掘金。但是，细细数来，郭鹤年又有不少独具一格的地方。

香格里拉的“大责任”

郭鹤年可不是个只会靠嘴皮子吃饭的“关系派”，他本身是个硬杆杆的“技术流”。郭鹤年是期货交易的操盘高手，他的人生第一桶金可是在期货交易中赚来的。英国老牌期货交易商曼氏公司想送他 1/4 股份，价值 500 万英镑，让他成为合伙人。郭鹤年的这一手绝活在郭氏集团内无人可以替代，以至于当他迁居中国香港时，期货业务只能随他而走。

西方列强殖民东南亚，为的是通过专制统治，尽可能多地从各地攫取财富。当他们离开时，留下的是贪婪、自私的治理方式，却未留下可以有效监督政府的机制，包括基本人权、财产保护、民主选举、依法治国和新闻自由等。所以，东南亚的华商，只需依附新崛起的本土政治精英，拿到特许经营权，简单地买买卖卖，就能快速轻松赚大钱。既然如此，何苦要做实业，投下巨资到机器、厂房之类的不动产上，还有巨额的人工工资、原料采购等开销，何时才能赚回本钱还是未知之数。这真是吃力不讨好，只有傻瓜才会去做。像陈嘉庚这样把所有钱都投入做实业，因没有任何政府保护，终至破产，就是前车之鉴。

可是，身为一名“技术流”的郭鹤年，就是喜欢建工厂。做了糖厂和面粉厂不过瘾，后来还建大豆压榨厂、油脂精炼厂……在东南亚二战后发家的那一代商业大亨中，这样喜欢做实业的，凤毛麟角。

做贸易只要几个人，做实业可是要一大票的人马，上到工厂管理人员和工程师，下到生产线员工、保安、清洁工、仓库管理等，这又要涉及对人才的管理问题。不仅仅是一两个工厂，郭鹤年还不断进入新的国家或地区，开拓新的业务领域。如此庞大的商业帝国，必然需要多方面的一流人才齐心协力，进行专业管理。如何把这些人才管理好呢?

早在进入父亲的东升公司工作之际，目睹公司管理的混乱，郭鹤年就认识到，“如果要开办一家公司，绝不能容许任何裙带关系，并且不能软弱。我们是亲戚，没错，但公司里该有规矩。谁能为公司带来利润，谁就理应得到奖励，道理就是这么简单。”

郭氏兄弟有限公司是典型的华人家族企业，家族成员在公司拥有相当的股份，公司的主要领导人也多由家族成员出任。在郭鹤年的统筹指导下，各家族成员密切协作，充分发挥了家族企业的团结、统一、高效的优势。与此同时，郭鹤年聘用了一批学有专长、精明能干的人员主管企业。为了留住人才和激发员工的潜能，他决定“给公司注入一点社会主义”，拿出部分股份用于激励员工。“人们一旦从雇员变身股东后，他们的态度就会转变。如果我们作了愚蠢的投资，他们也会感到心疼。”

郭鹤年强调，领导人应以公平及诚实的态度与所有人交往，并要照顾员工的利益。“我本人不爱钱，但是我很想每年公司结账，都有黑的数目，不是红的数目，有钱赚，给花红。因为我们所有的同事们，从高级总经理到最小的职工，送茶给我们喝的，每年都希望我们给很好的新年红包。”

郭鹤年聘用员工，最看重三点：“才能、品德和勤奋程度，三者缺一不可。”不无巧合的是，日本经营大师稻盛和夫提出的成功方程式：人生·工作的结果 = 思维方式 × 努力 × 能力，也是这三点。经营管理之道到了最高境界，一定都是相通的。

须知，依赖政府关系取得垄断地位的企业，其核心竞争力是老板与政府的私人关系，更多的是需要马仔。只有想在市场竞争中取胜的企业才真正需要人才。

最能体现郭鹤年用人之道的业务，是香格里拉酒店。

1967 年，几个新加坡商人买下了一块适合建酒店的地皮。因为不知道怎么做酒店，他们决定找郭鹤年入伙。当然，我们知道，那时的郭鹤年其实也不知道怎么做酒店。但朋友们明白，郭鹤年至少有能力将这块地皮的用途由原本的住宅改成酒店。尽管只占据了 10% 的股份，郭鹤年却被推举为董事会主席。

郭鹤年就这样误打误撞地进入了酒店行业，一见钟情、终身相许。郭鹤年并不讳言，他喜欢酒店远甚于食糖等其他行业。“要管理好一家酒店，完全是靠一批人，从总经理到最小的职工，来照顾好酒店的客人。所以我一开始做酒店，我就有一个大的原则。我对董事会讲，我们从今天开始，一个大的责任，要照顾我们的职工。”

酒店位于新加坡的柑林路上，原本打算起名为柑林酒店。这也说明郭鹤年一开始根本没想过会把酒店做成连锁的。一个法国朋友知道后，马上大嚷：“Stupid，这个名字太傻了。”郭鹤年吞了一口气，说：“那你有什么更好的主意？”法国朋友犹豫了两三秒，说：“有了，香格里拉。”“香格里拉”是西方人神往的世外桃源之地，因为一本名为《消失的地平线》的小说而广为人知。香格里拉是郭鹤年拥有的第一个世界级的品牌。做贸易、工厂和种植起家的郭鹤年，此前对品牌并没有多少概念，自此才认识到品牌的重要性。

1970 年，香格里拉酒店通过买壳的方式在新加坡上市。借股市大跌之机，郭鹤年增持至 40% 的股份，控制了香格里拉酒店。次年，酒店开业，生意兴隆，一炮打响，从此一发不可收拾。如今，“香格里拉”这个名字已经成为高贵、豪华、与众不同和优质服务的保证。世界各地的香格里拉酒店都是国际公认的一流的五星级酒店。现在的香格里拉（亚洲）有限公司已成为一个年收入约 21 亿美元的跨国性酒店网络，拥有或管理超过 100 家酒店，共 4 万多间客房，还有 36 家酒店尚在建设中。

这又是郭鹤年的一个不寻常之处。酒店，尤其是连锁酒店，是一个完全市场竞争的行业。只能凭借酒店员工发自内心地在每一个细节上都做好优质服务，来吸引客人的入住。东南亚的商业大亨，钱来得太容易，而且往往又有政治背景，容易把自己看成是超人。能礼贤下士，甚至善待基层员工的，真不多见，自然做不好服务业。所以，郭鹤年能以遍布世界各地的连锁酒店出名，这在东南亚富豪中又是绝无仅有的一人。

开工厂、做酒店、建品牌，擅管理、处事公正、坚持诚信，分股份、收人心、照顾基层员工，这些可不是一般东南亚商业大亨的特征。可以说，郭鹤年走的是中庸之道，既从政界人脉中获得支持，又敢大胆参与市场竞争。郭鹤年这样独特的行事风格，是如何得来的呢?

郭鹤年把自己的一生成就，都归功于母亲对他的教育。他认为，母亲才是郭氏集团真正的创办人。

郭母是那个时代少有的受过大学教育的女子。与擅长做生意的郭家不同，郑家是诗书世家，有重义轻利的人文传统。她不厌其烦地提醒孩子做人的原则：忠诚、感恩、谦卑。最重要的是，永远不要贪婪。她还将“不为自己求利益，但愿大众共安宁”的金玉良言刻在牌匾上以教诲子孙。她的三个孩子性格迥异。长子郭鹤举更多的像父亲，作风洋派，外表浮夸。次子郭鹤龄则完全遗传了母亲的秉性，一生关心草根阶层，痛恨世间不平事，力主社会改革。三子郭鹤年则同时继承了父亲和母亲的优点，既精通经商之道，又同情民生大众。

郭氏三兄弟走上了不同的道路。大哥郭鹤举退出郭兄弟公司，成为著名外交官，先后任马来西亚驻荷兰、德国等国大使及驻欧共体首席代表等职位。二哥郭鹤龄加入马来亚共产党，拿着枪在山里打游击，最终于1953年遭英军埋伏而丧命。郭鹤年曾经表示，郭鹤龄对他的影响仅次于母亲。郭鹤年虽然是一个脚踏实地的企业家，但是也认同二哥追求公平与正义的政治理念。

“否则，我可能成为一名傲慢的中产阶级华裔，只注重物质，满足于世俗所带来的快乐和奢侈感。当我面对诱惑，我会想起 William 所经历的。他为了弱势群体而牺牲自己。”

特权不可遗传，依靠商业特权而建立的基业是非常脆弱的。如果不能成功转型，真正适应市场竞争，迟早都要败落。郭鹤年同时代的商业大亨，有不少已经灰飞烟灭或远走他乡，原因多半是政权更迭、靠山不再、特权消失、投机失败，等等。或许是出于这一方面的担忧，郭老太太曾题字给予郭鹤年，让其面字自醒：“儿孙能如我，何必留多财，倘若不如我，多财亦是空”。[①] 如今，郭鹤年确实做到了企业家精神的代际传承，让大马郭氏的商业传奇能够在郭氏家族的下一代再续，甚至能够与全球一流的企业较量。

郭鹤年常说：“我的心分成两瓣，一瓣是爱我生长的国家，一瓣是爱我父母生长的家乡。”对中国的感情，让嘉里集团成为最早进入中国的外资企业之一。从改革开放至今的三四十年时间，中国走上了经济发展的快车道，从一个贫弱的国家成长为经济体量仅次于美国的大国。可以说，这一阶段的中国，遍地是黄金，做什么都赚钱。郭鹤年在中国大陆最初的业务是酒店和地产。而且，食用油生意在其之前的商业版图上也并不重要。那么，郭鹤年为什么要在中国做食用油的生意?

① 这句话最早出自其福州老乡林则徐所说的“子孙若如我，留钱做什么，贤而多财，则损其志。子孙不如我，留钱做什么，愚而多财，益增其过。”

第二章 金龙鱼点燃“万家灯火”

从统购统销到双轨制

东南亚华人与祖国的命运息息相关。早在清朝末年，孙中山等革命家就多次下南洋募款。抗日战争时期，东南亚华人出钱出人，大力支持祖国抗战。祖籍福建厦门的陈嘉庚，依靠橡胶产业发家后，捐献千亿资产，创办厦门大学和集美学村，并力主抗战，成为东南亚华人最杰出的代表。

在东南亚各国的华人中，对中国大陆感情最亲近的，不是华人数量最多的泰国，也不是华人比例最高的新加坡，而是马来西亚。

马来西亚有着东南亚最复杂的种族混合社会，马来人、华人和印度人各占55%、24%和7%，分别信仰穆斯林、儒教和印度教。华人为了维护自己的利益，不得不依靠语言和文化来形成族群的凝聚力。马来西亚华人也因此将中华文化传统保留得最好、对中国的认同感最高。了解了这些背景，我们才能明白，郭鹤年何以会在中国改革开放时率先回国进行大规模投资，为什么郭氏企业要固执地称自己为“侨资”而非“外资”，以及为什么郭氏会在中国做粮油这块利润薄、收益慢的生意。

做食用油生意，是出自郭孔丰的建议。

早在1973年，24岁的郭孔丰自新加坡大学毕业后，就加入联邦集团（FFM），从事面粉业务。郭孔丰意识到大豆压榨业务的市场潜力，向郭鹤年提议开拓此项业务。于是，联邦集团在马来西亚的巴西古当市开建了郭氏集团最早的大豆压榨厂①和豆油精炼厂。大豆先进入压榨厂，经过浸出工艺加工，分离成毛油和豆粕。豆粕送到饲料厂加工成高蛋白饲料，毛油则送到精炼厂去继续加工。原本杂质多、颜色黑、味道重的毛油，经过脱色、脱臭等工序后，变成晶莹透亮的一级油，可以用油罐车或大铁桶进行散油销售，也可以用塑料桶包装后走餐饮或超市等渠道销售。

1986年，郭孔丰注册了“金龙鱼”商标，开始在马来西亚销售金龙鱼牌的小包装油。次年，联邦集团被玻璃市集团收购，公司的食用油精炼业务被整合进玻璃市集团旗下专门做油脂加工的PGEO公司（PGEO Group Sdn Bhd）。

金龙鱼牌？是的，你没看错。我们都以为金龙鱼是中国大陆的一个小包装油品牌，其实它最早是在马来西亚销售。金龙鱼，原本就是一种生活在马来西亚和印尼的肉食性淡水鱼。还有我们熟悉的胡姬花牌花生油，品牌名称来自新加坡。胡姬花是新加坡的国花，兰花的一种别称。

这一时期，郭鹤年通过玻璃市集团控股的“玻璃市油棕”公司（PPB Oil Palms Berhad），进军油棕种植业，在马来西亚和印尼都开辟了油棕种植园。收获的棕榈果经过PGEO公司的棕油厂加以压榨和提炼，再出口到中国等地。随着棕榈油下游业务的拓展，玻璃市集团也成为马来西亚最大的专用油脂、油化产品和生物柴油的生产商。

郭孔丰尝到了大豆压榨和食用油精炼生意的甜头，就想把业务拓展到中国、越南等地。马来西亚的池子太小，不够郭孔丰腾挪。郭孔丰在多年

---

① 不管加工工艺是压榨法还是浸出法，食用油行业通常把油料加工厂通称为压榨厂。所以，虽然叫大豆压榨厂，但大多数用的是浸出工艺，并非压榨工艺。只有在中国东北还有一些工厂用压榨法加工大豆。

后回忆，“在改革开放前，中国基本不进口食用油。国内生产多少油，政府就分配多少给老百姓用。改革开放后，中国就开始进口大量的食用油。那时候国内用的主要是散装的二级油，二级油颜色很深，质量很不好，炒起菜来满屋子都是烟，对身体非常不好，那时我就想在中国建立个精炼厂，生产小包装油，应该是一个不错的生意。”

食用油的精炼，对生产技术的要求比较高，能迎合当时落后的中国对引入国外先进技术的渴望。1986 年，中国国务院发布了《关于鼓励外商投资的规定》，对外商投资企业，特别是先进技术的企业和产品出口的企业，在税收、土地使用费等方面给予特别优惠。郭孔丰向叔叔提出在中国建食用油精炼厂的建议，郭鹤年立刻就答应了。

在今天的我们看来，中国每年都有成千上万家工厂倒闭或新建，一个油脂加工厂，会是个多大的事？但在那时候，改革开放刚刚走过十年，市场经济尚未成型，而粮油领域更是计划经济最后的阵地。“粮油”原本就十分敏感，“外资”更加受到警惕，外资粮油企业进入中国，注定了是要在一片雷区中小心前行。准备大展宏图的郭孔丰不可能预计得到，他的这个想法将会面临多少的磨难。郭鹤年也不会想到，他的这个决定将会引起多大的漩涡，连他自身也卷入其中。

在郭鹤年决定进军中国粮油行业的时候，中国已实施了长达 30 多年的农产品统购统销政策，正在走向终结。

朝鲜战争后，新中国将重心转向经济建设。除东北外几乎没什么工业基础的中国，从苏联那里学来了“剪刀差”：将化肥、农药等生产资料高价卖给农民，然后低价征购粮食，以此方式优先支持工业的发展。从 1953 年开始，中国实施统购统销。统购统销的意思是，农民种出的所有农产品，除了留下口粮、饲料和种子，必须全部卖给国家，国家再通过粮票、油票的方式，把粮油限量、低价卖给城里人。同时，中国还用户口政策，将农民困在村公社集体的土地上。农民种粮意愿消极，粮食产量很低。如果政府征购的粮食数量多了，农民还要饿肚子。能有个城镇户口、吃上商品粮，是当时农民最大的“中国梦”。

在郭鹤年与中国的白糖故事里，中国在1958年还有能力向东南亚一次出口3千吨白糖，到1973年却变成需要一次进口30万吨白糖。这一变化颇富戏剧性。中国在1960年以前，一直都是粮食出口国，用粮食从国外换回工业原材料和机器设备。这也意味着中粮是当时中国主要的外汇来源。那时，中国驻世界各地的外交官，不时需要到当地的中粮分支机构去领点外汇，支付日常开销。在1958那一年，中国产了近2亿吨粮食，达到历史最高水平。可是，粮食增长赶不上人口的增长。新中国成立十周年，中国人口从5.4亿上升到6.7亿，粮食供给严重不足，从1961年开始成为粮食的净进口国。二十世纪的六七十年代，是中国革命激情与人口数量狂飙猛进的时代。短短20年，中国人口恐怖地增加到了10个亿。这是中国乃至人类历史上前所未有的人口数量增长。人口暴增迫使中国连续二十多年都在大量进口粮食。

1978年，中国粮食产量突破3亿吨，但从人均来看，与20年前相比几乎没有增长。这一年，安徽凤阳小岗村18位农民按上红手印，签下“生死状”，要包产到户，分开单干。这在人民公社一统天下的当时，实为石破天惊之举，但得到了邓小平的支持，后来被视为改革开放的第一枪。此后，中国政府开始在农村全面实施家庭承包经营制，不仅减少了粮食征购基数，价格还可以商议，并逐步放开粮食集贸市场，让农民有地方销售余粮。多劳多得解放了生产力，粮食产量奇迹般地大幅增长。特别是在1984年，竟达到了4亿多吨。新中国成立以来，首次出现了农民“卖粮难”的现象。政府认为，粮食供不应求的吃紧状况已经成为历史，而且财政赤字负担越来越重——粮食征购价格提高了，但销售价格不变，差额由财政埋单。中国遂取消了统购统销，进入粮食征购的双轨制阶段。

所谓的双轨制，其实就是计划经济到市场经济的过渡期，社会经济呈现半计划、半市场的双轨状态。在粮食政策上，既要求农民按照计划完成政府分配的征购任务，又允许农民将完成任务后的余粮按照市场价格自由出售。各地的粮食局和国有粮油加工企业，也可以在计划外按市场价格采购一些粮油。

郭氏粮油正是在双轨制时期进入中国的。如果是早些时候的统销统购时代，中国粮食完全依赖政府计划管理，外资根本就进不来。此时，市场有了些松动，加上国际市场的油脂价格远低于中国市场，这才有了外资油脂加工厂生存的空间。粮油供应有剩余，也让中国政府觉得，可以适当引进一些外资，提高中国油脂工业的加工水平。

厨房里的革命

为了整合资源，开拓郭氏集团在海外的粮油加工项目，联邦集团及其他郭氏集团的子公司合作成立了郭氏粮油（Kuok Oils & Grains Pte Ltd，简称 KOG），由郭孔丰担任总经理。郭氏粮油在中国组建了嘉里粮油集团。1988 年，嘉里粮油在中国投资的第一家油脂工厂，南海油脂工业（赤湾）有限公司，也是中国第一家大规模现代油脂精炼厂，在深圳经济特区的蛇口开始动工建设，并于两年后投产。

那时候，蛇口是中国改革开放的实验田，处在热火朝天、激情万丈地搞建设的阶段。“空谈误国、实干兴邦”是邓小平给它题写的口号。许多热血青年南下蛇口，包括南海油脂最初的一批老员工。

90 年代初，中国本土生产的食用油成本高、价格贵。当时，国内零售大概卖到每斤 3.5 ~4 元，国外的价格大概在每吨 4000 元，也就是每斤 2 元。棕榈油的价格更低。南海油脂进口棕榈油等毛油，精炼后再通过贸易形式以 190 公斤大铁桶包装销售，生意做得风生水起。

在做散装油生意的同时，南海油脂也开始推小包装油。神秘的是，1991 年，也就是第一桶金龙鱼小包装油下线的那一年，郭孔丰悄悄离开了郭氏粮油。我们要再等 16 年时间，才能看到郭孔丰重新执掌金龙鱼。

郭孔丰离开后，李福官站到了聚光灯下。

李福官，1951 年出生于福州，9 岁随家人到新加坡，在新加坡工学院完成学业。1987 年，李福官随郭氏粮油第一艘散装棕榈油船来到中国考察市场，之后成为南海油脂第一任总经理，自此拉开了驰骋中国粮油市场的序幕。以一名工程师的身份开始中国职业生涯的李福官，将为自己赢得“中国小包装食用油教父”的尊称。有着两条像龙一样胡须的金龙鱼，开始了游遍中国大地之旅。

金龙鱼，是一个非常好的品牌名称。金龙鱼的形象，原本就雍容大度、富贵逼人。在东南亚，金龙鱼是幸运、高贵的象征。而在中国，“金、龙、鱼”三个字的中国味特别浓，每个字都有着中国传统既富且贵、年年有余的含义，寄托了当时一穷二白的中国人对未来的美好梦想。

南海油脂销售的是经过精炼后的色拉油，意思是可以做凉拌色拉而直接食用的植物油，相当于现在的一级油。一级油像水一样清澈透亮，炒起菜来没有什么油烟，但也失去了菜油或豆油原本的香味。为了弥补这一缺陷，金龙鱼在菜籽油或大豆油等大宗油料中添加花生油和芝麻油，使得小包装油的烹饪中带有一定的花生芝麻香。金龙鱼第一代的调和油产品就这样诞生了。

金龙鱼调和油，在透明的塑料瓶子里，装着浅金色的食用油，还贴着中国红的标签，写着大大的名字。对于当时的国内消费者而言，这个产品过于新奇，大家都持观望态度。当时的中国人，炒菜大多都是用暗黄浑浊的二级菜油或豆油。他们不知道什么叫调和油，不知道油还可以装在塑料瓶子里卖。更重要的是，当时粮油销售价格尚未放开，国有粮油企业一边按照计划指标接受国家补贴，一边以低价向城镇居民供应粮油，老百姓凭粮票、油票到粮站购买。南海油脂作为计划外的外资企业，不可能拿到补贴，只能按市场价格销售小包装油。那时城市居民的消费力，才从老三件的手表、单车、缝纫机变成新三件的彩电、冰箱、洗衣机。金龙鱼小包装的油价格高昂，不是一般人能消费得起的。

我们可能以为，市场一片空白、天地广阔，金龙鱼还不如鱼得水、大有作为？实际上，新上市的金龙鱼，第一年销量仅有3000吨。连南海油脂自己的员工都不看好这个产品，做食用油的加工贸易就能轻松赚到大钱，为什么要去做小包装油这个看起来吃力不讨好的事情？

但是，李福官坚信，中国从散油到包装油的升级换代是势所必然，小包装油迟早会像新加坡一样成为市场的主流。油脂加工和贸易，进入门槛较低，利润会变得越来越薄，不是长久之计。通过调查，他发现，中国企事业单位逢年过节有发福利用品的习惯，这是中国的特色。金龙鱼瞅准这个机会，在1992年春节前把产品推介给各企事业单位的工会。便携、美观、口味好的金龙鱼小包装油借此机会钻入一些中国家庭的厨房，在市场上站稳了脚跟。

金龙鱼并不是第一个在中国销售小包装油的品牌。此前已有中国香港的一些牌子在广东销售小包装油。不过，金龙鱼是第一个在全国范围内推广小包装油的品牌，在推动消费者从散油向包装油的消费习惯的改变上功不可没。金龙鱼开始引领一场中国厨房里的革命。

这时候，中国粮油市场的双轨制，也走到了尽头。

在双轨制下，计划价格与市场价格的鸿沟，产生了巨大的寻租机会。一些人只要凭借权力或关系，以低价拿到计划指标，再以市场价格出售，就能轻松赚取差价，市场相当混乱。1992年10月，全国各地先后放开粮油产品销售价格，实行购销同价，让粮食产销与市场接轨。

粮价放开后，进一步促进了农民生产积极性。同时，中国也在以改良种子、农药、化肥和农业机械为代表的现代农业取代传统农业。粮食产量显著增长。1996年，首次突破5亿吨。政府也因不再发放粮油价格补贴而产生财政负担。但是，城里人从此吃不到低价食用油了，他们能接受吗？

政府早就想到了这一点。与粮油市场逐步放开相配套，国家从1985年就开始工资改革。“大锅饭”被取消，职工工资与企业效益挂钩。此后职工平均月工资连年上涨，次年即突破100元，十年后突破了500元。城市居民收入的增长，使得他们能够承受得了以市场价格销售的粮油产品。

1993 年，粮油敞开供应，粮票从此走进历史。散油价格暴涨，但李福官按兵不动，将小包装油的价格逐渐与散油拉齐。许多消费者也抱着试一试的态度开始购买金龙鱼小包装油。销售低迷了几年的金龙鱼小包装油，此时才终于打开市场，从此稳居中国食用油第一品牌的位子。

粮价一放开，国家随即拉开了国有粮食企业改革的大幕①。国有粮食企业从此不能再等指标、靠补贴，必须开始市场化运作，按市场价格购买原料加工，再按市场价格销售产品。嘉里粮油终于等到了可以与国有粮油企业平等竞争的时候。在两年多的时间里，嘉里粮油一口气在广西防城港、上海、山东青岛、辽宁营口、四川成都和陕西西安新建或合资了 6 家食用油精炼和包装厂，正好在政府限制外商投资油脂加工行业之前②，完成了全国范围的生产布局。

生产布局一完成，金龙鱼即开始全国性的广告轰炸。首先，它登上了中央电视台。

1996 年，金龙鱼开业界先河，在央视投放了第一个小包装油广告片《金光神州闪篇》。这支广告采用了在当时先进前卫的特效技术，金光闪闪的 3D 金龙鱼从厨房飞向餐桌，再飞到电视屏幕上，栩栩如生，活灵活现。在那个互联网才开始萌芽的年代，电视占据了老百姓大多数的娱乐时间。通过央视强大的信号覆盖，一夜之间，全中国的电视观众都对金龙鱼产生了深刻印象。

小包装油是一种局限于家庭消费的商品。没有家庭的人，往往在餐馆、食堂等处就餐。只有有了家庭之后，温柔的主妇，或恋家的男人，便会给厨房添上油米酱醋，在家里炒菜做饭，合家吃一顿温馨的晚餐。所

① 1994 年 5 月 9 日，《国务院关于深化粮食购销体制改革的通知》（国发 32 号），要求“粮食经营实行政策性业务和商业性经营两条线运行机制，业务、机构、人员彻底分开。”

② 1995 年 6 月 20 日，国家计划委员会、国家经济贸易委员会、对外贸易经济合作部令第 5 号，首次发布《指导外商投资方向暂行规定》和《外商投资产业指导目录》，将“油脂加工”列入“限制类（乙）外商投资产业目录”。

以，为塑造品牌形象，金龙鱼确立了“温暖亲情大家庭”的品牌诉求支点，用它来打动消费者，赢得消费者的信任和喜爱。

“亲爱的爸爸妈妈在等我，等我快回家。温暖亲情，金龙鱼的大家庭。”这则金龙鱼在1998年新推出的《万家灯火篇》广告，以其温馨的内涵和优美的旋律，不知催发了多少中国人的思家之情。

金龙鱼在中国市场并非孤军奋战，它还有许多兄弟品牌并肩上阵。

品牌与渠道

在嘉里粮油旗下，除了金龙鱼之外，还有胡姬花、香满园、鲤鱼和欧丽薇兰等品牌。坊间常称嘉里粮油建构了“1+16”的品牌方阵。如果细细数来，几十个都不止。而真正做到在消费者心目中有一定分量的，也仅有上述几个，其他花旗、元宝等都是靠着低价格跑龙套的。可见，即便企业实力强大如嘉里粮油集团，也不可能有足够的资源打造太多的品牌。

最初，嘉里粮油走出深圳，在全国进行生产布局时，是比较谨慎和低调的。要知道，1990年前后，进口食用油脂失控，国内市场油脂价格大跌，许多油厂被迫停工。中国粮油学会油脂分会组织了56名专家联名呼吁，要求提高油脂进口关税，鼓励进口油料而不是进口油脂。在这样的背景下，与嘉里粮油差不多同时在中国建油脂加工厂的几家外资企业，包括日本日清、中国台湾稳中和中国香港南顺等，都没有进行大规模的扩张，到现在还都偏居一隅。同样，嘉里粮油也没有大张旗鼓地让各工厂都生产金龙鱼，而是让各工厂各起炉灶，各卖各家的品牌。

由于各地消费习惯的不同，各企业品牌术业有专攻。比如，青岛工厂在山东卖胡姬花花生油、防城港工厂在南方省份卖香满园调和油、西安工厂在西北卖百合花菜籽油、成都工厂在川渝卖鲤鱼菜籽油，等等。有的品牌像金龙鱼一样是从东南亚带过来的，比如胡姬花。有的品牌则是入股当地企业后，由合作伙伴带过来的，如百合花。

食用油的物流成本很高，由南海油脂一个工厂长期供应金龙鱼的全国市场显然是不现实的。1998 年，专司金龙鱼营销管理的嘉里粮油商务拓展（深圳）有限公司成立后，将金龙鱼的市场分配给各工厂就近供货。到了这时候，胡姬花等品牌均已占有了一定的市场，不可能轻易放弃。基于现实情况，嘉里粮油遂实施多品牌战略。

嘉里粮油旗下有金龙鱼、胡姬花和香满园这样的全国性综合品牌，也有一些区域性低端品牌，各产品线多有重叠。比如广西的一个超市，曾经同时出现金龙鱼、胡姬花、香满园和花旗 4 个同出一门的兄弟品牌的花生油。其实，这样的市场表现是常态，一点儿也不夸张。火力如此密集，难免擦枪走火，误伤友军。对此，嘉里粮油的解释是，“与其让竞争对手成长起来，不妨自己给自己找对手。”

品牌经理制是嘉里粮油各品牌能够茁壮成长的重要保证。

营销可以分成市场和销售两大块。销售管渠道，重在执行，每家公司的销售能力其实是相差不大的。市场研究消费者，重在策划，包括产品创新、品牌定位、广告投放和推广活动等工作。益海嘉里一套成熟的品牌经理制度，让金龙鱼的市场营销能力能够一直保持在食用油行业的前列。

作为金龙鱼的一个品牌经理，需要和公司几乎所有的部门打交道：和技术部谈产品功能，和设计部谈形象设计，和媒介部谈广告投放，和法律部谈法律风险，和公共事务部谈公关，和销售部谈促销政策，和财务部谈预算和费用，和市场调研部谈调研。在集团内部，还得和研发部谈研发，和工厂车间谈生产，和采购部谈成本，和包装部谈包装设计。在公司外，还要催广告公司加班给策划案，为各路权威专家拟重要发言稿，向各个资源单位要授权和给赞助，与大小明星谈代言费、谈上镜着装、谈广告词……几乎所有的事情都需要品牌经理来下决定。金龙鱼的品牌经理，承担的是某个产品或品类的“总经理”的角色。

金龙鱼品牌经理之间的竞争，尤甚于对竞品的营销战。金龙鱼的品牌营销会议可能会开成这样：轮到某个品牌经理汇报工作，他站起来说：

“李总，我有一个很好的创意，但是我不能在这会议上说，我要单独向您汇报。”李总一挥手：“好，你先不用发言，会议后来我办公室。”李福官额宽面阔，大鼻头、大耳垂，生就一副雄狮的面容，发起火来就像雄狮在咆哮。但品牌经理中也有猛人，敢把李总 PK 到没有脾气。金龙鱼品牌经理有一个私下共识：内部营销的重要性要大于外部营销，争取老大、经销商、销售部门和工厂的支持，要比琢磨着怎么去对付竞品更加重要。

当然，品牌经理的权限也不是无限大。在发展过程中，嘉里粮油慢慢形成了一个不成文的规定：所有需要花钱的项目，都要有两个以上不同的部门参与。比如，品牌部负责决策，媒介部负责执行，这样可以相互制约。

品牌经理也经常会与其他部门起争执，这多半是因为宣传文字过不了法律部的审核。品牌经理只好一边骂公司的律师都是竞争对手潜伏过来的，一边去找总经理签字裁决。而总经理也多半会站在品牌经理的这一边。

品牌是中国式营销最关键的两个因素之一，另一个关键因素是渠道。

中国各地的经济发展极不均衡，传统上可以分成五级市场。一级是北上广深等一线城市，二级是省会城市和沿海经济发达城市，三级是各地级县级城市，四级是乡镇，五级是农村。此外，还有市中心与城郊的差异，南方与北方的差异，沿海、中部与西部地区的差异，等等。同一个城市，往往有多种业态并存。既有大型连锁超市和 24 小时便利店，也有农贸市场、批发市场和大量传统杂货小店在顽强地生存。还有生鲜店、礼品店、母婴店、加油站，甚至药店，都可能成为食用油的销售渠道。这些是实体店销售渠道，还有看不见的企事业单位福利团购销售渠道、电商销售渠道、电视销售渠道等。

中国渠道的复杂凸显出经销商的重要。金龙鱼拥有一个强大的经销商网络，这让竞争对手们艳羡不已。1994 年，在国有粮食企业改革的浪潮中，大量职工下海，寻找新的发展机会。金龙鱼发展了不少脱胎于国有粮油系统的经销商，这些经销商往往已有较好的粮油销售网络。金龙鱼坚持一个城市只设一个经销商的“一夫一妻制”，并规定其不能代理销售其他同类产品，这样就让经销商一心一意地长期对市场进行精耕，随着金龙鱼的发展而壮大。

从业食用油行业多年，本人也和许许多多的食用油经销商打过交道，深感这个群体的大多数都是老实本分人，精明狡猾之辈不会来做粮油这个辛苦的行当。食用油生意占用资金量大，利润又微薄，一点点利润都是依赖一桶一桶油卖出去才赚得回来。许多金龙鱼的经销商，都是从踩三轮车送货起家，直至做到上亿身家。即便腰缠万贯，经常到仓库卸货搬油的也不乏其人。

许多经销商的文化素质不高，自己做生意的经验虽然老道，但不知道如何管理和培训团队。经营一个夫妻店那是门儿清，要管理一个大公司则力不从心。随着经销商把生意做大，金龙鱼还会手把手地教会经销商如何标准地、系统地管理好一个团队。从怎么做销售计划开始，到每天、每周应该如何开会，再到不同的市场各应有怎么样的打法，包括产品怎么进场、卖什么价格、有什么促销手段和货架上应如何摆放。事事有规矩，样样有套路。

早期的金龙鱼经销商，多数都是前面开店、后方仓库的经营模式。为了提高经销商的仓储能力，金龙鱼对量大的经销商要求去买地和自建仓储物流中心。中国地皮价格的暴涨，让不少经销商意外“被壕”。许多人都从白手起家发展成为在当地有一定影响力的商界领袖。他们对金龙鱼感恩戴德，唯命是从。

在李福官的领导下，金龙鱼的年增长量不低于30%，嘉里粮油也成为嘉里集团发展最耀眼的业务板块之一。与此同时，郭孔丰在忙些什么呢？

悄然离开郭氏粮油的时候，郭孔丰两手空空，什么都没有，有的只是他在郭鹤年翼下工作十八载所学到的郭氏管理之道。郭鹤年被人称为“伙伴制经营商业艺术的大师”。在这一方面，郭孔丰也不遑多让。他知道，要想把生意做好，首先得营建好自己的朋友关系。

第三章
郭老板的朋友们

爱玩技术的阿丹米

1991 年年初，郭孔丰为什么要离开郭氏集团？要知道，东南亚的华人富豪家族历来讲究家长制权威。晚辈敢于有自己的想法，甚至要求自立门户，这是不寻常而且不容易的事情。

郭孔丰离开的原因有可能是，叔侄两人对食用油生意的看法有了重大分歧。当年，郭鹤年暂且不能把粮油作为家族生意的重点，因为更需要把资金投到酒店和地产业务上去。那时，北京和杭州的酒店和地产项目开始有了丰厚的回报。在上海，波特曼酒店、嘉里中心和浦西香格里拉等几个项目正要陆续开展。

另外，也不能忽视当时的政治环境对郭鹤年生意决策的影响。1989 年下半年，西方国家制裁中国，中国外部环境严重恶化，外商对中国的投资止步不前。而且中国粮油市场迟迟没有放开，前景并不明朗。在这种情况下，郭鹤年不可能扩大在华食用油生意的规模。

而郭孔丰也不可能仅仅满足于管理蛇口和越南等地区区几间油厂和面

粉厂。他垂涎已久的棕榈油生意，归属玻璃市集团，与郭氏粮油无关。想做的棕榈油生意做不到，自己主管的郭氏粮油一时又看不到曙光，这让郭孔丰感到在郭氏集团混得挺憋屈。

于是，郭孔丰成为郭氏家族唯一一个独自打拼的家族成员。

一离开郭氏集团，郭孔丰即把目光投向了印尼的棕榈油业务。

棕榈原产于非洲西海岸地区，最初作为观赏植物引入东南亚，后来才用于榨油。油棕榈四季均可开花结果，商业性生产可保持25年，是世界上生产效率最高的产油植物。每公顷油棕榈每年可生产大约5吨的油脂，比同面积的花生高出1.5倍，比大豆高出9倍。棕榈油也因高产而成为价格最低的食用油。

棕榈油色泽金黄透明，味道淡雅，有较高的热稳定性，油烟极少。棕榈油饱和脂肪酸含量高，能帮助食品凝固和硬化，适合用于方便面、饼干等食品的加工。它还能有效抗拒氧化，延长食品的保质期。棕榈油还可做洗涤用品的原料。因而，棕榈油广泛应用于餐饮、烘焙、食品制造和日化等行业。

1989年以前，全球的棕榈油产量不足1000万吨，东南亚的份额超过一半。郭氏集团已做了多年的棕榈油生意，郭孔丰非常了解这个行业。他认为，东南亚的棕榈油产量还有极大的增长潜力。尽管马来西亚的棕榈用地已经殆尽，但印尼才刚起步，还有大量荒地可以开垦。

郭孔丰与印尼油棕大王吴笙福联合，于新加坡创建丰益贸易公司（WILMAR）。公司成立于1991年4月1日，不无巧合，正好是42年前郭兄弟公司正式开业的那一天。新公司刚成立时，只有5名员工和10万新币的实缴股本。

成立后，丰益做的第一个项目就是在印尼收购了将近500公顷土地，建立油棕榈种植园。接着，丰益分别在北苏门答腊和杜迈建立起最早的棕榈仁压榨厂和棕榈油精炼厂。仅仅两年，这家棕榈油精炼厂的产能即从最初的700吨/日扩张到2400吨/日。

丰益以全产业链的方式来掌控棕榈油生意。从种植、化肥、收果、压榨、深加工、航运到销售，所有环节无不深度参与。1997 年，世界棕榈油产量达到了 2000 万吨。其中，东南亚贡献了绝大部分的增长量，其他地区的棕榈油产量几乎没有变化。丰益的棕榈油业务蓬勃发展，是因为一头搭上了印尼棕榈油产业的起飞，另一头搭上了中国餐饮和食品加工业发展的快车道。

棕榈油生意为郭孔丰的事业奠定了基础。在大豆、玉米等国际农产品市场上，ABCD 等四大跨国粮油巨头盘踞已久，外人很难涉入。ABCD 世界四大粮商，A 为美国阿丹米（ADM），B 为美国邦吉（Bunge，或译“邦基”），C 为美国嘉吉（Cargill），D 为法国路易达孚（Louis Dreyfus）。但是东南亚新兴的棕榈油例外，不是 ABCD 的专属。郭孔丰占据了这块市场，就有了与 ABCD 话事的资本。丰益在印尼迅速扩大棕榈的种植园面积和提升炼油能力的同时，也不断涉足新业务，如专用油脂、油脂化工、椰子压榨、面粉加工等。

进入 20 世纪 90 年代，不仅是金龙鱼，其他不少外资品牌也都来到中国市场淘金，共同推动了中国人饮食习惯的变化。

1987 年，中国的第一家肯德基在北京前门正式开幕。从此以后，每年都有数百家西式快餐厅开张。如今，中国已有 5000 多家的肯德基和 2400 家的麦当劳。1992 年，第一包康师傅方便面于天津研发生产出来。最高峰时，中国人一天要吃掉 1 亿多包的方便面。

美式快餐开业和方便面的问世，标志着中国餐饮和食品加工行业大规模使用棕榈油的开始。因为棕榈油非常适合美式快餐中的油炸食品，它久炸而不变色，不像一般的植物油那样，炸不了多久就发生氧化变质，发黄、发黑。棕榈油更是方便面除面条之外的最大配料，其用量之大可想而知。

1996 年，中国进口棕榈油突破 100 万吨。第二个 100 万吨用了 6 年（2002 年），但第三个 100 万吨仅用了 1 年（2003 年）。

在印尼忙着开疆辟土的同时，郭孔丰并未离开中国油脂加工行业。毕竟，“中国人口，是世界最大（多）的。粮食市场，中国应该也是世界最大的。”仅仅棕榈油一块生意，显然满足不了郭老板对中国市场的胃口。

郭老板在中国有两个最重要的合作伙伴：阿丹米和中粮。

阿丹米，也有译做艾地盟或阿彻丹尼尔斯米德兰，全称为 Archer Daniels Midland，全球总部设在美国芝加哥。阿彻和丹尼尔斯在 1902 年开始从事亚麻籽压榨业务，1923 年收购米德兰亚麻籽产品公司后，成立了 ADM。如今，阿丹米是世界上最大的农产品生产商和食品配料供应商之一，在 76 个国家有子公司，员工多达 3.2 万名，业务遍及 160 多个国家。阿丹米还是世界第一谷物与油籽加工厂，美国最大的玉米深加工厂和第二大面粉厂，以及世界上最大的生物燃料生产商。

阿丹米以技术见长。其他跨国公司都擅做贸易，阿丹米则爱玩技术、建工厂。就贸易规模而言，它只是世界第五大谷物贸易商，无论在美国、中国、巴西还是阿根廷，阿丹米粮食贸易量的排名一般都进不了前五名。

不过，爱技术这一点，在郭孔丰看来必定“深得我心”。阿丹米在农产品的初级加工业务上，追求规模效应和低成本战略。工厂的规模越大，成本就越低，在竞争中就越有优势。在农产品的深加工业务上，注重产业链的延伸，通过研发来改进现有工艺，不断推出新产品，实现每一粒谷物种子的价值最大化。阿丹米从基本农产品开发出来的产品多达数千种，涉及大量行业。通过深加工，阿丹米能将农产品做到两三倍的增值。

阿丹米注重让各项业务产生协同效应，具备自我扩张能力。在最初的亚麻籽、大豆加工业务建立起的大规模和低成本的模式、产业链延伸模式及收储物流贸易模式，均可复制到玉米加工等新业务上。原有的客户资源也可利用于新产品的销售推广。反过来，新业务也增强了公司与客户的谈判能力和话语权，还可为公司获得新的客户资源。

郭孔丰与阿丹米的合作不是偶然的。在 ABCD 四大粮商中，阿丹米的业务与丰益的匹配度最高。阿丹米特别擅长大豆压榨、面粉加工和生物燃料，这些也都是丰益最重要的业务。阿丹米注重研发，早在20世纪40年代和60年代，就凭借浸出法萃取豆油和组织蛋白①两项新技术，分别迅速占领了美国的大豆压榨和植物蛋白市场。阿丹米的这些技术是丰益非常需要的。阿丹米提供技术，丰益提供市场，双方相互支持。而且，阿丹米公司的由来，是阿彻、丹尼尔斯和米德兰三个人合作的结果，而丰益则继承了郭鹤年“伙伴制经营”的商业艺术，两个公司都有“抱团打天下”的企业文化基因，这让双方合作时更容易取得默契。阿丹米于1983年在中国香港设立亚太分公司，基本与丰益同步扩张亚洲市场。其他跨国粮商在中国更偏好于独资模式。

郭孔丰与阿丹米相见恨晚。1993年，阿丹米的亚太区副总裁史蒂芬，邀请郭孔丰去美国迪凯特的阿丹米北美总部见其董事长。阿丹米的董事长称，亚洲市场很重要，特别是中国，但他们不懂如何在亚洲做生意，所以希望在当地找合作伙伴来共同开拓这块生意。阿丹米的谦逊和尊重，让当时还在艰苦创业阶段的郭老板终生难忘。后来，史蒂芬成为丰益董事会中阿丹米的代表。

“共和国长子”中粮

阿丹米牛在技术，中粮强在政策。

成立于1952年的中粮，在计划经济时代，一家公司就垄断了中国全部的粮食进出口生意。中粮40周年庆典，当时的国家领导人都为之题词，由此可见中粮的地位与影响力。

改革开放以来，中国外贸体制也有了一些变革，但粮食外贸仍处于高度垄断状态，由国家计划和专营，国家下达的各种配额对粮食进出口贸易

---

① 组织蛋白多以大豆为原料，具有类似于肉的纤维结构，富于咀嚼感，具有良好的吸水性、保油性，广泛运用于肉制品，可降低成本、改善营养结构。

起支配作用。以粮食加工和贸易为主业的郭氏集团，一直就和中粮有不少生意往来。20 世纪 80 年代末，嘉里粮油想在中国建油厂，自然想到要去找中粮合作。

正好中粮也想从贸易向加工转型。1990 年，郭鹤年的老朋友林中鸣提出“以实业为基础、贸易为导向、充分发挥两个市场潜力，走实业化、国际化、集团化、多元化的道路”，为中粮集团的发展提出了长远战略指导思想。“实业”在中粮的发展战略中被提高到了最重要的位置。

中粮在中国香港注册了鹏利公司。鹏利发展成在多个国家都有业务的集团公司，为中粮在海外开展多元化业务提供了平台。中粮与嘉里合作建油厂、在澳洲收购糖厂，都是通过鹏利公司进行的。中粮也是最早与外资合作建厂的国有企业之一。早在 1983 年成立的中国长城葡萄酒有限公司，是中粮的第一个中外合资工厂。此后，中粮还利用可口可乐公司赠送的生产线灌装可口可乐，与嘉里粮油合建南海油脂，与丰益和阿丹米合建北海粮油等多个油厂，与泰国正大集团合建面粉厂等。

在南海油脂，中粮拥有 47% 的股权，嘉里粮油只有 33%。中粮虽占多数股份，但并未绝对控股。而且，通过一系列复杂的控股安排，南海油脂的管理权却被牢牢控制在嘉里粮油的手中。这为将来中粮与嘉里粮油闹翻埋下了隐患。

后来，嘉里集团在中国大规模投资，包括与可口可乐合资建设多个装瓶厂①，嘉里粮油一口气成立了 6 家食用油厂，并启动了北京嘉里中心的动工兴建。郭鹤年给外商起了重要的示范作用，外资又纷纷回到中国，掀起了对中国投资的热潮。1991 年，中国吸收外商直接投资仅有 44 亿美元。但此后三年，外资直接投资金额先后突破 100、200 和 300 亿美元。

大规模的外资进入解决了资金和技术的问题。1986 年开始实施的 9 年

① 嘉里是继中粮和太古之后的第三个中国大陆可口可乐装瓶商。与可口可乐的合作不会亏钱，但利润也不会太高。2006 年，嘉里集团将嘉里饮料全部卖回给可口可乐公司。连可口可乐公司自己也觉得装瓶业务不赚钱，2016 年全面退出中国装瓶业务，各装瓶厂由中粮和太古分食。

制义务教育，为建立一支高素质的劳动大军奠定了基础，又恰逢中国台湾、中国香港、日本和韩国的制造业升级转移，再加上一个有强烈意愿发展经济的强力政府的领导，中国的经济想不起飞都难了。

油脂加工属于关系到老百姓饭碗的敏感行业，没有中粮的引路，嘉里粮油当年很难顺利进入这个领域。而且，那时候，与粮油相关的一些政策都还不透明，需要中粮这样的“内部人”为嘉里粮油解读。应该说，嘉里粮油能成为当时唯一做大了的外资油脂企业，是离不开的中粮的支持的。可是，嘉里粮油自觉羽翼已丰，遂甩开中粮自己大干，除南海油脂外的新建油厂均不让中粮染指。更糟糕的是，金龙鱼是属于郭氏的品牌，与中粮无关，中粮分享不到金龙鱼成长带来的收益。

天下打下来了，中粮却未坐下天。中粮一怒之下，于1995年大举推广福临门品牌及天然谷物调和油等产品，意欲与金龙鱼分庭抗争。也是在这一年，中国政府将“油脂加工”列入乙级限制外商投资项目。2001年11月，中粮正式与郭氏集团签订了南海油脂的股份出售协议，从此彻底与嘉里粮油分道扬镳。股份转让价格是3.8亿港元，不仅没有赚头，还落得500万港币的亏损。

当然，中粮在与嘉里粮油的合作中也并非一无所获。作为一个传统的贸易企业，中粮那时并没有从事油脂加工的经验，更缺少经营和管理人才。通过南海油脂项目，中粮有机会培养自己的管理、技术和营销人才，这为它后来的发展奠定了基础。

不过，作为郭氏粮油曾经的总经理，郭孔丰却与中粮一直保持着亲密的合作关系。

离开郭氏粮油后，郭孔丰和阿丹米即利用其对榨油厂的建设和管理经验，在两年时间内，与中粮合作建设了北海粮油、黄海粮油和东海粮油等三个压榨厂和精炼厂。

在这里，我们先来恶补一下关于食用油行业上游压榨厂、中游精炼厂和下游包装厂的相关知识。

对压榨厂来说，大豆压榨后，占比 8 成的豆粕销售是主业，占比 2 成的豆油只是副产品。压榨厂面对的是厂商客户，一般选择地皮便宜的三四线城市，在港口附近建个巨无霸式的工厂。压榨厂要精于国际贸易和期货套期保值业务，要操心美国今年的雨水足不足、巴西码头工人还罢不罢工、阿根廷还闹不闹政变、国际海运价格涨还是跌、美元和人民币汇率走势如何，总之要能控制大豆采购的成本风险。有的压榨厂甚至还拥有自己的远洋万吨轮，以降低大豆海运成本。

精炼厂与豆粕无关，操作相对简单，不需要像压榨厂一样对中国母猪的发情和产仔，或者会不会发生禽流感之类的问题忧心忡忡。包装厂又分两种，中包装油面对餐饮客户，小包装油需要面对大众消费市场，产品线小而灵活，需要配置多种油的小储存罐。所以精炼厂和包装厂的规模一般不太大，不像压榨厂那样以硕大无比的储存罐为豪。嘉里粮油的业务以精炼厂和包装厂为主，多数建在一二线城市。

一般来说，小型企业只做包装厂，买回成品油调配包装后出售，也有些小厂做些小油种的压榨。中型企业做精炼厂和包装厂。大型企业主要做大豆或菜籽的压榨，往往是从压榨、精炼到包装一条龙通吃。

90 年代，中国油脂工业进入市场经济轨道，取得了空前的发展。这在 10 年时间里，中国食用油产量翻了一倍，从 600 多万吨增长到 1200 多万吨。不过，与此同时，大量毛油的进口，也对国内油脂加工业产生冲击。国家调整政策，鼓励进口油料、而不是进口油脂。1995 年以后，限制外商投资“油脂加工”，却鼓励外商投资“饲料蛋白资源开发”。这意味着外资申请建油脂精炼厂不再容易获批，只能在做大豆压榨生产蛋白饲料的同时，将油脂作为副产品。所以，嘉里粮油在前期建了 6 家精炼包装厂后，直到 2002 年才增加了青岛花生油和天津嘉里两个油厂，而在深圳和东莞建有两个规模一般的大豆压榨厂。郭孔丰日后在中国所有的自建工厂，都将是以大豆压榨为主，油脂精炼和包装为辅。

中粮吸取了南海油脂的合资经营的经验教训，在与丰益和阿丹米合资的三个工厂中都保证了绝对控制权和管理权。其中的东海粮油，是中国第一个大型粮油综合性工厂，也是中粮最赚钱的油脂投资项目。时至今日，东海粮油的日压榨能力达到了1.25万吨，是全球第二大的大豆压榨厂。这个项目也为郭孔丰与中粮、阿丹米的良好合作奠定了基础。

1994年，阿丹米入股丰益，占20%的股份。中粮旗下负责小包装油营销的上海福临门食品有限公司于2000年11月成立，股东为东海粮油、北海粮油、黄海粮油和东洲粮油4家油厂，相当于丰益和阿丹米也间接持有其股份。2003年，中粮也入股了丰益，持有10%的股份。那时候，三方的合作可谓你中有我、我中有你。只是，这段往事，到了今天，大家都不愿再提。

如果说，阿丹米和中粮分别是郭孔丰合作朋友中的第一号和第二号伙伴，那么第三号，则非“鲁花”莫属。

鲁花走进人民大会堂

1993年似乎是郭老板的幸运年。在这一年，郭孔丰见了阿丹米的董事长，与中粮合建最大的东海粮油厂，并且入股了孙孟全的鲁花。

鲁花与郭老板的结缘纯属巧合。当时，郭孔丰还在管理中粮的北海工厂。北海要生产小包装油，需要采购花生油原料。如果从美国采购花生油，不仅成本高，还要付出25%的关税，郭孔丰便安排人在国内寻找合适的花生油供应商。可能是通过国际商品展示会，也可能是通过其他的方式，总之，最终就选中了鲁花。

郭老板不仅选中鲁花做供应商，还决定入股鲁花，通过设备更新来提高鲁花的产品品质，扶持鲁花的成长。郭孔丰的祖籍是福建福州，那里是中国最早食用花生油的区域之一。他对花生油应有浓厚的乡土情结，或者日常本来就好食花生油也未可知。早在1967年，青岛植物油厂的花生油就开始大量出口东南亚，为国创汇。在马来西亚成长和工作的郭孔丰，是可以吃得到山东花生油的。

相比花生油的品质，郭孔丰更看重的是“鲁花”这么一个好名字。那时候，外资企业普遍比内资企业更了解品牌的重要性。这一回，郭孔丰暗下决心，一定要把鲁花品牌拿到手。

郭孔丰拉上中粮一块投资鲁花。为了投资鲁花，丰益和中粮专门合资成立了香港嘉银（莱阳）有限公司。丰益和中粮分别在这家公司中持有51%和49%的股份。与鲁花接触不到一个月，香港嘉银（莱阳）有限公司就与鲁花合资成立了莱阳鲁花浓香花生油有限公司。公司注册资本为936万美元（后期增加到1922万美元）。鲁花集团持有51%的股份。

莱阳鲁花在合资当年即引进丰益和中粮的资金300多万美元，买来国外先进设备，扩大生产规模，年产量由原来的2千吨增加到2万吨，成为国内规模最大的高级浓香花生油专业生产厂家。莱阳鲁花又建起了胶东半岛容量最大的万吨恒温花生原料库和储油达3000吨的地下储油罐。

山东作为花生油消费第一大省，有着大小数百家的花生油厂。其中规模最大的是一年后将与嘉里粮油合作的青岛植物油厂，其生产花生油的历史已有75年。鲁花作为一家乡镇企业，此前名不见经传。鲁花能够一飞冲天，莱阳鲁花的创立绝对是一个关键节点。

而投放央视广告，则是鲁花飞速成长的下一个关键点。

不满足于仅做市场受制于人的供应商，孙孟全决定力推自己的鲁花品牌。如果说丰益和中粮的资本助力给鲁花插上了起飞的翅膀，那么工艺创新则奠定了鲁花打造花生油市场领导品牌的基础。鲁花依靠山东莱阳盛产优质花生这一地缘优势，大力研究花生榨油的生产工艺，攻克一道道技术难关，成功独创了“5S纯物理压榨工艺”。所谓的“5S”，是指鲁花花生油加工技术的五个核心部分（section）。纯物理压榨技术，生香、留香技术，无水化脱磷技术，恒温储存、维E保鲜技术，去除黄曲霉素技术。通过这一系列技术突破，鲁花得以凭借其独特的浓郁香味，赢得了市场的青睐。

1998 年下半年，通过中央电视台，鲁花将“滴滴鲁花，香飘万家”的手掰花生广告推向全国。鲁花首次投放央视广告的时间，仅仅比金龙鱼晚了两年。

随后，鲁花首先拿下在中国小包装油市场具有绝对战略意义的北京市场，接着又迅速拿下广州市场，一南一北两个高地被收入囊中。紧接着，鲁花四面开花，在全国东南西北布设销售网络，配合强有力的线上媒体投放，迅速确立了其在花生油市场的第一品牌地位。

2003 年，鲁花戴上了“人民大会堂国宴用油”的光环。大家都以为，人民大会堂是国家领导人开会的地方，做的菜一定美味。其实，在人民大会堂，做菜也是一项政治任务。凡事一沾上政治的边，就会有点儿变味。为了不出差错，人民大会堂做的菜，不能太辣、不能太甜、不能太油、不能太酸……这样一来，做出的菜是中规中矩，谁也挑不出毛病，但我们也知道，这已经不是地道的中华美食了。但普通消费者也吃不到人民大会堂的菜，只知道能上国宴的一定是好东西。

鲁花成为花生油的代名词，就像金龙鱼曾经成为小包装油的代名词一样。

丰益给鲁花提供充足的弹药，支持鲁花进一步的扩张。

2003 年，鲁花与丰益、中粮的合作再下一城。山东鲁花浓香花生油有限公司注册成立，注册资本为人民币 6000 万元，后期增加到 2 亿元。股权结构与莱阳鲁花相同。

次年，丰益与鲁花合资建第三个花生油厂，周口鲁花浓香花生油有限公司成立，注册资金 3000 万元。在这段丰益与鲁花的蜜月期中，双方合作范围广泛，除了合建了 5 个花生油厂外，还合建了芝麻油、葵花油、酱油和吹瓶厂，甚至在房地产业务上也有合作。双方合资的企业不下 10 个。

中粮没有参与鲁花的周口厂项目，此前与丰益和阿丹米合作的防城港厂项目，中粮也只要了 40% 的股份，没有绝对控股。这些变化意味着，郭孔丰朋友圈中的这四位小伙伴的合作，出现了问题。

丰益和鲁花跑得太快，中粮和阿丹米跟不上了。

中粮认为，粮油行业投资大、盈利低，短期内难以看到成效。这在中国国有企业负责人的任期考核制度下是不受欢迎的。因此，中粮拒绝了郭孔丰继续合作投资其他大豆压榨新项目的建议。与鲁花合作了两个花生油厂后，中粮也不再继续投资。阿丹米作为一个规模庞大的美国企业，也存在管理官僚、速度太慢的问题。

而郭孔丰则认为，快速的城市化和现代化必然带来中国饮食结构的升级，中国对豆粕、油脂产品的需求会随着经济的发展而快速提高，虽然眼下利润不高，但将获得稳定的商业回报。与中粮这样的央企合作，在审批、拿地、税收等许多事务上都有无形的好处，央企的政策优势加外企的竞争力，可以说是无往而不利，在经营上几乎没有任何风险。如今，郭老板迫不得已做出决定，今后要由自己来主导中国项目的投资和运营。

印尼原本是丰益的主要投资地。印尼是东南亚最大的经济体，也是全世界最大的伊斯兰国家。华人只占印尼总人口的三四个百分点，但华人开办的公司承担了印尼六七成的经济活动，受到当地人的嫉恨。1998 年，亚洲金融危机爆发，印尼经济局势恶化，政府和军队险恶地嫁祸于印尼华裔。在“黑色 5 月暴动”中，上千华人死于非命。执政 31 年的苏哈托总统下台，印尼从此经历长期的动荡和沉沦。他乡非故乡，这也促使郭孔丰将生意重心移向中国大陆。

2000 年，丰益与阿丹米合作组建益海集团，由丰益控股，并负责运作在华粮油业务。恰在此时，中国经济插翼起飞。益海就像骑上白鹅的尼尔斯，即将开始一段神奇的旅行。

第四章 大豆价格风波

美洲大豆进口泛滥

成为“中国粉”的老外有很多，美国经济学家、诺贝尔经济学奖获得者斯蒂格利茨无疑是其中的一个。

2000 年，中国 GDP 不到美国的 1/8，斯蒂格利茨就大胆地预言：影响 21 世纪人类社会进程的两件最深刻的事情，第一件是以美国为首的新技术革命，第二件是中国的城市化。

这两件事情是有因果关系的。

自古以来，“锄禾日当午，汗滴禾下土”，传统农业耕作靠粪尿给田地施肥，保持地力，如此年复一年不断耕种，已在地球上已持续了约 3000 年，养活着 10 亿人口。而现代农业，至今只有 200 年历史。

现代农业可以分成两个阶段。第一阶段从英国工业革命到二战，在此期间，农业经历了三次革命：19 世纪 90 年代的“机械革命”，20 世纪初期的“化学革命”与 20 世纪前半叶的“杂交育种革命”。技术上的进步和西方列强进行的全世界拓殖，让地球人口增加到了 25 亿。

第二阶段从二战结束至今。二战后，美国庞大的军事工业需要转产，生产坦克大炮的企业转向生产大型农业机械，生产炸药的硝酸铵转而成为生产化肥的原料，能杀人毒气转而变成杀虫剂，在越南战场上大量使用的橙剂本来就是一种除草剂。就这样，美国率先完成了农业的现代化。由于化肥和杀虫剂都要以石油为原料，农业机械和运输工具也需要依靠石油做动力，农业成为石油应用的大户，现代农业升级成了石油农业。美国在粮食生产过程中所耗费的石油热量值，超过了这些粮食所含的热量值。

20 世纪 60 年代左右，在洛克菲勒基金会和福特基金会的积极推动下，石油农业在亚洲和拉丁美洲以“绿色革命”的名义开始进行推广，推动了包括中国、印度在内的许多国家粮食大量增产。今天的地球能够满载 74 亿人口，石油农业功不可没。

石油农业将农业变成了工业，农场变得和工厂一样追求规模效应。美国大量小农场主破产，农民数量迅速减少。石油农业造就了“1 个美国农民可以养活 300 个美国人”的神话。中国也在发生类似的进程。中国在改革开放后，引进了不少化肥和农药的生产线，粮食生产效率迅速提高，大量劳动力从农村解放了出来。在每年人潮拥挤的春运背后，是数亿中国农民在蜂拥进城打工。从 1978 年到 2000 年，中国的城市化水平正好翻了一倍，从 18% 提高到了 36%。中国每年都有一两千万的人口移居城市。

城市人口的快速增长，大大增加了对禽肉蛋和食用油的需求。从 2001 年开始，中国居民的肉类消费每年都保持 5% 的稳定增长，奶制品的消费增长更是高于 10%。每生产 1 公斤鸡肉、羊肉或牛肉，就要消耗 2 公斤用粮食做成的饲料，猪肉则要消耗 3 公斤。另外，小包装油市场更是以 30% 的速度迅速增长。为了满足市场对饲料和食用油的需求，中国不得不大量进口大豆。

转基因大豆，到了该粉墨登场的时刻。

美国从 80 年代开始发动农业史上的第五次技术革命——“转基因革

命”。转基因技术让人类可以根据自己的意愿定向地改造生物的遗传特性，创造新的生命类型。人类替代了上帝的角色，成为新的造物主。转基因大豆是种植面积最广的转基因作物，占到世界转基因作物总面积的一半。

美国的转基因技术 + 中国城市化的食物需求 = 中国大量进口转基因大豆。这也成了上述的斯氏理论的最佳注脚。

大豆并不是到了21世纪才引起中国人的关注。事实上，中华文明以五谷（稻、豆、麦、稷、黍）为基础，大豆早在五六千年前的新石器时代，就开始滋补尚在茹毛饮血的中华先民。商代甲骨文就有了关于大豆的记载。《诗经》云："中原有菽，庶民采之"。这里的"菽"就是大豆。"大豆"一词最先见于《神农书》的《八谷生长篇》，其中载："大豆生于槐。出于沮石云山谷中，九十日华，六十日熟，凡一百五十日成。"科学地记录了大豆的成长过程。如今，除了青海省外，我国各地均有大豆种植，是世界上大豆品种最齐全的国家。大豆营养丰富，被称为豆中之王、田中之肉、绿色的牛乳。用大豆制成的食品可以列出一长串：豆浆、豆腐、腐竹、腐乳、豆豉、酱油、豆粉、豆奶、豆芽……如果没有大豆，难以想象中国人的食谱会变成什么样子。可以毫不夸张地说，中华民族培育了大豆，大豆养育了中华民族。

大约在秦汉时期，大豆进入朝鲜和日本，随后传遍亚洲其他国家。18世纪初来到欧洲，19世纪中期开始在美国种植，20世纪初引入巴西。中国东北是大豆的原产地，也是中国大豆的主产区。中国曾经是全球第一的大豆生产和出口大国。但是，大豆在到达美洲后，成为美国、巴西和阿根廷最具市场竞争力的农产品，又回到中国来，把中国产的大豆打得落花流水。

如今，美国是全球出产大豆最多的国家，占了全球2.6亿吨转基因大豆产量的1/3。难以想象，一百年前，第一次世界大战期间，美国还需要从中国东北进口大量的豆油。美国大规模种植大豆的起因颇有些戏剧性。

20 世纪 30 年代，受够了中部地带连续 7 年的沙尘暴，美国寻找能够固土和肥土的农作物，大豆因此被选中。这么多的大豆生产出来怎么办？美国人又不会做豆腐和酱油。数千年来，牛是吃青草的，鸡是啄虫子的，可是天才的美国人却将它们变成了“长蹄子的大豆”或是“长羽毛的大豆”。禽畜都被关进了狭小的笼子里，以高能量的豆粕作为主餐，每天开心大嚼，无须运动、迅速增肥，高效率地为人类贡献肉、蛋、奶。大豆将禽畜养殖场变成了一个个大工厂。在中国大量进口大豆的背后，中国的禽畜养殖业逐步像美国一样走上了工业化的道路。

美国人还意外地发现，大豆是控制世界粮食市场的最好工具。于是，一方面大力提高本国大豆产量，控制南美大豆的种植与贸易；另一方面则在全球范围内推销大豆。通过关贸总协定的谈判，美洲大豆得到免关税的待遇进入欧洲市场。下一个谈判对象，就轮到中国。

早在中美建交之前，中粮就从美国进口大豆，还曾经利用中国高蛋白大豆出口与美国高油大豆进口之间的价差为国家赚取外汇。1995 年和 1996 年，中国大豆连续两年大量减产，需求却保持旺盛的态势，价格居高不下。国家为了弥补国产大豆的数量不足，对大豆进口实行配额管理。普通关税税率为 180%，优惠税率为 40%，配额内税率只有 3%。但是，由于国内一些合资企业拥有独立进出口专营权，以至于一直执行的是 3% 的税率。这被认为是中国放开大豆进口的起始。

没有了关税保护，东北大豆就没法与美洲大豆竞争。美洲大豆是石油农业的最佳代表。大豆适合大面积种植和机械化作业，规模越大越有竞争优势。农场面积小就缺乏规模效益，在良种推广、机械作业、产品收购等各方面的成本都比较高。自由竞争让美洲的大豆农场迅速兼并和重组，只有少数最大的农场主才能够在这样的竞争中生存下来。东北农场的规模在中国算大的了，但也不过一千来亩，与动辄几千上万亩的美洲农场无法相比。巴西一半的耕地被控制在拥有 1.5 万亩以上耕地的大农场主手中。

大豆不是主粮，中国对大豆不像水稻那样重视，研究投入严重不足，东北大豆的出油率至少要比进口大豆低2个百分点。东北大豆的单产十几年间始终在1.8吨/公顷附近波动，远低于全球平均单产2.65吨/公顷，更不要说高达2.96吨/公顷的美国单产。而且，美洲大豆已有80%是转基因大豆，转基因大豆被植入了抗除草剂的基因，与除草剂草甘膦配合使用，可进一步降低种植成本。

东北大豆一年一熟，压榨厂只能在大豆收获季节一次采购完全年的用量，需占用较大的资金。美洲大豆则是北美和南美轮流收获，可以做到全年供货。东北大豆走铁路运输，出山海关也是大麻烦，运输成本甚至要高于美洲大豆运到中国的海洋运费。

1996年，中国首次成为大豆净进口国，当年进口量为110万吨。随后，中国大豆进口连年快速增长。2000年，中国本土产出1429万吨大豆，但同期进口大豆突破1000万吨。中国从此成为世界头号大豆进口国。

2001年，中国大豆进口达到1394吨，比上年剧增三分之一。当年5月，国务院实施《农业转基因生物安全管理条例》（国务院令第304号）。农业部在次年3月又实施了关于农业转基因生物安全评价、进口安全和标识的三个管理办法（农业部令第8、9、10号）。这四个文件对转基因产品的进口、国内销售等环节做出了不少严格限制，特别是规定了转基因农产品的进口必须获得转基因安全证书。12月11日，经过长达15年的努力，中国终于正式加入世界贸易组织（WTO），成为其第143个成员国。美国宣布给予中国永久正常贸易关系的地位。

中国加入世界贸易组织后，对美国增加了大量贸易顺差，大豆进口却不增反减，如图4－1所示。受上述转基因管理条例的影响，2002年中国大豆进口较上年剧减了19%。美国对此提出了强烈的抗议。

2003年，中国大豆进口突破2000万吨。这是一个标志性的转折点。此前20年，中国还有些年份出现粮食过剩，有余粮可供出口。此后，中国持续进口大量粮食，粮食贸易逆差越来越大，离1996年制定的粮食自给率

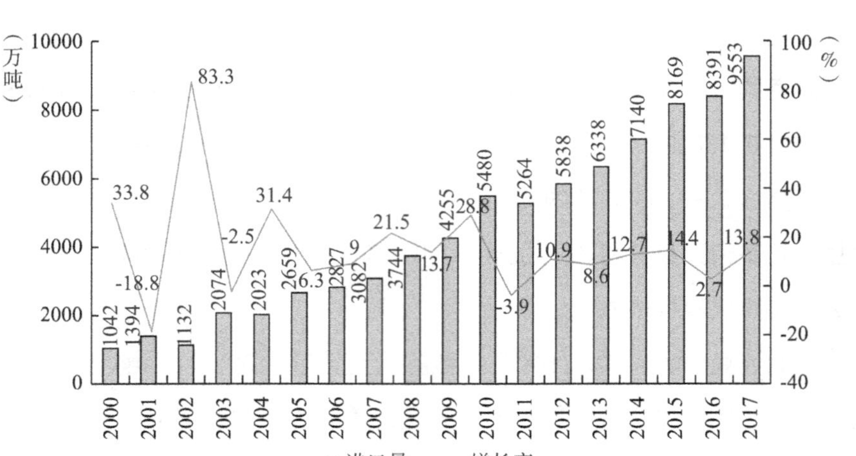

图 4－1　2000—2017 年中国大豆进口量与增长率

95% 的红线越来越远。

2004 年 7 月，农业部实施《关于修订农业行政许可规章和规范性文件的决定》（农业部令第 38 号），将上述三个管理办法进行修订，对进口农业转基因生物产品实施正常化管理。从此，美洲转基因大豆产品获得了永久性出口中国的保证。

在进口大豆泛滥的同时，中国食用油加工行业的一个新的时代已经来临。

大豆跌价危机

中国原有的大豆、油菜籽压榨厂，遵循生产布局与原料产地一致的原则，大豆压榨厂分布在东北、油菜籽压榨厂分布在长江流域。汹涌而来的进口大豆改变了这一生产布局。从 2000 年到 2003 年，中国沿海的江苏、山东、广东和天津等省市兴建了 100 多个以进口大豆为原料，日压榨能力在 1 千吨以上的大型油脂加工企业。以每年开工 300 天计算，新增年压榨能力超过 3 千万吨。

郭孔丰刚组建的益海集团，迅速兴建了 5 个大豆压榨厂。其中，秦皇岛金海、连云港益海和大海防城港三个压榨厂日压榨能力达到 7 千吨的巨无霸，并都在 2000 年内开工。除大海防城港由中粮占多数股份外，其他均由益海控股。益海从零起步，短短几年时间就力压群雄，成为中国大豆压榨行业的老大。按股份比例计算，益海、中粮和九三分别控制了 700、600 和 500 万吨的年压榨产能，居于行业前三名。

益海在建第一家大豆压榨厂的时候，有人认为一条生产线 2000 吨/天的规模太大，因为当时国内大多数工厂都是每天几百吨的产能，但郭老板还是坚持建立一家上规模的压榨厂。他认为，美国的人口还不到中国 1/4，而几百吨的工厂在美国已失去竞争力，不能生存，那么中国这么大的市场，工厂规模应该大得多。“你比别人远看十年，就可以成功”。郭老板的远见在今天已经得到证明。如今，中国的大豆压榨厂产能一般都已达到三四千吨/天，一些工厂的产能已经超过一万吨/天，位居世界前列。

在挤占国产大豆或国产菜籽的市场的过程中，这些沿海新建油脂企业也获得了较高的利润。这是中国大豆压榨行业的一个黄金时期。豆油价格连续两年大幅上涨，2003 年 10 月，大豆压榨利润高达 1000 元/吨。在这一年，中国食用油产量达到 1500 万吨，行业总利润达到了空前的 22 亿，真所谓“榨机一响，黄金万两”。整个行业一片欣欣向荣。许多厂家急剧扩大产能，预计 2004 年中国的大豆压榨能力将达到 8400 万吨。

没有人预料到，一场行业性的经济危机即将来临。

2003 年 8 月份，美国出现冻灾，大豆未能如期播种，种植面积大幅下降。国际市场传言南美大豆也将出现大幅减产。美国农业部对大豆月度供需报告做出重大调整，将大豆库存数据调整到 20 多年来的最低点。另外，美国有报告称，中国豆粕需求将增长 40%，豆油需求增长 60%，大豆需求增长 25%。供给减少、需求增加，市场普遍预期大豆要涨价。芝加哥期货交易所（CBOT）大豆价格从最低点的 2300 元/吨一路上扬，预计来年将涨到 4400 元/吨，创下近 30 年来新高。市场一片恐慌。担心买不到足够多的大豆喂饱那些嗷嗷待哺的大豆压榨生产线，中国大豆压榨厂纷纷加大采购力度，在4000元/吨左右的高位价格，陆续签下了高达800万吨的大豆采购订单。

然而，北美天气转好，降雨充沛，农民及时抢种大豆。北美大豆种植面积不仅没有减少，反而比去年还增加200万英亩。南美大豆和去年相比产量也没有大幅下降。更糟糕的是，2004年4、5月份，中国禽流感的暴发打击了养殖业，直接影响了国内豆粕的消费量。当年中国实际大豆压榨需求只有2800万吨，为近几年来的最低水平。加上散货的海洋运费大幅下跌，国际市场大豆价格出现大幅下滑。到2004年6月，大豆实际现货价格竟然跌到了2200元/吨，如图4-2所示。

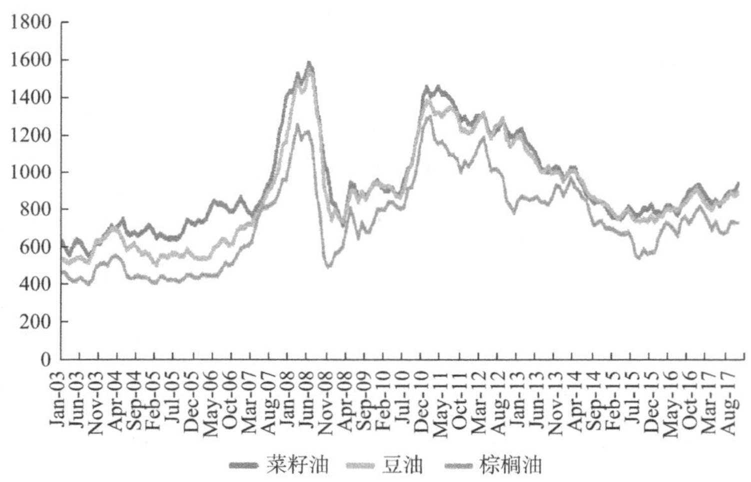

图4-2　国际菜籽油、豆油和棕榈油价格走势（单位：美元/吨）

（数据来源：www. indexmundi. com）

那时候，中国国内期货市场还不完善，内资厂家也没有能力在芝加哥期货交易所做套期保值。当大豆价格大跌时，就把这些厂家给深度套牢。中国大豆压榨厂哀声一片。一条船能装五到八万吨大豆，每吨亏2000元，一船就要损失上亿元。不少压榨厂为了扩大产能刚投了不少钱，正在负债高峰阶段。雪上加霜的是，嗅觉灵敏的商业银行对大豆榨油企业收紧银根，使很多油厂开不出信用证，资金链出现断裂。不少企业无力支付大豆货款，被迫违约。有的企业甚至连每条船大概 100 万美元的“洗船”（把船上装载的货物回售给供应商）费用都无钱可付。

4 月 18 日，厦门出入境检验检疫局在巴西大豆中发现包裹了种衣剂的“红豆”。种衣剂含多种农药成分，呈砖红色，用于对种子包衣，在种子播种和发芽过程中可防止病虫害的侵袭。5 月 10 日，国家质检总局下发通知，暂停 4 家大豆供应商向中国出口大豆，之后又对种衣剂大豆所涉及的 23 家境外供应商下了封杀令。6 月 11 日，巴西政府发布法令，要求 1 公斤大豆只允许含 1 粒不明毒性的杂质，并向中国政府保证今后不会再发生种衣剂大豆事故。6 月 21 日，中巴大豆谈判结束，中国国家质检总局解除禁令，中国恢复进口巴西大豆。中巴大豆事件帮助国内的大豆压榨厂短暂地喘了口气。

在全行业连续数月亏损的背景下，5 月 16 日，压榨能力占全国一半的 16 家大豆压榨厂在北京召开会议，要求国际大豆供应商降低大豆价格，并威胁将联手减少第二季度的进口到货量，还将把下半年的大豆进口量减少一半。各工厂还相约共享库存、共渡难关。相对应的，5 月 20 日，国际上最大的几家大豆供应商聚首北京，联合应付中国大豆压榨商的威胁。一些国际粮商起诉中国压榨厂毁约，索赔金额估计高达 60 亿元。

大连某集团，2003 年进入中国企业 500 强，但没能挺过这一次大豆价格风波，被迫将旗下的东莞、湛江、南京和霸州等厂卖给国际粮商，筹建中的四川厂下马，只剩下大连厂还在勉强支撑，基本处于半停产状态。

山东日照市某压榨工厂，刚刚建好还没开工，就以 4300 元一吨的价位从美国进口了一船大豆。大豆船还没靠岸，就跌到了 2000 元。这家工厂还没开工就倒闭了。

2004 年，食用油行业实现总利润 3.7 亿元，仅为上一年的 17%。

经历了 2003 年中国东北豆油厂的破产潮，2004 年的大豆价格风波，以及 2005 年豆油价格的持续低迷，中国食用油行业开始了大洗牌。2002 年，油脂行业的规模企业为 5169 个（日处理油料能力在 30 吨以上）。到

2005年，规模企业仅剩下1043个。这意味着80%的油企都被淘汰出局，行业集中度迅速提高。

益海抓住了这个快速发展的机会。

从2004到2005年，益海开始了又一波的快速扩张，在福建泉州、湖北武汉、湖南岳阳、江苏盐城、江苏张家港、四川广汉、广东广州和新疆昌吉新建或合作了8个工厂。加上新建于2006年6月的阿克苏工厂和12月的江苏泰州厂，益海在国内的工厂布局基本完成。益海在这一波扩张的工厂，沿海工厂规模大，重在产能，以自建为主。内陆工厂规模小，重在布局，以合作为主。益海竟然把手远远伸到了新疆，而且在北疆和南疆各设了一间油厂，不仅参与新疆的油料收购和市场拓展，还为将来进军中亚市场建立了桥头堡。

武汉新元粮油工业有限责任公司和岳阳新元粮油工业有限公司被列入益海的收购名单。这两家公司的新元商标，被益海专用于为家乐福做贴牌产品。

作为外资企业，益海有较强的品牌意识，在与国内企业合作的过程中，不断地将合作方的品牌纳入自己旗下。除了新元商标外，还有昌吉市康味缘投资有限公司的“康味缘”，山东渤海油脂工业有限公司的“口福”等。不过，这一串名单中少了非常重要的一个：鲁花。孙孟全最终还是没有答应郭孔丰希望控制鲁花品牌的要求。如果孙孟全一不小心答应了，那么今天的中国食用油市场，一定会大不一样。

食用油行业大半江山沦陷?

因不满于不少中国大豆压榨厂在大豆价格风波中的违约，嘉吉和邦吉也在这一时期收购了一些油厂，开始直接进军中国大豆压榨市场。

嘉吉是全球最大的粮食贸易和仓储商、全球最大的肉禽养殖商和美国最大的玉米饲料生产商，还是阿根廷的第一大、巴西的第二大粮食出口商。它的业务分食品、农业、金融和工业四大块，在全球70多个国家雇有15.5万名员工。嘉吉连续20多年被评为美国最大的非上市公司，很可能也是全球最大的私人控股公司。

邦吉以做粮食贸易起家，在这一点上和嘉吉、中粮相似。邦吉业务模式的特点主要在于一个“全”字。它参与到农产品生产的每一个环节，包括最初的种子培育和农场经营，到中间生产环节向客户提供化肥、农药的研发及销售等增值服务，再到其后的农作物收购及加工、仓储物流、贸易分销。邦吉是巴西最大的谷物出口商，美国和阿根廷第三大粮食出口商，美国大豆产品的第二大出口商和第三大加工商。

邦吉于2000年进入中国，向中国市场供应大豆等农作物。2005年，收购三维集团位于山东日照的大豆压榨厂69%的股份。2006年，全资收购华农集团位于江苏南京的大豆压榨厂。嘉吉也在阳江、南通和东莞自建或收购了三个大豆压榨厂。至此，嘉吉与邦吉在中国分别控制了600万和100多万吨的大豆压榨年产能。阿丹米虽然进入中国大豆压榨业最早，但它只做战略投资，在中国从来都没有控制任何一家大豆压榨厂。路易达孚则来得较迟，2007年才在霸州拥有了第一家大豆压榨厂。ABCD均擅大豆的贸易与加工，至此全都进入了中国市场。

早在1994年，美国经济学家莱斯特·布朗就在《谁来养活中国?》一文中预言，中国势必大量进口粮食，到2030年的粮食进口量预计将达到3亿吨。这么大的一个粮食进口市场，任何一个做跨国粮食贸易的大公司都不可能放过，此时正是生产布局的最好时机。

ABCD进入中国市场，引发了一个至今还在中国社会中流传着的阴谋论，说是美国农业部等机构给出虚假的减产信息诱导中国油企大量采购，然后华尔街金融炒家操纵市场将中国油企套牢，再由ABCD四大跨国粮商顺势收购破产中国油企，进而掌控中国食用油行业……

不仅是大豆，其实所有农产品的价格，都像股票的价格一样，任何人都不可能给出准确的预测。例如，2003年底，当美国农民看到次年的大豆期货价格高涨，他们就猛种大豆，反而让大豆价格大跌。这种人为因素的影响，是无规律可循的。农产品价格的大幅跌宕起伏，是再平常不过的事情。纵观过去十多年的大豆价格走势，我们会看到，与2008年和2012年的大豆价格大波动相比，2004年的大豆价格变动仅仅是一个小小的前奏。如果说前者形成了两座高大的山峰，那么后者只能算是一个小小的丘陵。难道每次的大豆价格大波动，都要怪到国际金融资本的头上吗?

在历史上，芝加哥期货交易所和纽约华尔街的投机者们从来就恶名昭著。早在南北战争期间，林肯总统就愤怒谴责拿战争胜负进行黄金赌博的华尔街那帮人，“我希望他们每一个人那恶魔般的脑袋都挨上枪子儿。”结局我们都知道，挨枪子的不是投机者们，而是林肯总统自己。林肯身中六弹，成为第一个被刺杀身亡的美国总统。而芝加哥期货交易所至今已有170年历史。华尔街从防御印弟安人的墙（WALL）后规划出道路，到今年正好333年。看样子它们都还将好端端地继续长寿下去。

芝加哥期货交易所中，投机者在一次囤积居奇或者空头交易中赚取的钱财，比大多数农场主一生中所赚取的钱财还要多。一直以来，很多人认为，投机交易加剧了农产品价格波动，让不少农场主蒙受惨重的损失。“耕种土地的古老而高尚的职业，正在蒙受那些老于世故的城里人的羞辱。”（《贪婪的智慧——从为人不齿到受人尊敬的投机史》第19页，查尔斯·R盖斯特，上海财经大学出版社，2006年10月）。但真的是这样吗?

大宗农产品为什么离不开期货交易? 这是因为，农产品与工业品不同，谁也不知道，在几个月的种植期内，农作物会因为天气或其他什么因素使得最终是丰收还是歉收，价格会有怎样的变化。不论是从前的粮贩子、磨坊主，还是今天的粮食贸易与加工企业，都不喜欢面对一个不确定的市场。为了迎合他们规避风险的需求，期货市场诞生了。许多偏好风险的投机商进入市场，对未来的价格进行预期和炒作，从而形成有效的市场价格指引。

比方说，我打算在6个月后买入1万吨大豆，期货市场显示有人愿意在6个月后以每吨3000元的价格购买，我就可以放心地与农民签订合同，约好在6个月后以3000元的价格买入这1万吨大豆。同时，我在期货市场上以同样的价格和数量，约好在6个月后卖掉这批大豆。到了6个月后，如果大豆价格跌到每吨2000元了，我在现货市场上会亏损1千万元，但我同时在期货市场上能赚到1千万元，两相抵消，我就规避掉了价格波动的风险。

在这个过程中，价格波动的风险就由那些投机商承担了。只要是投机交易，有人赚就有人亏，高收益伴随的一定是高风险。如果只看到这些投机商通过价格的炒作来赚钱，而不看到他们所承担的风险，以及给市场提供的价格指引，那是不公平的。价格是一个非常市场化的东西，仅仅因为芝加哥期货交易所位于美国，就认为“南美产大豆、中国买大豆、美国定价格”，那是很荒唐的。

所谓的“中国食用油行业的大半江山沦陷”说法，谬传甚广，流毒至今。溯其源头，这一说法的出处是，“跨国粮商在中国97家大型油脂企业中的64家企业参股控股”，由此计算出“大半”的比例（64/97 * 100% = 66%）。事实上，外商独资或控制股权比例超过50%的大型油企，仅20家左右，其中10多家都隶属于侨资的益海嘉里系。其他40多家都仅是参股，中粮和鲁花就占了10多家。我盘点了一下自己所炒的股票，兴奋地发现有数家金融、地产公司都已“沦陷”于我的手中。我大可不必再为这本书稿辛苦码字，应该去对“沦陷”于我手中的公司指点江山？从国家政策的角度出发，如果把外资进入中国各行业就视为中国产业在“沦陷”的过程，则相当于否定了中国整个改革开放和大力引入外资的政策，这是非常危险、也是极端不负责任的说法。

依据中国粮油学会的统计，中国油料处理能力（包括大豆、菜籽和花生等的压榨加工能力），外资企业所占比例最高的2008年，也不过才29%。此后该比例不断下降，到2014年仅为23%。中国食用油行业不仅没有“沦陷”，还“壮得很”。经过2004—2006年的市场洗牌，中国食用油行业开始分享中国经济繁荣和高速城市化带来的巨大市场增长。2007年，中国食用油行业的总销售收入达到2554亿，利润首次突破百亿大关，达到105亿，差不多5倍于大豆价格风波前的2003年。2014年的销售收入和利润更是分别暴增至2.5万亿元和635亿元。

没有开放就没有竞争力。中国食用油行业的深度开放，带来的结果是内资企业拥有了国际一流的竞争能力。在中国食用油行业中，实际占据大半江山的一直是民企。2008年，是民企在中国油料加工能力中所占份额最低的时候，但也占了58%的比例，到2014年则增长到65%。另外，国企保持在12%左右的比例。中国民营企业最不怕的就是市场竞争。许多大型跨国公司的产品，在世界上的每一个市场，要么是第一，要么是第二，但是在中国就做不到，因为中国民营企业更有竞争力。只有与狼共舞，才有可能把狼打败。

关于油料处理能力，民企占绝对优势的是国产油料，如菜籽、花生等的加工，在进口油料上只能占到4成多的比例。国企的主要优势则在进口大豆压榨领域。中粮、九三和中储粮的大豆压榨产能，并不逊于益海嘉里、嘉吉、邦吉和路易达孚等外资巨头。

对于大豆压榨行业，只要做好两项工作，就足以规避任何价格波动风险：一是快进快出，让库存尽可能接近于零。即使买到了高价大豆，只要及时加工并将高价豆油和豆粕库存出清就没有风险。二是期货市场套期保值，通过在现货市场和期货市场的对冲交易来规避价格波动风险。在2004年大豆价格风波之后，这两项工作已经是市场现有大豆压榨厂的基本标配。

2004年大豆价格风波，是中国在市场经济尚未成熟的时候才会遇到的挫折。这样的事情，将来再也不可能发生。2008年、2012年乃至未来，再发生比2004年大得多的价格波动，也不足以动摇中国食用油行业的根基。

2004年10月，中粮走马换将，郭孔丰迎来了他在中国市场上唯一够分量的竞争对手，他就是有“中国摩根”之称的宁高宁。此前主政华润时，宁高宁一手打造的雪花啤酒声名鹊起，为雪花啤酒跃居中国乃至世界第一奠定了基础。或许他能够在食用油领域复制雪花啤酒的成功经验?

在2004年惊心动魄的大豆价格风波的同时，另一场没有硝烟的战争，也正在小包装油市场上演。

第五章

1:1:1引发一桶油的战争

上市公关危机

一夜之间，金龙鱼第二代调和油横空出世。

2002 年 7 月，从央视到地方电视台，到处都在播放金龙鱼的广告，拿着小喇叭的老太太在四下高喊“1 比 1 比 1”。所有的超市都摆着金龙鱼的产品堆头，第二代调和油堆成了一座座红色的小山头。菜市场里的粮油店，满墙贴的都是 1∶1∶1 的红色海报。无数 1∶1∶1 的小红旗在迎风飘扬，显示着金龙鱼意欲占领千百万家庭厨房的雄心。

人们不禁要问，什么是 1∶1∶1?

金龙鱼的主打产品是调和油。

长期以来，调和油一直是中国小包装油市场上仅次于大豆油的第二大品类。但是，在西方国家，几乎没有调和油存在。为什么中国会有如此大的调和油市场?

我们注意到，西方国家也没有花生油和浓香菜籽油。洋人不吃花生油，即使吃菜籽油，也都吃的是一级油，基本没有风味。为什么调和油、花生油和浓香菜籽油会是中国食用油市场的一大特色？这与中国食文化有着密切的关系。中国菜色之丰富可谓举世无双，而食用油在中国菜的烹饪中扮演着非常重要的角色。没有菜籽油就没有川菜和湘菜，没有花生油就没有粤菜。调和油正是为了增加香味才在豆油或菜油中添加花生油和芝麻油的。另外，中国营养学会编著的《中国居民膳食指南 2016》认为，“不同植物油中，脂肪酸的构成不同，各具营养特点。因此应该经常更换烹调油的种类，食用多种植物油。”

概言之，调和油之所以能成为中国小包装油市场上大受欢迎的油种，是建立在它适中的价格、适应中国消费者对花生香和芝麻香的需求、讲究营养均衡搭配这三个因素上。

可是，普通调和油技术含量低。一个小厂，弄个灌装机，也能把几种油混装到一块做成调和油来卖。如何才能超越普通产品呢？金龙鱼一直在寻找技术上的突破口。

早在 20 世纪 70 年代初，世界卫生组织、联合国粮农组织发布报告称，当人体摄入的饱和脂肪酸、单不饱和脂肪酸、多不饱和脂肪酸的平均比例达到 1∶1∶1 时，脂肪酸的摄入就更加均衡，人体也就更加健康。金龙鱼以此为依据，根据每种油的脂肪酸比例，将菜籽油、大豆油、玉米油、葵花籽油、花生油、芝麻油、亚麻籽油、红花籽油等 8 种油按照一定比例调和，研发出金龙鱼第二代调和油，恰好做到三种脂肪酸的比例为 0. 27∶1∶1，加上人体从其他食物中摄取的饱和脂肪酸（主要来源于肉、禽、鱼、奶、蛋等），帮助人体从膳食中摄入的三种脂肪酸的比例接近 1∶1∶1。

在上市之前，金龙鱼第二代调和油产品通过了中国营养学会专家鉴定，是市场上唯一获得中国营养学会中国居民膳食营养素参考摄入量（DRI）认证的营养食用油。金龙鱼通过这一举动，占领了品类标准的制高点，给竞争对手设置了难以逾越的门槛。

李福官将这款新产品称为“有思想的调和油”，它借用了保健品的概念，倡导膳食脂肪酸平衡的健康概念，让消费者对食用油的认知从调味升级为营养健康。嘉里粮油为这款产品的上市召开新闻发布会，动员了公司及经销商的所有力量，投入大量的广告资源，发起从空中到地面的全方位营销攻势。在第二代调和油上市的同时，嘉里粮油毅然让金龙鱼第一代调和油产品退市，以此显示自己破釜沉舟的决心。

要让消费者理解膳食脂肪酸平衡的产品利益点，这相当困难。金龙鱼干脆把重点放在简单好记的1∶1∶1上。这个策略取得了巨大的成功，1∶1∶1几乎成了金龙鱼的代名词。而且，由于金龙鱼是宣传脂肪酸平衡概念的先行者，再有竞争对手推这一概念时，都无法撼动金龙鱼1∶1∶1的根基。后来，某竞品宣称其花生调和油是“符合中国居民膳食营养素S∶M∶P的摄取比例”，另一竞品调和油推出过“4∶1必需脂肪酸平衡比例”的概念，矛头直指金龙鱼第二代调和油，结果都铩羽而归。

金龙鱼第二代调和油的上市，让中国整个食用油市场为之震惊。

食用油行业是个产品同质化很高的行业，金龙鱼推出1∶1∶1这么一个竞争壁垒高、竞品难以模仿的差异化产品，避开了与竞品的价格竞争。1∶1∶1又是一个相当犀利的概念，轻轻松松就做到了家喻户晓。而且，金龙鱼还给了消费者这么一个暗示，这个产品的推出是有科学理论作为依据并得到各大权威机构认可的。这不仅是调和油产品的一次升级换代，还是整个食用油行业的一次革命。

不过，金龙鱼第二代调和油的概念宣传，重在产品效果的1∶1∶1，忽略产品本身的0.27∶1∶1的三种脂肪酸比例。8到9月份，北京、成都和南京等地都有消费者向工商局投诉，称金龙鱼新推出的第二代调和油在广告上宣传符合1∶1∶1健康新概念，但实际瓶标上所示的上述脂肪酸比例是12∶44∶44，两者并不符。消费者质疑：既然厂家的产品没有达到1∶1∶1的健康标准，为什么还要在产品的广告中大力宣传这个概念？这有误导消费者的嫌疑。

新闻媒体开始介入，从地方上的二三流媒体逐步发展到地方主流媒体和一些中央媒体，从专业类媒体向大众类媒体扩展。负面报道从河北、天津开始，逐步蔓延到全国其他城市。一些媒体以大字醒目的方式标示“金龙鱼被人揭了短”“工商介入调查”等标题，极富攻击性。

面对这场突如其来的危机，嘉里粮油解释称：广告中所出现的 1∶1∶1 是指人体每日膳食应摄入的脂肪酸比例，由于人体摄入的饱和脂肪酸来源除了调和油之外还有肉类食物，因此广告中所说的 1∶1∶1 比例并不是金龙鱼调和油的脂肪酸比例，而是以金龙鱼调和油 12∶44∶44 的比例再加上人体正常摄入的肉类等食物所包含的饱和脂肪酸后的比例。嘉里粮油还通过中国营养学会理事、中山医科大学营养学苏教授来证言这个概念的科学性，以及 0. 27∶1∶1 的与 1∶1∶1 的关系。

《南方周末》到嘉里粮油公司总部进行采访，嘉里粮油仅仅回复了一纸《严正声明》，态度强硬地声称：“金龙鱼没有误导消费者。我们不排除有一些竞争对手恶意炒作，期望利用不正当手段达到不可告人的目的。我们已经委托律师介入调查此事。条件成熟时，我们会公布调查结果并将坚决采取法律措施进行处理……”随后，《南方周末》于 9 月 12 日刊登整版报道《一桶油的战争》。同一天，北京一消费者向丰台法院提起诉讼，对金龙鱼第二代调和油的电视广告提出质疑。丰台法院受理并于 10 月 14 日开庭。金龙鱼 1∶1∶1 的公关危机至此到了最高潮。

最终结果是，嘉里粮油表示，今后公司将放大金龙鱼外包装上的0. 27∶1∶1 的字号，以与 1∶1∶1 划清界限。这一调整只是让消费者更加了解金龙鱼第二代调和油所含的营养比例，对广告并没有太大影响，还会用原来的广告继续播放或刊登。

在当时，金龙鱼就像一个毛头青年，并没有意识到自己已经成长为一个让世界刮目相看的巨人，只是单纯地想着把品牌做好、把产品卖好。嘉里粮油没有专门的公共关系部门，也没有专人专职负责公共关系工作。金龙鱼在报纸上投放大量广告的同时，也有很多负面报道出现在这些报纸上。面对这些负面报道，外界对嘉里粮油的评论是：“公司上下仿佛挨了一记闷棍，迟迟没有反应过来。”公司就像救火员一样疲于奔命，头痛医头、脚痛医脚，没有一个全盘的计划。基层办事处人员在接受地方媒体采访时，态度恶劣，甚至摔电话。

负责金龙鱼第二代调和油的品牌经理曾向中国粮油学会的某行业大佬求助。行业大佬说：“我一直想来你们的工厂看看，你们一直不邀请我。现在出事了，就来找我了。”不满之情溢于言表。嘉里粮油与行业协会关系之差，由此可见一斑。

协助解决这次公关危机的某公关咨询公司，在事后提醒嘉里粮油，应做好与政府、行业协会和全国性大媒体等方面的公关工作。最好的公关应该是在事前就防止火苗的点燃或是做好消防的准备工作，而不是在事后忙于救火。然而，1∶1∶1 的公关危机一过，这个相当重要的建议也跟着石沉大海。

事后来看，这一波的投诉，更可能是一批职业打假人在联手兴风作浪，而非普通消费者或是竞争对手在捣鬼。但是，缺乏经验的嘉里粮油，固执地认为是竞争对手在搅局，这又为下一波危机的来临埋下了根源。

金龙鱼第二代调和油上市的第二年，嘉里粮油的小包装油销量即突破了一百万吨。

广告风波危机

2003 年 12 月 12 日，嘉里粮油在深圳举办百万吨庆典活动，庆祝以金龙鱼为主的嘉里粮油系列小包装食用油销量突破一百万吨。当时中国小包装油市场总共也才三百万吨，这意味着嘉里粮油占据了 1/3 的小包装油市场份额。按照中国人均每天吃油 31.5 克计算，这是在为 8700 万的中国人提供健康的小包装食用油产品。次年初，嘉里粮油在北京人民大会堂举行“小包装食用油跨越 100 万吨”庆典新闻发布会。

2004 年 8 月，知名主持人、凤凰卫视著名新闻主播吴小莉成为金龙鱼第二代调和油代言人。这也是中国粮油企业首次邀请新闻主持人担任形象代言人。当金龙鱼需要一个有影响力的媒体人士证言金龙鱼 1∶1∶1 的真实可信度时，吴小莉进入了金龙鱼选星的视野。在为金龙鱼代言之前，吴小莉画出了底线：不能让自己满头大汗地在厨房里掌勺。嘉里粮油答应了。当然，满屏迎风飘扬的 1∶1∶1 红旗是必不可少的。

此时，金龙鱼如日中天，公司上下沉浸在一片歌舞升平之中。吴小莉也微笑着号召全国人民一起为健康加油。谁也没想到，嘉里粮油即将为对公关工作的忽视而再尝苦果。

2004 年 9 月 9 日，我刚完成出差任务，正准备从上海回金龙鱼的深圳营销总部。作为在浦东机场候机室里的消遣，我买了一份《南方周末》。然后，我惊讶地看到报纸上的一份中国粮油学会油脂分会的郑重声明。声明指出："个别单位在媒体上盗用中国粮油学会油脂专业分会副会长李某某的名义来宣传 1∶1∶1 调和油"。因此，学会"严厉谴责上述行径，要求有关单位立即停止在新闻媒体上的不实报道，并保留诉讼法律的权利。"声明中还指出，1∶1∶1 调和油广告内容"是错误的和不负责任的""目前国内外市场上没有任何单一食用油或者食用调和油的成分能达到 1∶1∶1 的均衡营养比例。凡是符合国家食用油标准的产品，均属健康、安全和营养的。"

很明显，这篇报道是针对嘉里粮油和金龙鱼来的。我意识到，出大事了。

这个声明的起因是，此前金龙鱼在 8 月 26 日的《北京晚报》的"健康快车"版面上，刊登了一篇题为《1∶1∶1——食用油营养的黄金比例》（副标题：中国粮油学会油脂分会副会长李教授对食用油的宝贵建议）的文章。该文借该副会长之口，从专家的角度对目前的食用油进行了点评，得出结论：长期食用单一的菜籽油、橄榄油、红花籽油、大豆色拉油和花生油，都会引起营养不均衡等问题。这篇文章还教育消费者，食用油里的 3 种脂肪酸一旦摄入不均衡，就会相应引起各种重大疾病。因此，"只有当 3 种脂肪酸的吸收量达到 1∶1∶1 的完美比例时……身体才能健康。"最后，文章指出，在我国食用油领域第一个运用 1∶1∶1 理念的品牌是“金龙鱼”，“1∶1∶1，应该成为各家厨房最合理的用油选择。”

9 月 1 日的《新京报》上，一篇题为《四亿家庭的炒菜油是否健康——漫谈食用油里的健康问题》的文章中也出现了类似的表述，以及“专家提醒我们，切莫过度注重口味而忽视了健康，因为即使是优质的花生油，其成分中也可能会含有微量的黄曲霉毒素，不宜大量食用。如果黄曲霉毒素在人体中沉积下来，将会对人体健康产生危害。”同样，文章在最后隆重推荐 1∶1∶1 调和油。

这些文章触怒了鲁花。

鲁花于 1998 年开始发力，凭借灵活而有效的营销策略，迅速在全国各地打开市场，仅用 5 年时间就将销售额从 3000 万大幅攀升到 2003 年的 18 亿元，在花生油品类占据 70% 以上的市场。鲁花的浓香品质击中了金龙鱼调和油产品风味一般的软肋，“人民大会堂国宴用油”的称号又威胁到金龙鱼的品牌老大的市场地位。鲁花的强势崛起不能不引起金龙鱼的警觉。于是，金龙鱼在安排广告公司撰写 1∶1∶1 软文广告的时候，捎带着给花生油放了几支冷箭。

鲁花认为，金龙鱼的上述广告内容是对其花生油产品的攻击。由于文章是以中国粮油学会某专家的名义发表的，所以鲁花前往学会讨要说法。

于是有了中国粮油学会的这篇声明。

危机迅速升级。

2004 年 9 月 10 日，北京市工商局广告处以金龙鱼第二代调和油里三种脂肪酸的真实比例为 0. 27∶1∶1，1∶1∶1 广告涉嫌误导消费者为由，召集中央电视台和北京电视台广告部负责人了解情况，要求金龙鱼更改广告内容之后，再重新在媒体上播放。

9 月 12 日，国内 7 家食用油企业联名向国家工商总局和北京市工商局递交“紧急致函”，要求工商部门叫停金龙鱼广告。这 7 家企业包括山东鲁花集团、北京古船油脂有限责任公司以及中粮旗下的五家油企。“紧急致函”称，金龙鱼 1:1:1 调和油在广告中宣称花生油黄曲霉毒素的中国国家标准高于欧美标准 20 倍，过量摄入容易形成肝中毒、肝昏迷、死亡。对此，7 家企业认为，以上广告无论从形式还是内容上说，都违反了广告法有关条例，引起消费者的恐慌。而且，金龙鱼在“不真实地贬低同行产品的同时”，又在其他的广告、宣传中“欺骗性地夸大了自己调和油产品的特征和功能”，所以“是明显的不正当竞争行为”，故要求工商部门勒令停止一切与 1:1:1 有关的产品包装、标签及广告宣传，并对嘉里粮油的违法行为给予处罚。

9 月 13 日，有记者向金龙鱼广告中的三大权威机构求证，三大机构均否认推荐 1:1:1。世界卫生组织驻华办事处负责营养方面的官员张女士表示，世界卫生组织主要从事在世界各地开展的卫生项目的管理工作，不可能去推荐某种食品的营养比例是否合适，她自己从不知道 1:1:1 是什么意思。联合国粮农组织驻华代表处副代表徐先生说，联合国粮农组织是世界各国政府之间的一个工作机构，不会从事任何与商业利益有关的活动，更不会为任何企业做宣传。联合国粮农组织从未听说过 1:1:1，当然也不会针对任何一个企业进行所谓的膳食营养比例的推荐活动。中国营养学会负责对外宣传的工作人员常某某说，中国营养学会从未推荐过居民膳食营养标准，并且已经很正式、很严肃地向有关企业打过招呼，希望有关企业不要再冒用中国营养学会的名义进行宣传。

孙孟全并不讳言，他是这次广告风波的幕后推手。孙孟全认为，是鲁花先受到了金龙鱼的伤害。“当时我们发现金龙鱼在很多媒体上都发表了一些攻击鲁花花生油的文章”。“鲁花采取这一行动并非为了炒作，而是因为最近的一篇名为《你的炒菜油是否健康?》的文章。”

9 月 17 日，嘉里粮油董事总经理李福官首次出面解释 1:1:1。李福官力求息事宁人。他指出，这次商战的结果，只能是两败俱伤，甚至对整个行业都有伤害。

一个星期过去，经过多方澄清，风波事件渐渐平息。但是，不可否认，金龙鱼产品与品牌的公众形象受到极大的不良影响。这是金龙鱼迄今为止经历过的最大危机事件，对品牌和公司的巨大伤害是无可置疑的。

在这次事件后，金龙鱼在所有出现1:1:1的地方，都增加一行注解小字：“本产品饱和脂肪酸：单不饱和脂肪酸：多不饱和脂肪酸的比例为0.27:1:1，帮助人体达到1:1:1的膳食脂肪酸平衡比例。”① 金龙鱼1:1:1广告加了这一条解释后，就再也没有出现过针对其产品配方虚假宣传的质疑。

如果等一个企业出现了危机后，才想起“危机管理”，那可能只剩下“危机”，而根本谈不上“管理”了。危机管理应该是防患于未然，即充分确认危机发生的因子，采取防范措施，将危机因子扼杀在摇篮里。同时，要将危机管理技巧融入日常职责和行动中去，一方面建立预警机制，对媒体动向进行监测，另一方面充分做好应对危机发生时的决策、人员、物资等方面的准备。一旦危机发生，就可以快速反应，防止危机连锁发生。危机发生后，要本着实事求是和人文关怀的原则从容应对，正视问题、解决问题、承担责任、知错就改，从而化险为夷。

在认识到了危机管理的重要性后，嘉里粮油开始建立其一套积极有效的危机管理制度与相应措施体系。

首先，建立公共事务部及新闻发言人制度，统一对媒体的宣传口径。对于新闻、软文和广告的发布采用严格管理措施。例如，只允许公共事务部接待新闻媒体的采访。回答记者提问时要做到不评价竞争对手、不评价政府行为、不评价不是自己业务范畴的事务等。

其次，与主流媒体建立立体的、长期的友好合作关系，建立自己的核心记者团。公司不再通过广告公司在媒体上投放广告，而是直接与媒体建立广告业务关系，以建立与媒体的直接联系，即便这样会付出较高的广告

① 金龙鱼第二代调和油改名为黄金比例调和油后，脂肪酸比例也调整为0.2~0.3:0.6~1:1，大豆油取代菜籽油排到配料表中的第一位。

投放价格。公司从多个层面（如企业高层与媒体高层之间、企业中层与媒体中层之间、企业执行层面与媒体接口记者之间）与媒体建立立体的、经常的联系，既让媒体自上而下更加了解公司和产品，又增进彼此的感情，为企业的大规模宣传活动奠定良好的基础。一方面，媒体会在企业负面报道出现之前，及时反馈给公司，把危机扼杀在萌芽状态。另一方面，在媒体组织专题报道时，会从正面的角度加强对企业的报道，大大提升企业的良性提及率。

最后，建立完善的公司内部危机管理流程，对内部员工进行危机管理培训。例如，基层办事处员工在收到当地记者采访公司的要求时，要做到热情接待，并及时、准确、全面地将问题报告给公司相关部门处理，同时联系当地经销商，利用经销商在当地的社会资源解决危机，绝对不能抱着抵触的态度将媒体拒之门外。

可见，嘉里粮油已经将危机管理作为一个系统工程进行规划与实施了，建立起高效有力的危机事前的严密防范，事中的快速反应和事后的恢复处理的危机管理与公关能力。

仅仅几个月之后，金龙鱼新建立的公关危机管理能力，就迎来了一次检验。

产品抽检危机

2004 年 12 月 27 日，国家卫生部发布“2004 年度食用植物油监督抽检情况通报”，判定包括金龙鱼、福临门和金象三大品牌在内的部分食用油品牌抽检产品不合格。此消息一经媒体披露，即引起众多消费者关注：“连最知名的品牌都出问题了，我还敢买什么油啊？”

面对这一次重大公关危机，金龙鱼有着与之前截然不同的表现。

媒体刚披露国家卫生部的食用油抽检结果，嘉里粮油在 28 日即发表声明，可谓反应迅速。声明分成三大部分。第一部分简单回顾事实基本情况。第二部分陈述企业采取的行动及措施，对所有八家生产企业的产品全面复查，对于被卫生部判定有问题的产品实施追查并召回。第三部分，公布检查结果影印件及国家标准，意在让消费者自己看实际检查结果是否符合国家标准。

整个声明层次清晰，表述完整，心平气和，给人自信、沉稳的感觉，是实实在在面对问题、解决问题的态度。企业迅速对所有产品进行全面复查，对可能发生问题的产品全部收回，表现出对消费者健康和安全高度负责的精神。无怪乎有消费者看到这个声明之后称，他不会因为新闻报道而放弃对金龙鱼的选择。

一个品牌的危机公关史，也是该品牌走向成熟的历史，金龙鱼也不例外。从此之后，金龙鱼还将遇到多次险恶的公关危机事件，但均能从容应对、化险为夷。

2004 年，正是 18 岁的金龙鱼成年礼之年。

1∶1∶1 的成功，让金龙鱼形成了稳定的营销战略。

在嘉里粮油内部，关于金龙鱼的营销策划，一直存在着两种争议。一是应该主推产品还是主推品牌？如果主推 1∶1∶1 调和油，那势必会让消费者造成“金龙鱼 =1∶1∶1 调和油”的印象，这对金龙鱼的高端产品系列的推广，如油茶籽油、花生油、葵花籽油和玉米油等产生不利的影响，让它们在与竞品专业高端品牌的竞争中处于劣势。如果主推金龙鱼品牌，看起来能让所有产品受益，但又似乎成了无源之水，缺乏销售力。

二是应该做感性的广告还是理性的广告？感性的广告可以打开人们的心扉，感动柔软多情的心灵，给人长久的美好印象，就像《万家灯火篇》中高唱的“快回家”一样。“温暖亲情大家庭”，是永远不会过时的主题。理性的广告则是赤裸裸的硬销售，厂家想的就是如何把产品利益点推销给消费者，买家和卖家就是推销产品和接受产品的商业关系。

在金龙鱼第二代调和油上市后，至少在嘉里粮油的公司高层，形成了一个清晰的营销战略方向：金龙鱼就是应该主推 1∶1∶1 调和油，做理性的产品卖点广告。因为，即便发生了一系列公关危机事件，金龙鱼第二代调和油仍然快速成为益海嘉里乃至整个中国食用油市场上最畅销的产品。在此之前，金龙鱼调和油的销售虽然也在增长，但只是跟着整个小包装油市场的大势在走，表现不温不火。自从 1:1:1 的广告铺天盖地的轰炸之后，金龙鱼调和油的销售迅速提升，形成了一条陡峭的爬坡曲线。

拿着小喇叭的老太太打败了拎着小灯笼的小女孩。曾被评为年度十大恶俗广告的 1:1:1 调和油上市广告，对产品的销售拉动力要远远超过那些被央视评选的“观众最喜爱的电视广告”。

金龙鱼的品牌诉求，也跟着 1:1:1 的成功而调整，不再以感性的“温暖亲情，金龙鱼的大家庭”为核心，而是改以理性的“健康”为核心。以后的一系列广告语，如“让美食更健康”“为健康生活加油”和“为健康中国加油”等，始终不离开“健康”二字。

不过，金龙鱼 1:1:1 也并非无往而不利。

2004 年，金龙鱼 1:1:1 营养均衡调和油挟横扫大陆之威，杀入中国香港市场，没想到碰得头破血流，销量甚至还远低于金龙鱼花生油和金龙鱼粟米油。感觉投入太大，揾食不易，金龙鱼匆匆收手，铩羽而归。这前后不过一年的时间。

事实上，不少消费者的口味比较重的市场，金龙鱼 1:1:1 发展得都不太顺利。除了好吃花生油的中国香港，还有偏好笨榨豆油的黑龙江、喜欢浓香花生油的山东和北京、菜籽油不黑不爱的湖南和惯用胡麻油的宁夏等。中国市场这么大，各地饮食习惯差异悬殊。想用一个产品走遍天下，绝对是不可能的事情。

在修改了广告语之后，金龙鱼的 1:1:1 概念基本上再无人质疑。但是，另一场公关危机战争已经悄然打响。战事初起之时，看似影响不大，不像金龙鱼 1:1:1 广告风波一样骤然兴起，但却有一种水滴石穿的力量，缓慢而有力地侵蚀着金龙鱼的品牌美誉度，并最终对金龙鱼造成巨大的伤害。这场战争，就是转基因战争。

第六章
食用油标识转基因之后

马尔科教授的实验

农作物的转基因趋势已经势不可挡。自 1983 年世界上第一例转基因烟草问世以来，转基因技术研究范围不断扩大，目前已有 24 种转基因植物荣获批准进行商业化种植。已经上市的转基因农作物，除了玉米、大豆、棉花和油菜四大作物外，还有甜菜、木瓜、茄子、马铃薯和苹果等。其中，转基因玉米的种植国家最多，遍布六大洲，种植面积和产量仅次于转基因大豆。另外，包括水稻、香蕉、马铃薯、小麦、鹰嘴豆、木豆、芥菜和甘蔗在内的农作物，其上市研究都已经进入评估晚期。

全世界转基因植物的种植面积由 1996 年的 170 万公顷增长至 2017 年的 1.898 亿公顷，21 年增长了 112 倍，超过地球上十分之一的耕地。种植转基因作物的国家达到了 24 个，此外，尚有许多国家和地区进口转基因产品作为食用、饲料或加工原料。转基因作物在前 5 大种植国的平均应用率（大豆、玉米和油菜应用率的平均值）不断增加，已接近饱和，其中，美国 94.5%、巴西 94%、阿根廷约 100%、加拿大 95%、印度 93%。中国的转基因作物种植面积排在全球第 6 位。

20 世纪 80 年代，中国开始进行转基因作物的研究，转基因作物育种在发展中国家处于领先水平，转基因水稻研究处于国际先进行列。中国最早于 1992 年引进转基因烟草种植。目前中国种植的转基因作物有棉花、木瓜、白杨、番茄与甜椒等。

当前，与其说转基因问题是事关食品安全的问题，不如说是转基因标识管理的问题，因为没有一个政府，包括中国、美国在内，会让自己的老百姓吃上不安全的食品。特别是主粮，尤为慎重，比如转基因水稻，即使获得了安全证书，也未被批准在中国进行商业化种植。进口到中国的转基因玉米及转基因豆粕，都被严格限定为饲料用途。也就是说，转基因食品对人体是安全的，问题是对于转基因食品要不要进行标识。如果要标的话，又应该怎么标？这些才是争议的焦点。

2016 年 7 月，美国国会参众两院相继通过了一项旨在强制标识转基因食品的法案。美国总统奥巴马签署了该法案，这意味着将来美国消费者能知道他们的食品中是否含有转基因成分。

美国是全球转基因作物种植和消费第一大国。美国市场上 70% ~80% 的加工食品含转基因成分。在此法案发布之前，美国政府并不要求给转基因食品贴上标识，理由是转基因食品与传统食品“实质等同”。

这个法案举世瞩目。如果美国真的执行转基因食品强制标识政策，那么将对世界各国的转基因标识管理政策有着重大的示范效应。有意思的是，美国国内的反转人士和挺转人士对这项法案的出台都不满意。美国有些州已经先行出台了非常严厉的转基因标识管理规定，均被废止，必须按照联邦的法律统一执行。该联邦法案规定，食品公司可以选择以下三种方式中的任意一种进行标识：文字、转基因成分图示（将由美国食品药品监督管理局制定）或是链接到产品成分的二维码。但是具体怎么做？没有按照法律进行标识又该受到怎么样的惩罚？这些内容并没有被阐述清楚，需要由美国农业部在两年时间内制定具体的标识方案。

两年时间一转眼就过去了。2018 年 5 月 3 日，美国农业部公布了一份长达 106 页的《全国生物工程食品信息披露标准》，规定含有 GMO 成分的食物将被标识为“生物工程改良”（BE）或是简单的“可能经过生物工程改良”。但是通过基因编辑获得的食物不用进行标识。从原理上来讲，基因编辑技术只是简单模拟了常规育种可能产生的结果，或是自然界中就可能发生的变异，并不符合生物工程改良的定义。同时，美国农业部提议，公司可以使用“笑脸”来标识，也可以使用二维码。在程序上说，这份标准经过两个月的公示期后，将由美国国会于 7 月 29 日进行审议，但此后并无下文，相信仍然存在着不小的争议。

美国在转基因标识问题上吞吞吐吐，其他国家又是怎样呢？联合国下的 193 个会员国，约有 90 个会员国有转基因标识法，但标准不尽相同：从美国的无须标识，到欧盟的 0.9%、日本的 5%、韩国的 3% 以上标识，以及中国的零容忍。这些标识的根据是什么？为何你要 0.9%，他要 5%，美国说不标识？没有一个科学家说得清楚。现有的转基因标识法的标识阈值基本都是含糊不清的。

阈值 = 转基因成分含量/食品重量。其中的分母是某一转基因食品的数量，分子是这个食品中含有的转基因成分的数量。关键是这个转基因成分是什么。就 BT 基因玉米来说，这分子代表的是玉米中间产物（淀粉、糖浆），或者是 BT 蛋白含量，还是折算回去的转基因玉米含量？

为了预测转基因标识对市场可能产生的影响，美国科罗拉多州立大学的一位经济学副教授马尔科·科斯坦尼格罗于 2014 年进行了一项模拟市场选择的情境研究。

马尔科教授设置了两个试验组。第一组在一些苹果上贴了非转基因标识，其他的苹果什么都没有贴。第二组则在一些苹果上贴了转基因标识，其他的苹果也什么都没有贴。

试验结果令人震惊。

在贴非转基因标识的试验组中，人们愿意为了非转基因苹果多付 39%

的价格。到了贴转基因标识的试验组中，人们愿意为无标识的苹果多付94%。相比第一组，为非转基因苹果的支付意愿竟然增长了144%。

为什么会这样？研究者的理解是，转基因标识会更多地引起消费者的负面联想，而非转基因标识则会引起正面联想。由于人们对于负面信息更为敏感，当标识为转基因时，人们也就愿意花更多的钱去避开它，选择没有标注的产品。

强制标识的影响有多大？可以参考反式脂肪酸的案例。自从美国食品药品监督管理局强制要求反式脂肪酸标识后，美国食品工业迅速做出反应，反式脂肪酸的使用率大大下降。尽管科学界对于反式脂肪酸和转基因食品的态度截然不同，反式脂肪酸是“研究已证明有许多危害”，而转基因则是“诸多研究都得出了并无危害的结论”。然而，当转基因和反式脂肪酸一样要求强制标识，相信食品工业一定会同样迅速做出反应。毕竟，如果不考虑消费者反应，有很大可能遭遇商业上的失败。

可以预见，转基因标识必定会深深影响未来转基因技术的研发和使用。对转基因来说，强制标识不仅仅反映了消费者目前的偏好，还将成为一种“自我实现预言”。越是标识，人们越是担忧，也越是愿意付费避开它。

研究者还表示，如果在实验室中看到转基因标识就能引发消费者态度变化，那么在现实里，政府强制、媒体宣传、周围人态度三者合力，消费者态度可能会变化更大。人们对于未知的事物总是抱有警惕之心，尤其是在涉及食品时。大量的食品丑闻在不断地消耗着民众对于商业公司和监察部门的信任度。因此，人们总会下意识地从周围寻找关于食品安全的线索，无论这线索是来自网贴、朋友圈，还是贴在食品上的强制标识。

马尔科教授的研究结果，并不让我们感到惊讶。因为早在2002年3月，为了抵御世界贸易组织带来的转基因大豆大量进口，中国农业部就公布了《农业转基因生物标识管理办法》。中国食用油市场在转基因强制标识后的表现，已经验证了马尔科教授的实验结论。

转基因标识管理“零容忍”

中国《农业转基因生物标识管理办法》的第六条“标识的标注方法”是这么规定的：

（1）转基因动植物（含种子、种畜禽、水产苗种）和微生物，转基因动植物、微生物产品，含有转基因动植物、微生物或者其产品成分的种子、种畜禽、水产苗种、农药、兽药、肥料和添加剂等产品，直接标注“转基因××”。

（2）转基因农产品的直接加工品，标注为“转基因××加工品（制成品）”或者“加工原料为转基因××”。

（3）用农业转基因生物或用含有农业转基因生物成分的产品加工制成的产品，但最终销售产品中已不再含有或检测不出转基因成分的产品，标注为“本产品为转基因××加工制成，但本产品中已不再含有转基因成分”或者标注为“本产品加工原料中有转基因××，但本产品中已不再含有转基因成分”。

这个标识管理办法，没有明确写明转基因成分含量多少时才需要进行标识。在具体执行过程中，实际就成了全球唯一的对转基因实施“零容忍”标识管理的国家，执行尺度之严超过了各欧美发达国家。

转基因成分主要是存在于蛋白质中，各类油料无论是通过压榨还是浸出工艺制油，蛋白最后都被分离到饼粕中，食用油脂通过精炼处理后基本不含有蛋白。中国粮油学会油脂分会的王瑞元会长也曾撰文指出：“由于转基因大豆中的转基因成分是以蛋白质为载体的，不与脂肪相结合，所以用转基因油料生产的食用油中是不含转基因成分的。”① 所以，在该管理办

① 《油脂业泰斗王瑞元解食用油疑惑，号召行业自律》，2015 年 1 月 17 日，光明网。

法出台以后，金龙鱼依据第三点的规定，修改了标签，在产品上标示“大豆油（菜籽油）加工原料为转基因大豆（菜籽），但本产品中已不再含有转基因成分”。

金龙鱼新标识的产品，包括调和油、大豆油和菜籽油等，刚一上市，就受到了媒体的群起攻击。2002—2003 年，社会气氛对转基因极不友好。报纸上大量出现这些文章：《进口大豆威胁东北大豆》《中国东北豆农生计无着》《转基因食品安全性无定论》……在这一背景下，食用油行业把对转基因的定义和标识要求写进了国家标准。

2002 年 5 月，食用植物油国家标准审定会在山东烟台召开，专家们最终形成了一致意见：将压榨与浸出工艺列入新的国家标准，对两种工艺的质量差异进行了严格的说明。次年 10 月，由国家粮油局标准质量中心负责起草的新食用油标准出台，规定了花生油、大豆油、葵花籽油等 8 种食用植物油国家强制标准，新标准强制性要求食用油企业必须把产品加工工艺明确标注在产品上。如果原料含转基因大豆，也要标明。

以《大豆油国家质量标准》（GB1535－2003）为例，在《术语和定义》中规定：

3.1 压榨大豆油 pressing soya bean oil

大豆经直接压榨制取的油。

3.2 浸出大豆油 solvent extraction soya bean oil

大豆经浸出工艺制取的油。

3.3 转基因大豆油 genetically modified organism soya bean oil

用转基因大豆制取的油。

在《标签》中规定：

8.1.2 转基因大豆油要按国家有关规定标识。

8.1.3 压榨大豆油、浸出大豆油要在产品标签中分别标识“压榨”“浸出”字样。

迫于各方压力，金龙鱼不得不将标签改按第二点的规定进行标识，即“大豆油加工原料为转基因大豆”或“菜籽油加工原料为转基因菜籽”。既然行业老大金龙鱼都这么标了，其他加工原料为转基因大豆或转基因菜籽的食用油品牌也都纷纷按照第二点的规定进行标识。

上海福临门食品有限公司、黑龙江九三油脂（集团）责任有限公司、广东丰源粮油工业有限公司等均列明大豆油国家质量标准的起草单位。而作为行业老大的嘉里粮油，并未参与包括大豆油、菜籽油等在内的重要国家质量标准的制定。

农业部出台转基因标识管理办法的初衷，是为了保护东北大豆。那么，东北大豆得到有效保护了吗?

东北大豆确实受到严重的冲击。2006 年春天，大豆产量占全国二分之一强的黑龙江，大豆种植面积已经减少 25%，大豆收购价格跌破了种植成本。黑龙江 1800 万农业人口，其中有 1000 万种植大豆。东北第一时间把舆论造得山响：又是黑土地沦陷，又是农民无米下锅，又是民族工业倾亡，让人感觉东北已危在旦夕、走投无路，政府再不出手，东北就要完蛋了。

其实，随着时间的推移，市场自己在进行调整和转型。东北大豆在蛋白上优于进口大豆，所以东北大豆与进口大豆形成了分工：东北大豆加工成豆制品供人食用，进口大豆用于榨油和做饲料。这就为东北大豆保留了一定的市场份额。何况，东北平原有着广阔的黑土地，种大豆不赚钱，还可以种植玉米、水稻等许多农作物。东北的农业条件可以说是全中国最好的，如果东北农民都喊活不下去，那让关内人均仅有可怜的几亩或十几亩耕地的农民情何以堪?

另外，东北豆油的领军企业九三集团成功实现了转型，把东北的几家豆油厂关掉后，已经在沿海的广西北海、天津和辽宁大连等地新建了好几家日压榨能力在 5000 吨以上的大型大豆压榨厂，成为中国食用油行业排名第三的行业巨头。

之后，中国政府看到，进口大豆对东北大豆的冲击已经成为过去时，东北大豆、豆农和压榨厂都顺利完成了转型，而且进口大豆为降低中国食品物价功不可没。在经过一个短暂的犹豫后，中国政府对进口转基因大豆的态度就从限制转向支持，进口数量随之一路扶摇直上。

转基因标识对转基因大豆的进口并无影响，影响最大的却是中国食用油市场的消费秩序。

自从以转基因大豆或转基因菜籽为加工原料的食用油产品在瓶标上添加转基因标识后，事态的发展就一发而不可收。每一个新崛起的食用油品牌，都爱拿“转基因”说事，因为这个话题容易引起消费者的关注和媒体的兴趣。鲁×率先发难，提出“100%压榨、100%非转基因”。紧接着是多×葵花籽油的“非转基因，真正安全无污染”，再到西×玉米油的“不管几比几，不要转基因”。金龙鱼的1∶1∶1第二代调和油是市场上销量最大的转基因原料食用油产品，对此只好闷不作声，或者勉强声辩几句。时间一长，转基因不仅是金龙鱼的“软肋”，更变成了“原罪”。

事实上，大多数食用油品牌，或多或少都卖过以转基因大豆或转基因菜籽为原料的调和油产品。毕竟，市场对于低价食用油有着巨大的需求，但这不影响它们不遗余力地标榜自己是“非转基因”。不过，由于消费者收入的提高和市场环境的变化，非转基因食用油产品的市场份额越来越大。不少品牌，如鲁花，好几年前就已经彻底放弃了转基因原料的产品线，只专心做非转基因产品。

许多超市为了自诩对食品安全的关注，迎合消费者对转基因的反感心理，将“非转基因食用油”和“转基因食用油”分开货架陈列，并明显标识“转基因油区”和“非转基因油区”。一些定位高端的超市甚至拒绝转基因原料食用油进场销售。

消费者看到，在食用油产品上，“非转基因”四个字都标得光明正大、理直气壮，“转基因”三个字都标得偷偷摸摸、鬼鬼祟祟，明显说明非转基因食用油好于转基因原料食用油。宁可信其有，不可信其无，还是多花点钱买些心安吧。

自中国在食用油产品上进行转基因标识至今，一晃十多年时间过去了。结果，中国食用油市场真的如美国马尔科教授推测的那样，在转基因标识实施之后，从厂家、超市到消费者，都在唾弃转基因原料食用油。其实，金龙鱼也是中国最大的非转基因食用油生产商。但是，因为它在转基因原料的使用上也是最大的，也就不得不承受社会对它的抨击。

现在在中国，只要谈到食用油，“转基因”绝对是一个绕不开的话题。几乎每个刚知道我的职业是卖食用油的朋友，都会问一句：你的油是转基因的吗？如果你百度“转基因”“转基因食用油”和“转基因金龙鱼”三个关键词，可分别得到2210万、513万和377万个结果（2018年1月数据）。由此可见，“转基因食用油”和“转基因金龙鱼”在有关转基因的话题中占了很大比例。

可是，食用油和转基因到底有多大的关系？

崔老师的检测

作为在食用油行业从业十多年的资深人士，终于有一天，我厌倦了关于“转基因食用油”话题的口水仗，决定通过科学的检测，来实证一下这个问题。在所谓的“转基因食用油”中，到底含有哪些转基因成分？含量又是多少？只有了解了这些数据，才能合理地判断吃了“转基因食用油”会有多大的危害。

“测量是检验和判断一切理论的终极标准。”① 一切科学的认识，都应

① 《油脂业泰斗王瑞元解食用油疑惑，号召行业自律》，2015年1月17日，

该以测量数据为基础。瑞士通用公证行（SGS）① 是一个市场公认的、非常有权威的检测机构。我给 SGS 寄了几份转基因原料大豆油。过了一段时间，SGS 给我发来了检测报告。关于转基因那一项的检测结果是："未检出"。

在检测报告的详细注释中说明：测试包括 CaMV 35S 花椰菜病毒 35S 启动子、NOS 胭脂碱合成酶终止子、EPSPS 磷酸合成酶基因和 PAT 草丁膦乙酰转移酶基因等转基因相关位点，涵盖了市场上大部分转基因植物的转基因成分。检测结果均为"未检出"。

这不是开玩笑吗？怎么会检测不出来呢？如果检测不出来，那转基因食用油和非转基因食用油又有什么区别？凭什么要我每桶多掏几十块钱去买非转基因食用油啊？那 71 个要求金龙鱼醒目标识转基因的 71 个律师，在全国各地打公益官司，难道都是在闹着玩？

当时，我的第一反应是：SGS 是不是有点水啊？于是，我又给业内的一位技术专家打电话，询问中国哪里有能够检测出食用油中转基因含量的机构。他说，各地的计量质量检测研究院设备最先进，可以一试。

于是，我安排人拎了一桶转基因原料大豆油，就近跑一趟，专程送到深圳市计量质量检测研究院去进行检测。

一周后，结果出来了，一样是："未检出"。

如果食用油中不含转基因成分是个科学的结论，那意味着任何人都可以重复这个检测，并能够得到相同的结果。

我相信，随着科学技术的进步，测量精确度会越来越高。今天的测量精度是百万分之一（在 1kg 样品中测出 1mg），今后肯定会有能够测出千万分之一、甚至亿分之一精度的时候，从而更确切地检测出一桶油到底含不含转基因成分。可即使有的话，含量如此之微少，真能对人体产生不利的影响吗？

---

① 通标标准技术服务有限公司是瑞士 SGS 集团和隶属于原国家质量技术监督局的中国标准技术开发公司共同建成于 1991 年的合资公司，在中国设立了 50 多个分支机构和几十间实验室，拥有 12000 多名训练有素的专业人员。

既然不含转基因成分，食用油为什么还要进行转基因标识？

中国自己种植的转基因食用农作物有木瓜、番茄和甜椒等，但你在市场上见过标识为转基因木瓜、转基因番茄或转基因甜椒在销售吗？它们很多也是转基因，只是没有做标识。事实上，整个中国食品市场上，仅有食用油这一个产品在老老实实进行转基因标识。

在中国，如果一桶豆油是用转基因大豆生产出来的话，就需要在标签上进行转基因标识。但是，如果把这些用转基因大豆生产出来的豆油装进一瓶豆豉酱中去呢？

不用标识。即使在一瓶豆豉酱中，油的比例接近一半。

事实上，在中国超市售卖的食品中，不仅是豆豉酱，还有许多产品都要用到转基因原料食用油，比如辣椒酱等各种调味酱料、方便面里的油包，以及各种各样离不开油的罐头食品。但是，除了含油量为100%的食用油产品外，其他食品大多数都不做转基因标识，仅有个别谨慎些的企业会写上“本产品加工原料中的食用植物油由转基因大豆制成，但本产品已不再含有转基因成分”。莫非这些酱料厂、方便面厂或罐头厂，都用价格较贵的非转基因食用油做产品配料？

使用转基因农产品为原料生产出来的食品，有不少和食用油一样，均不再含有转基因成分，比如，从转基因甜菜中提取的糖，用转基因玉米生产的玉米糖浆和乙醇（酒精）。为什么我们只知道市场上有卖“转基因食用油”，从来没听说过有“转基因白糖”或“转基因白酒”？

根据奥巴马签署的美国转基因标识管理法案，也并非所有的食品都需要进行标识。美国食品和药物管理局表示，需要标识的食物不包括成品油和甜味剂，如菜籽油或玉米糖浆，理由是这些食物经过加工处理后，已不包含遗传物质，没有该法案所要求的确定转基因源。在美国人看来，食用油、糖和乙醇均检测不出转基因成分，所以无须进行转基因标识。

换言之，美国人并不把用转基因原料生产出来的食用油当作转基因食品。但是在中国，用转基因原料生产出来的豆油、菜油或调和油，却成为最让中国人恐慌的转基因食品。放眼全世界，中国是唯一一个要求在食用油产品上进行转基因标识的国家。

可是，让人不可思议的是，虽然有了转基因标识，消费者也有意识地不去购买有转基因标识的食用油，但他们却仍然吃下越来越多的转基因原料食用油。

餐饮行业里的转基因

中华民族是一个舌尖上的民族。随着城市化及经济的发展，独居和小家庭越来越多，也有越来越多的人在外就食。餐饮行业在中国是不折不扣的朝阳行业，有望长期保持10%左右的增速，这也意味着中包装餐饮用油市场在同步快速增长。目前，在中国的食用油消费中，散油、小包装油和中包装油三足鼎立，中包装油的发展速度明显快过小包装油，而散油则在不断萎缩之中。

几乎没有人注意到这个事实：只要是商业性的餐馆酒家，就一定要用到转基因原料的食用油。

对于商业餐饮，成本控制非常重要。能用到便宜转基因原料食用油的，绝对不会多花成本用非转基因原料食用油。除非是不需要考虑成本，才会要求只采购非转基因食用油。

餐饮行业用油，转基因原料豆油或转基因原料菜油要占到90%以上，只有少部分会用到非转基因的棕榈油和花生油等。棕榈油虽然比豆油和菜油更便宜，但因为冷天易凝固的特性，妨碍了它在餐饮行业的使用。

可是，你听说过转基因油条吗？听说过转基因炒饭吗？听说过转基因水煮鱼吗？

没有任何餐馆酒家会进行转基因标识。

当然，如前所述，我们知道即使是用转基因原料制成的食用油，也是绝对不含转基因成分的。餐饮行业不进行转基因标识，没有给予消费者知情权，对消费者的健康并不会产生任何不利的影响。

同样是转基因原料的食用油，餐饮市场的无视与零售市场的紧张，形成了鲜明的对比与莫大的讽刺。

更有意思的问题是：既然食用油中不含转基因成分，而且超市里也没有含转基因成分的大豆食品销售，那转基因都到哪里去了？

答案是：一粒大豆，经过压榨加工，分离成豆油和豆粕。转基因成分都在豆粕里，做成饲料，拿去喂家畜或家禽。再然后，家畜变成了猪肉、牛肉，家禽变成了鸡肉、鸭肉，最后又都进入了你我的肠胃。

看来，只有改成素食，才能完全杜绝转基因对我们生活的影响。

在食用油产品上强制进行转基因标识，既没有科学依据，也没有影响转基因大豆的进口和销售，甚至连消费者的知情权也没有得到真正的保障；不仅没有改善中国的食品安全环境，相反还造成消费者不必要的心理恐慌，以及对中国食品监管体制的不信任。如果转基因原料食用油不是好东西，政府为什么还要允许售卖？消费者的这种疑虑根本就无法得到合理的解释，只能滋生各种阴谋论，影响政府的公信力。

大家都知道，中国香港的食品卫生管理做得比较好。供港食品的安全率居然能达到99.999%。可是，中国香港超市里的食用油，是不需要做转基因标识的。比如，原料来自加拿大的芥花籽油（又称卡诺拉油），就是一种不折不扣地用转基因油菜籽榨出的食用油。

加拿大芥花籽油？中国大陆的消费者会觉得很陌生。也很少有人知道这一事实：加拿大芥花籽油不仅风靡中国香港市场，而且很早就来到中国，并已走进了千家万户的厨房。只不过，它用的是另一张的面孔。

第七章
加拿大菜籽油的三张面孔

油菜花里菜油香

郭鹤年认为，华人是地球上最惊人的“经济蚂蚁”。不过我想，用油菜花来比喻中国人，也许会更加合适。单看一朵油菜花，渺小而平凡，但数亿朵油菜花聚集在一起，却足以改变大地乃至世界的面貌。

仿佛金黄的候鸟，一年一度，油菜花自南向北，缓缓掠过中国的山地与原野。元旦一过，处于热带的海南岛和台东的油菜花就开了。紧接着，广西和云南的喀斯特锥形山化作金色海洋中的小岛，贵州的梯田被翠绿的线条和金黄的色块勾勒成一张斑斓的挂毯。三月份，婺源与歙县古老的黛瓦粉墙在金黄色的花海中显出柔和与醉美。江南水乡烟雨轻笼，油菜花如当地女子般风姿绰约，妩媚万千。人间四月芳菲尽，张家界险峻挺拔的峰林在油菜花地的点缀下愈发显得秀美绝伦。长恨春归无觅处，油菜花到甘肃陇南，让雄浑而粗犷的大地变得春风荡漾，生机勃勃。当华北平原上最后一亩冬油菜收割入库，春油菜才开始在西域北疆粉墨登场。有了绵延上百公里的油菜花海做衬托，青海湖青蓝的湖水不再终日冰寒，天山山脉圣洁的雪山不再长年冰霜，呼伦贝尔大草原的辽阔与苍茫中，也有了些许的温情与暖意。

纤弱的油菜花，以其惊人的生命力，成为中国覆盖地域最广的一种农作物。早在唐代，杜甫在成都就为之留下千古名句：“黄四娘家花满蹊，千朵万朵压枝低。留连戏蝶时时舞，自在娇莺恰恰啼。”不过，浣花溪畔的农夫辛苦种下油菜花，可不是为了满足大诗人的雅兴，而是为了收籽榨油，一饱口腹之欲，并意外成就川菜之美名。

在古代中国，人们最早是把油菜“供作蔬茹”，后“采苔而食”，直至发现“亦得取子”榨油。宋朝，“油作”成为独立的手工业部门。广为人知的《卖油翁》故事，反映了专业油贩子的出现。明朝宋应星在《天工开物》中有着详细的菜籽油加工工艺的记载：“凡榨，木巨者围必合抱。榨具已整理，则取诸菜子入口，文火慢炒，透出香气，然后碾碎受蒸。蒸气腾足取出，以稻秸与麦秸包裹如饼形。包裹既定，装入榨中，随其量满，挥、撞、挤、轧，而流泉出焉矣。”悠久的食用历史，让菜籽油成为中华美食文化中的重要角色。川菜、湘菜等重要菜系的美味，都少不了菜籽油的功劳。

如今，中国是全世界最大的菜籽油生产国和消费国，播种油菜的面积超过一亿亩。在2000年以前，菜籽油占中国人消费食用油总量的比例达40%左右，国人把食用油就叫作菜油。在大量进口美洲大豆后，中国人吃的油一半变成豆油，菜籽油则下降到1/4左右。

前面说过，中国的油菜可分冬油菜和春油菜两大类。中国东部和南部地区，广泛种植的是冬油菜。西北和东北地区，冬季过于寒冷，油菜只能在春季播种，以东北海拉尔地区的产量最大。在品质上，两者的主要区别是，前者芥酸含量高（3%~60%），后者芥酸含量低（<3%），又称芥花籽油，如图7-1所示。

国外研究认为：芥酸对人体有害，可致心肌纤维化，引起心肌病变。所以，加拿大对油菜进行育种改良，于20世纪60年代成功培养出芥酸含

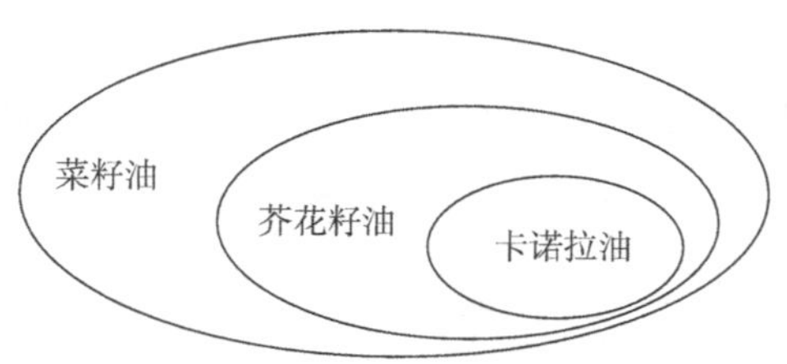

图-1 卡诺拉油、芥花籽油和菜籽油三者关系

量很低的新品种。为了区别欧洲品种的菜籽油（RAPESEED OIL），这一新品种被称作卡诺拉油（CANOLA OIL），即加拿大低芥酸菜籽油（Canada Oil Law Acid）的缩写，也可以说是芥酸含量低于1%的芥花籽油。当前，加拿大所种的油菜，90%以上都是转基因品种。

20世纪90年代以来，中国大力推广双低优质冬油菜品种（芥酸含量低于3%，菜饼中硫代葡萄糖甙含量低于30微摩尔/克）。2007年，政府出台对长江流域双低油菜优势区实施10元/亩的油菜良种补贴的政策。本土低芥酸菜籽油产量越来越大。

虽然中国自产的菜籽油早已不够吃了，需要从加拿大大量进口，但中国的油菜有着天时、地利和人和方面的优势，不像大豆一样被打得一败涂地，只有三成的比例依赖进口。

所谓天时，是说经过漫长历史的驯化和改良，中国的油菜形成了许多不同的品种，能够适应各地不同的土质和恶劣的气候。所谓地利，是说油菜喜凉耐寒，可以利用水稻田的冬闲地播种，不像大豆一样与主粮争地，而且油菜还有神奇的肥田固土功能，让土地可以连年耕种，无须通过休耕恢复地力，另外菜籽油可地产地销，物流成本低。而人和是说，芥酸含量高低与菜籽油的风味息息相关，高芥酸的菜籽油才能做出地道的川味和湘味。

不过，由于油菜种植收益相对较低，而且难以推广机械作业，中国农民越来越不愿意种油菜。近年来，中国国产菜籽油基本上没有什么增长，在全球菜籽油中的比例不断下降，从10年前的三成下降到如今的不到两成。

金龙鱼不仅是中国调和油市场的王者，也是菜籽油的老大。

金龙鱼在 1∶1∶1 调和油上投放的大量广告，强化了消费者对金龙鱼是个中端品牌的认识。这虽不利于金龙鱼旗下花生油、葵花籽油和玉米油等高端油品的发展，但可以惠及价位较低的菜籽油和大豆油。

食用油是个资源决定型的行业。嘉里粮油在大豆压榨行业所占份额极低，即便日后与行业老大益海合并，也不到整个行业的 15%。但嘉里粮油绝对是中国菜籽油进口的老大，控制了中国一半以上的菜籽油进口，以及中国小包装油市场一半以上的菜籽油用量（含调和油中的菜油用量）。金龙鱼在小包装菜籽油市场上更是一家独大，优势明显。四川和陕西的强势菜油品牌鲤鱼也隶属于嘉里粮油旗下。此外，一些区域性品牌，如湖南道道全、重庆红蜻蜓和云南金菜花等，凭借对各地菜籽油资源的掌控，也有一定的生存空间。

在金龙鱼有多个菜籽油产品，AE 纯香菜籽油无疑居于核心的地位。

AE 纯香菜籽油的撒手锏

在 2004 年以前，中国的菜籽油市场由两类产品主导。一类是颜色浅得像水、几乎没有油烟的一级低芥酸菜籽油，主要将进口转基因菜籽浸出加工而成。另一类是颜色浓黑厚重、油烟很大的四级高芥酸菜籽油，为国产非转基因菜籽压榨所得。这两种菜籽油的差异很大，除了名称都叫菜籽油外，几乎就没有什么共同点。前者走品质路线，吃的是健康，后者走风味概念，浓香扑鼻。

金龙鱼把国产四级高芥酸菜籽油和进口一级低芥酸菜籽油，按照一定的比例进行调配，结合了四级菜籽油和一级菜籽油的各自优点，生产出 AE 纯香菜籽油。金龙鱼的 AE 纯香菜籽油是三级油，颜色金黄，油香芬芳，稍有油烟。

这个产品大受欢迎。现代城市的年轻消费者既不喜欢四级菜籽油的墨色、重味和浓烟，也不喜欢一级菜籽油的浅色、无味、低营养。三级菜籽油正好满足了他们对风味和健康的双重需求。而且，相比于成本较高的国产菜籽油，尤其是小榨菜籽油。AE 纯香菜籽油通过与进口低价菜籽油调配，成本更低，更具市场竞争力。

好酒靠调，好油也一样。作为农产品，油菜籽的质量会受到种子、日照、气温、水分、土质等因素的影响而有差异，导致每一批次的菜籽油质量都会略有不同。因此，三级菜籽油要保证成品出厂时品质划一，色泽、香味和口感稳定，需要很强的调配工艺。

金龙鱼 AE 纯香菜籽油还有一个撒手锏，那就是它强化添加了维生素 A 和维生素 E。

维生素 A 的发现，始于人们对食物与夜盲症关系的认识。距今 1500 多年前，我国就有对夜盲症的描述和肝能明目的记载。在古埃及和古希腊医学文献中，也记载了利用牛肝治疗夜盲症的建议。现代医学研究发现，维生素 A 除了可促进视觉细胞内感光色素的形成，还可防止皮肤变得粗糙，维持生殖功能，并促进骨质的生长发育。

维生素 A 缺乏是世界卫生组织确认的世界四大营养缺乏病之一。因为维生素 A 缺乏，全世界每年有 100 万 ~ 250 万人死亡，50 万学龄前儿童致盲，干眼病患者高达 1000 万人以上。我国为中度儿童维生素 A 缺乏国家。2004 年卫生部的《中国居民营养与健康现状》表明：维生素 A 缺乏是我国城乡居民普遍存在的问题。我国 3 ~ 12 岁儿童的维生素 A 缺乏率为 9.3%，农村儿童为 11.2%，其中边远的农村和 5 岁以下的小孩缺乏更为严重。

为了改善营养缺乏对人体的危害，在联合国儿童基金会、亚洲银行等国际组织支持下，国家计委、卫生部牵头于 1995 年发起并实施国家公众营养改善项目。2001 年，国家公众营养改善项目第三期确定了以食物营养强化作为切入点来提高全民族的身体素质。该项目包括营养强化面粉——根据中国人的特点，参照国际上营养强化的经验，在面粉中添加7种营养基础配方，包括铁、钙、锌、维生素B1、维生素B2、叶酸、烟酸和一种建议配方维生素A。营养强化酱油——在酱油中强化铁，以及营养强化食用油——在食用油中添加维生素A，等等。

同一年，国家发改委①组建公众营养与发展中心，并接手国家公众营养改善项目的管理。类似于通过在盐中加碘以消灭碘缺乏病一样，公众营养与发展中心想通过在大多数人消费的食品中添加必需的维生素和矿物质，来改善中国人的营养状况。

根据公众营养与发展中心的建议，金龙鱼陆续推出维生素A大豆油、AE纯香菜籽油、AE纯香大豆油等强化维生素A（VA）系列食用油。对老百姓来说，VA食用油的食用方法和一般油一样，不需要改变烹调习惯，而且每天吃油的量有限，正常使用的话没有过量摄入维生素A的担忧。同时，一天多花几分钱，就能帮助人体充分摄取维生素A营养，非常经济。适用、安全和经济，使VA食用油受到消费者的欢迎。

金龙鱼还在VA食用油中添加了维生素E。维生素E能抗氧化，改善皮肤，延缓衰老。维生素E可溶于油脂，加入食用油中还可用作抗氧化剂，延长食用油的保鲜期。维生素E还能增强维生素A在产品中的稳定性，提高其被人体的吸收效果。

为了促进VA食用油的推广，金龙鱼在包装上也进行了重要的创新。

维生素A怕光，遇到自然光中的紫外线就会分解。因此，此前所有VA食用油都采用不透明PE材质的金黄塑料桶作为包装。该瓶型样式呆板，使用不便，加之不能透彻地看到油质，消费者担心油中会有杂质等品

① 发改委，即国家发展和改革委员会，作为政府的组成部门，是综合研究拟订经济和社会发展政策，进行总量平衡，指导总体经济体制改革的宏观调控部门。发改委前身是成立于1952年的国家计划委员会。经济发展和体制改革是发改委的两个工作重点，掌握国务院经济方面的审批权等相关权力。2018年3月，发改委“组织实施国家战略物资收储、轮换和管理，管理国家粮食、棉花和食糖储备等职能”被分拆归属新组建的国家粮食和物资储备局。

质问题，严重阻碍了消费者的产品认知和购买行为。因此，虽然中粮、南顺和海狮等企业都投入大量资金和人力，推广该油种一年多，但一直都未得到消费者的认可，导致 VA 项目未能真正启动起来。

在这样的背景下，金龙鱼推出了透明新包装的 VA 食用油产品，“让营养看得见，让健康透出来”，在业界引起强烈的关注。嘉里粮油引进的抗紫外线收缩膜技术，在包装材料中融入一种可有效吸收紫外线的物质——紫外线感光分解颗粒，能完全吸收透过瓶身的紫外线，不让紫外线进入油瓶破坏 VA。在有效保护食用油营养元素不受损坏的同时，透明包装又充分满足了消费者的知情权，化解了消费者的购买顾虑。可以说，金龙鱼在包装上的创新为国家推广和普及强化 VA 营养项目开辟了光明的前景。

金龙鱼还将该抗紫外线的透明包装应用到深海鱼油调和油、葵花籽油等产品上，因为紫外线不仅会破坏维生素 A，还会加速油脂氧化，产生有害物质。于是，这些食用油产品即使不避光，也可长期存放，大大改善了产品质量。

这些精心的产品设计及创新，加上得到了发改委公众营养与发展中心的支持，金龙鱼 AE 纯香菜籽油取得了巨大的市场成功。该产品首先打败了金龙鱼自己的一级菜籽油，上市仅几年时间，就成为金龙鱼旗下销量最高的菜籽油产品。在一些菜油市场，金龙鱼 AE 纯香菜籽油不仅定价要高于第二代调和油，而且销量更高。在金龙鱼 AE 纯香菜籽油的带领下，福临门等不少品牌也相继推出了三级菜籽油产品，使之成为市场的主流食用油品类之一。

金龙鱼同期还推出了 AE 纯香大豆油产品。该产品也是金黄色的三级油，品质介于一级豆油和四级豆油之间。不过，因为中国消费者普遍不喜欢豆油的豆腥味，该产品只在东北获得了较大的成功。

2005 年，金龙鱼大豆油、金龙鱼菜籽油和胡姬花花生油同时获得“中国名牌产品”称号。①

在将市场做大以后，金龙鱼 AE 纯香菜籽油开始遇到成长的烦恼。

压榨与浸出之争

2003 年，新出台的食用植物油国家标准，强制要求食用油产品明确标注“压榨”和“浸出”加工工艺。这又是一个对中国食用油行业产生巨大影响的事件。

所谓压榨和浸出，是指将油料分离成油和粕的两种不同的方法。压榨法制油，是将胚料放在蒸炒锅内炒熟后，送入螺旋榨油机或液压榨油机内挤压出油。浸出法制油，是将胚料浸在溶剂（6 号轻汽油等）中把油浸出，经过滤、蒸发和汽提等设备使油与溶剂分离，溶剂回收后可反复使用。

压榨法的出油效率低，只能榨出 90% 左右的油脂。浸出法则能够榨出 99% 的油脂，生产成本低，而且粕的质量高。浸出法在西方发达国家是绝对的主流制油技术，占油脂总产量的 90% 以上。

浸出法制油技术源于欧洲。早在 1856 年，法国人迪斯就发明了溶剂浸出的方法。1870 年前后，德国人在莱茵河工业带相继建立了罐组式油脂浸出工厂。德国人波尔曼在一战后设计出第一台连续式浸出器，并被阿丹米于 1934 年成功应用于萃取豆油。这一技术自动化程度高、出油率高、易于大规模生产。凭此技艺，阿丹米在迪凯特建立了当时世界上最大的浸出法大豆压榨工厂，并在全美迅速扩张。二战后，美国、比利时和德国相继设计出平转式等各种新式浸出器，使浸出器的结构和制造技术日趋完善。

1956 年 6 月，我国第一座平转式大豆浸出试验厂——蛟河市植物油厂正式投产，标志着我国油脂工业进入了一个新的纪元。“浸出制油法”被

① 2008 年，随着国家质检总局职能调整，不再直接办理与企业和产品有关的名牌评选活动，名牌标志被陆续禁用，最晚的将于 2012 年期满。“中国名牌产品”标志已走入历史。

国家列入“六五”期间全国40项重大科技成果推广项目计划。20世纪70年代，在当时粮食部粮油工业局负责技术工作的王瑞元的组织下，全国油料产区都在推广先进的浸出工艺，国营油厂的加工油料已有75%采用浸出工艺处理，增产了大量油脂，油料加工技术的面貌得到了彻底的改变。到了2004年，浸出产能占中国油脂加工能力的90%以上，浸出油产量约达1100万吨，占油脂总产量的80%以上。可以说，没有浸出法制油技术的推广和应用，就没有中国油脂工业今天的规模化和现代化。

由于中西饮食文化的差异，中国人对花生油、菜籽油的风味有较高的偏好。压榨法的优势是油品的风味好，这使得压榨法制油在中国还有较大的生存空间。压榨法榨油后分离出来的粕，往往还得送去浸出车间再加工一道，把残油提取出来。

从各项质量指标上看，市场消费主流的一级油，无论压榨法还是浸出法，“溶剂残留量”的要求都是“不得检出”。三级油和四级油，浸出法要求“溶剂残留量<=50mg/kg”，相当于10万分之5。压榨法要求“不得检出”。所以，不管浸出法还是压榨法，都是健康的、安全的食用油生产工艺。

但是，负责制定国家标准的专家说了，我们要给消费者知情权，所有油脂企业都必须在产品上标注“压榨”或者“浸出”。

2004年10月1日，在中国市场上销售的大豆油、花生油等食用油开始执行新的国家标准，明确标出加工工艺、原料原产地等。这时，某花生油厂在各地报纸发出消息：相比浸出法，压榨法制油最大优点是安全、卫生、无污染，绝不含任何溶剂残留，保证产品的原汁原味。市场由此出现了“压榨油比浸出油更健康”的观点。一时间，超市中、电视里、报纸上充斥着“压榨油更健康”的说法。根据这种观点，压榨油是用物理机械方法生产，可以保证人体健康不受损害。而浸出油则是加入化学溶剂生产出来的，有安全隐患。许多商家往往这样告诉消费者：“压榨油是绿色纯天然食品，最健康。而浸出油是用化学法提炼的，有化学溶剂残留，不安全。"

对此，中国粮油学会油脂分会的专家指出："一些厂商和销售人员，在竞争中采取了不合理的方式和不择手段的办法进行所谓的竞争，在宣传自己产品时贬低他人的产品，说什么浸出法制取的油有毒，宣称压榨法油产品质量要高于浸出法产品，等等。这些错误的做法和说法，严重误导了消费者，也危害了油脂行业的健康发展。"王瑞元会长发表言论，"说浸出不好是厂家不正当竞争的结果"。国家标准委员会委员薛雅琳更是提出"说压榨更健康是无知的炒作"。

可是，就像转基因标识一样，只要产品上标识了"浸出"，专家们再怎么说浸出法没问题，消费者的心里也会有嘀咕：只看见有人宣传"非转基因"和"压榨"，没看见有人宣传"转基因"和"浸出"。在产品标识上，凡是"非转基因"和"压榨"都标识得很大很醒目，凡是"转基因"和"浸出"都标识得又小又不显眼。这种表现不正表明"转基因"和"浸出"是不好的吗?

于是，就像转基因标识一样，浸出标识也让消费者对浸出食用油产生了歧视。再加上一些厂家的推波助澜，"浸出油不好"的观点慢慢深入人心，这使得整个中国食用油行业，乃至整个中国食品行业的声誉又遭重创。

不幸的是，受伤最重的食用油品牌又是金龙鱼。

由于调和油由多种食用油调配而成，将每种油的工艺都标出来意义不大，所以调和油无须标识加工工艺。而大豆油是市面上售价最低的食用油，标上浸出工艺也没太大影响。那么，浸出标识对金龙鱼的哪个产品影响最大？正是金龙鱼 AE 纯香菜籽油。

在将金龙鱼 AE 纯香菜籽油销量做大以后，国产的压榨非转基因原料已经无法满足需求，必须进口大量的浸出转基因原料。金龙鱼 AE 纯香菜籽油用压榨四级油和浸出一级油调配而成，不管用什么原料，它都能通过调配工艺达到一样的质量水准。但是，"转基因"和"浸出"成了它无法摆脱的胎记。

无奈之下，金龙鱼 AE 纯香菜籽油推出了两种产品。一种用的是国产压榨非转基因原料，另一种用的是进口浸出转基因原料。前者比后者贵 10 元（5L 装）。消费者爱吃哪种油就吃哪种油吧。消费者拥有知情权的代价，就是为同样质量的产品花销更多的银子。

加工工艺标识的规定，给了一些小厂，甚至是一些不守法的小厂家以生存空间。相比需要经过水洗、碱洗、脱酸、脱色、脱臭、过滤等一系列复杂工艺的浸出法，采用压榨法的设备投入很小，只要一台小型压榨机就可榨油，过滤去杂质即可灌装。糟糕的是，用技术手段是无法鉴定出一桶一级油是压榨油还是浸出油的，就像无法用技术手段鉴定是转基因原料油还是非转基因油一样。这就给不法厂家留下了牟取暴利的机会，因为出榨油和浸出油在市场上存在巨大价差。市场上不少所谓的压榨油，其实都勾兑了浸出油，甚至是 100% 浸出油。长此以往，市场再现“劣币驱逐良币”的情形，最终严重受损的还是消费者利益。

中国也是世界上唯一要求在食用油上进行浸出等加工工艺标识的国家，这导致了加拿大菜籽油在中国大陆、中国香港和国外的不同际遇。

在欧美，加拿大卡诺拉油被认为是最好的食用油之一，因为它是所有植物油中饱和脂肪酸含量最低的，而且油酸含量在 60% 以上。美国食品及药物管理局认为，卡诺拉油因其高不饱和脂肪酸含量，可减少患冠心病的风险，有资格获得健康产品标识。

在中国香港，芥花籽油、花生油与粟米油被并列为香港人最爱吃的三大食用油。×唛的芥花籽油产品瓶标上写着：“含奥米加 3，健康均衡 NO. 1。芥花籽油是国际营养学家推荐的健康食油，×唛纯正芥花籽油，由百分百优质芥花籽精制而成，气味清淡。每份食用分量含 1. 3 克奥米加 3 脂肪酸，有助脑部及心脏健康。同时含天然维生素 E，具抗氧化功效，有助对抗自由基。烟点高，油烟少，高温煮食都能保持厨房清洁。”

加拿大人和中国香港人不会想到，在西方和中国香港倍受青睐的卡诺拉油，居然会因为转基因和浸出工艺两个因素在大陆被低看一等。低芥酸菜籽油，在国外和中国香港为“橘”，来到中国大陆则成“枳”了。只不过，由于各地消费认知的不同，加拿大卡诺拉油便有了不同的面孔：在中国香港被叫作芥花籽油，在大陆被叫作菜籽油。

很多大陆人到香港去采购的，不仅仅是奶粉，还有大米、鸡蛋和食用油等日常食品。当他们看到香港超市货架上的芥花籽油，是否会知道它与金龙鱼的精炼一级菜籽油用的都是从加拿大进口的卡诺拉油呢？只是金龙鱼精炼一级菜籽油的瓶标上，多了“菜籽油加工原料为转基因菜籽”和“浸出”这两个标识而已。

加拿大地广人稀，农业发达，低芥酸菜籽油的生产成本低，即使长途运输到中国内地，仍有较强的竞争力。加拿大菜籽油在中国的菜籽油进口中占了大部分的份额。所以，一些超市贴牌产品，如家乐福的新元菜籽油，基本是用加拿大菜籽油来做原料的。

金龙鱼在中国大陆的发展，从第一桶小包装油下线到投放央视广告，从1∶1∶1金龙鱼第二代调和油上市与百万吨庆典到推出VA系列食用油，已经走过了十几个春秋。不过，它将很快回到原本的缔造者——郭孔丰的怀抱中，并开始让人眼花缭乱地多元化扩张。与金龙鱼同时起步的丰益公司，经过这么多年的力量积累，也即将破茧化蝶。

2005年底，丰益国际上市前的估值为7亿美元。经过一年半时间的大并购，到2007年中，丰益国际的估值已达130亿美元，具备了进入世界500强的实力。那么，郭孔丰施了什么魔法，让丰益国际有如此惊人的变化？

第八章
丰益上市大并购

家族产业的整合

凭借“比别人远看十年”的战略、“消费者认可的质量”和“最低的成本”三大理念，郭孔丰的棕榈油和大豆压榨业务取得了巨大的成功。其中，最成熟的棕榈油业务，2004 年的营业额已达 50 亿美元，税后净利 6040 万美元，有形资产净值为 2189 万美元。负债率高，净资产少，使得其从银行借款比较困难，但其资产利润率高达 276%，说明效益好，投资回报率高，这又非常适合进入资本市场。

丰益控股采用了借壳的方式上市。2005 年 12 月 23 日，丰益控股将棕榈油业务分拆，估值 7 亿美元装入新加坡上市公司益康亚太，按照每股 0.5 新币的价格增加 21.5 亿股（1 新币相当于 0.65 美元或 5.2 元人民币），又以每股 0.8 新币的价格公开发行 3 亿股，这样公众持股比例达到 17%，而丰益保持了 82% 的绝对控股比例。

2006 年 7 月 14 日，交易完成后，益康亚太更名为丰益国际。当日收盘价为 1.05 新币，相当于将丰益国际的估值翻了一倍多，市值达到 18 亿美元。同时，丰益还从资本市场上募到了2.38亿新币，为公司的进一步扩张提供了资金来源。

丰益国际的成功，引起了郭鹤年的关注。

在自立门户后的十多年里，郭孔丰与郭鹤年几乎没有见过面。郭鹤年全心投入在中国的地产和酒店业务上，没有太关注粮油生意，但毕竟是一个家族，郭孔丰仍然与郭氏集团有着千丝万缕的关系。郭鹤年不时能听到周围的人对郭孔丰的夸奖之词，并且了解到丰益在东南亚的棕榈油、化肥和航运业务，这些与郭氏集团的业务有着广泛的竞争关系。

2006年的某一天，郭鹤年听说丰益国际要做一次配股，于是主动向郭孔丰伸出橄榄枝，提出要购买1500万美元的股票。郭孔丰又惊又喜，叔侄关系自此恢复正常。两人经常见面，“一起聊天，一如往昔”。

郭鹤年认为：“做生意90%要靠自己的勤奋和智慧，要有一种胆量，要不断收集讯息等，看准时机要快，如果每次胆量都太小，永远是穷人。”郭鹤年的这些话完全可以用在郭孔丰身上。从郭孔丰的眼光与野心上，郭鹤年仿佛看到了当年的自己。而且，与郭鹤年一样，郭孔丰的生意四面开花，硕果累累，至今未尝败绩。

听说郭孔丰希望引入新的投资来扩张业务，郭鹤年再次给郭孔丰打电话，主动提出把郭氏集团的粮油业务与丰益国际进行合并。郭孔丰很意外，更感欣喜，因为当年郭鹤年曾经拒绝过他要购买郭氏集团粮油业务的建议。郭鹤年还特意交代郭氏集团管理合并团队的负责人（也是郭孔丰的堂兄弟），要对郭孔丰让步、让步、再让步，以保证合并的顺利完成。

郭氏集团旗下有三家企业从事食用油业务。玻璃市油棕是马来西亚上市公司，主要进行油棕的种植与棕榈果压榨。PGEO公司是马来西亚主要的棕榈油和棕榈仁油的精炼商与出口商。郭氏粮油是我们所熟悉的嘉里粮油和金龙鱼的控股股东。这三家公司涵盖了郭氏集团在世界各地的食用油相关业务。

2006年12月13日，丰益国际停盘，对玻璃市油棕采用换股形式并购。丰益国际发行10.24亿新股，每股1.71新币，共计12亿美元，以换取和收购玻璃市油棕的4.45亿股。12月17日，恢复交易的丰益国际大涨20%，收报2.05新币。收购完成后，玻璃市油棕退市。

PGEO公司34%股权由玻璃市油棕持有，其剩下的66%股权则由联邦集团持有。而郭氏粮油的股权则由联邦集团等郭氏集团的下属公司持有。一家人好说话，PGEO公司和郭氏粮油的定价分别为3亿和12亿美元，丰益国际对郭氏集团定向发行13.79亿新股，以购买其所持的全部PGEO公司和郭氏粮油股权。2007年6月份，丰益国际完成对这两个公司的收购。

同一时间，丰益国际向丰益控股和阿丹米分别发行了10.22亿和4.27亿的新股，一共16亿美元的价格，用于收购益海集团，将其装进了丰益国际。

在企业合并后，金龙鱼品牌从新加坡郭氏兄弟粮油私人有限公司划转到丰益贸易（中国）私人有限公司名下。

在这次大并购完成后，丰益国际总股本扩大为63.87亿股。其中，丰益控股持有丰益国际48.5%股权，郭氏集团持有约31%股权。阿丹米持有6.7%。由于阿丹米还持有丰益控股20%的股份，所以阿丹米还间接持有丰益国际9.7%的股权。郭氏集团成为丰益国际最大的股东，郭鹤年也成为丰益国际的实际老板。

当时，对于包括阿丹米在内的外资在中国食用油市场的布局，中国国内的舆论有很大的抵制情绪。而通过此次并购，阿丹米对益海的直接持股转化成了通过新加坡上市公司丰益国际的间接持股，在一定程度上消减了外界的舆论压力。

在整个并购过程中，丰益国际没有花一分钱现金，完全是通过公司之间的股权交换来完成。丰益控股持有的丰益国际股权，从上市初的82%下降到了并购后的48.5%，以此换得对郭氏集团食用油业务的掌控。嘉里粮油从此与益海粮油合并，成立了益海嘉里投资有限公司，作为丰益国际在华的核心阵地。

按 2007 年 6 月 18 日的 3. 12 新币的股价计算，丰益国际的公司市值高达 130 亿美元，成为新交所市值最高的农业类上市公司。

丰益国际原本 29 亿美元的市值，加上购并的 43 亿美元资产，合计 72 亿美元。这与并购后的 130 亿美元市值相比，一举增值了 81%。之所以得到如此高的估值，一方面说明资本市场看好丰益国际的并购行为，另一方面也要归功于在半年多的并购期内，丰益国际的棕榈油业务的爆发。

当时，丰益国际的业务可以分成三大板块：棕榈油、大豆压榨和金龙鱼。这三大板块的价值分别是 44 亿、16 亿和 12 亿美元。棕榈油业务占比在 61%，明显高于其他板块，其业务的好坏对丰益国际的市值影响也就最大。

那么，在这段时间里，发生了什么事，让丰益国际在棕榈油业务上爆发了起来?

2006 年，人类历史上的一个前所未有的怪事发生了：汽车开始与人抢油吃了。

从绿色革命到转基因革命

2002 年之后，美国走出 911 事件的拖累，经济开始全面复苏，包括中国在内的亚洲国家经济也走出了 1998 年的亚洲金融危机的阴霾，进入一个经济高速的新周期。与此同时，规模巨大的中产阶级在中国及其他新兴国家开始形成，他们迁入城市、住进高楼、购买汽车、出国旅行，享受着经济繁荣带来的丰裕的物质生活。可是，我们必须清楚这样一个事实：我们赖以生存的现代工业经济，其实是建立在一种总量有限的商品上，那就是石油。

石油占了世界能源消耗总量的 40%，交通运输业能源消耗的 90%。如果没有石油，汽车、轮船和飞机都将无法行驶，塑料也将停止供应，整个石油化工工业都要停摆，全世界的经济都将崩溃。

要命的是，很多地质学家都认为，石油的供应即将接近极限，并且将这个时间点确定地指向2015年附近。

一个又一个的油井被抽干，一块又一块的油田被抛弃。石油的消耗量已经达到惊人的每天8700万桶（一年约35亿吨），预计2035年还将提升到1.4亿桶，而石油的供应量看起来将要下滑，因为石油几乎没有多少富余的生产能力。而且石油的产量越来越集中在少数国家手中。一场强烈的飓风，一个产油国的政局动荡，或是一次恐怖分子的成功袭击，都会让世界石油的正常供应秩序瘫痪。

二战后的世界经济繁荣，是建立在低油价的基础上的。在第一次石油危机之前，石油价格处在不到3美元/桶的极低的水平上。欧佩克（石油输出国组织）成立后，将石油资源国有化，并借助两次石油危机，成功地从欧美发达国家手中夺取了国际石油定价权，将石油价格提升到每桶30美元左右。随着石油技术的进步和非欧佩克国家产量的上升，石油实现了市场化定价，除了海湾战争等特殊时期，一般都处在不超过20美元的低水平上。亚洲金融危机的爆发，让石油价格再次触底，跌到9美元左右。此后石油价格就一路上行，2003年再次超过30美元，2006年一直维持在60美元的高位上，7月份更是创下了每桶77美元的历史最高位。

石油涨价对粮食生产可不是什么好事情。石油农业意味着，只要石油涨价，化肥、农药、汽油和柴油都会涨价，粮食的生产成本就会提高。一旦爆发石油危机，就一定会跟着爆发粮食危机。

以第一次石油危机为例。1973年10月，为收复被以色列占据的国土，阿拉伯国家突然发动了第四次中东战争。为了报复支持以色列的西方国家，欧佩克将石油价格提高到4倍，从每桶3美元上涨到12美元，引发第一次石油危机。不巧的是，苏联刚刚向美国采购了3000万吨粮食，掏空了美国的粮食库存。于是，全球粮食价格和石油价格一样，瞬间上涨了三四倍，酿成第一次粮食危机。

即使考虑物价上涨因素，2006年的石油价格，也远超过1973年的水平。而且，经过几十年的绿色革命，全球农业对石油的依赖大大加深。

让人难以置信的是，在绝大多数发展中国家，绿色革命增产了粮食的同时，也增加了饥饿。

与锄头和粪肥不同，改良种子、农药、化肥、农业机械、运输工具和灌溉设施，全都是要花钱的。农业从一个“面朝黄土背朝天”的自给自足的行业，变成了一项必须先有投资、然后才有回报的生意。在这时候，有钱的地主或富农，买得起这些农资，就能占有很大的优势。粮食大量增产后，价格变得低廉，反而减少小农的收入。为了维持原来的收入水平，农民只好去大量借钱，用于购买各种农资，增加粮食的产量。然而竞争却变得越来越残酷，因为粮食产量越高，价格就变得越低，这也意味着农民必须借更多的钱来买更多、更好的农资。最终，很多小农被债务压垮，直至破产并失去土地。

更糟糕的是，绿色革命还减少了就业机会。在全世界各地，拖拉机都在将大量农民驱赶出土地。以阿根廷为例，500 公顷的大豆田只需要一个农民，全国 2 千多万公顷的大豆田只需要 4 万多个农民。作为一个农业大国，农业仅解决了阿根廷 10% 人口（400 多万人）的就业问题。

讽刺的是，大农场或大养殖场的日子也未必好过。农业和养殖业变成了资金密集型行业，这意味着即使是大农场主或养殖场主也需要大量贷款，而且要应对全球化的廉价农产品和肉产品的竞争。如果没有国家的农业补贴、关税保护和政策支持，或者是遇到禽流感、猪流感之类的天灾，也一样会破产。

如果说绿色革命已经对农民造成了深深的伤害，那么转基因革命则在农民的伤口上又撒了把盐。

转基因技术其实是一个大类，其中包括了许多截然不同的转基因方式，比如“矛族”和“盾族”。矛族具有进攻性，在玉米和水稻等主粮上植入具有毒性的 BT 蛋白，能够让害虫无从下嘴。盾族具有防御性，在大豆、油菜籽等油料作物上植入抗除草剂的基因，让自己不被除草剂给杀死。从目前的转基因农产品的表现来看，一些母猪流产、老鼠绝迹之类的传闻都仅与玉米和水稻等矛族转基因农作物相关。而盾族转基因农作物产品，如大豆、油菜籽，已经大规模作为饲料使用了许多年了，并无对禽畜有不良影响的记录。

不论矛族还是盾族，都与种子是否高产没有关系，对地球粮食的增产几乎没有贡献。事实证明，转基因技术连它所宣称的减少农药使用的目的也没有达到，反而还大大增加了农药和除草剂的使用。阿根廷在引入转基因技术之前的1990年，农药使用量为3500万升。普及转基因技术之后的2010年，农药使用量达到令人瞠目的3亿升，几乎是20年前的10倍。

那么，转基因技术对谁的好处最大呢？显然是那些掌握转基因技术的公司。

比如，我是卖转基因种子的。我对农民说，用我的种子，配合使用我的除草剂，就不必洒农药了。免费给你试用，如何？农民一听，还有这样的好事啊，试试呗。一开始，确实不用除草，不用洒农药了，轻松省事。于是开始大量购买。不过时间一长，发现这些转基因种子只能防止一种主要的病虫害，其他原本次要的病虫害肆虐了起来，农药用的并不比以前少。而且除草剂的效果也越来越差，杂草越长越厉害。农民感觉上了当，但这时候已经下不了贼船了。因为转基因种子有专用的农药和除草剂，三者是配套使用的，其他的种子公司、农药公司和除草剂公司因而没法与之竞争，纷纷倒闭。而且，一块被除草剂污染后的土地，就没法再播种其他的种子。农民最后还发现，转基因种子只能用一季，到下一季时，还得向转基因技术公司购买种子……

所以说，发展转基因技术的公司，如孟山都、杜邦等，都是化工企业出身，原来是卖农药和除草剂的公司，就不让人觉得奇怪了。

与前几次农业技术革命不同的是，转基因技术让种子、农药和除草剂三者一体化和垄断化，全人类的饭碗有可能被少数几家公司给控制。这也是中国化工集团公司为什么要并购转基因种业巨头瑞士先正达的背景，中国必须参与对转基因技术这块蛋糕的切分。

所谓的只有绿色革命和转基因革命才能够解决饥饿问题，都是彻头彻尾的谎言。饥饿不减反增，只有那些供应种子、农机、农药和化肥的跨国公司，才是绿色革命和转基因革命的最大受益者。

最典型的是阿根廷和巴西，两个国家都是绿色革命和转基因革命的优等模范生，都是农业出口大国。两国 2017 年的人均 GDP 分别中国的 1.6 倍和 1.2 倍，贫困人口比例却分别是中国的 9 倍和 3 倍。阿根廷和巴西，粮食都多得怎么吃也吃不完，但饥饿人口数量却也多得让人难以想象。

全世界的农民都想不明白，祖祖辈辈都是这样靠一亩三分地过活的，怎么到了今天，土地就变得养不活人了？实在想不通的，一仰脖，喝口农药，一了百了。想开了的，把锄头一撂，爷不干了，爷进城去。

然而，大多数发展中国家的城市，提供不了那么多的就业机会给农民。巨大的贫民窟，像一个个毒瘤，在许多大城市发展壮大，与豪华的富人区相伴成长。没有就业就没有购买力。阿根廷和巴西生产出天量的大豆，却无法卖给本国的贫困人口，不得不出口到中国去喂猪。在垃圾山里觅食的穷人，看着港口驶出的一艘艘满载大豆的万吨巨轮，只能吞着唾沫，隔洋遥想中国猪饱食终日的幸福生活。

而生物燃料产业的发展，更让他们雪上加霜。

生物燃料产业的兴起

在目前的技术水平下，石油最好的替代物，就是生物燃料。早在 20 世纪 70 年代的石油危机之后，一些国家就开始着手生物燃料代替石油的研究。

生物燃料又称生物能源，包括生物柴油和乙醇。生物柴油是利用植物油脂、动物油脂、油脂精练后的下脚料（被称为皂脚或油泥）、城市潲水油或者油炸食品的废油等进行改性处理，并与有关化工原料复合而成，能够与国标柴油一样单独或者与其他燃料混合供汽车或机械使用。其实，石油原本就是古代生物经过数亿年的沉积演化而来，本质上与现存生物体中积聚的油脂并无二致。

乙醇则是利用淀粉类作物（玉米、木薯）和糖类作物（蔗糖、甜菜）等发酵而得。用非粮食的木质纤维素（谷物外壳、小麦秸秆等农业残余物）来生产乙醇，属于下一代的技术，目前还不能大规模商业化应用。

美国是全世界消费石油最多的国家，也是最早重视生物燃料的国家。第一次石油危机后，美国总统卡特看中了擅长玉米深加工和拥有强大研发技术能力的阿丹米，要求它将一个新建的乙醇厂改造成合成燃料厂。之后，阿丹米又运营了几座乙醇加工厂，并在德国试点设立基于菜籽油的生物柴油工厂。不过，在将近30年的时间里，阿丹米的生物燃料业务都无利可图，主要依靠政府的补贴生存，目的是为了进行技术储备。

事实上，阿丹米是典型的靠吃政策福利生存的公司。据美国智库加图研究所于1995年发布的报告称，阿丹米至少有43%的利润来源于美国政府大量补贴或保护的产品，其乙醇业务每1美元的盈利要耗费纳税人30美元。同时，阿丹米为了得到对其有利的政策，也进行大量的政治捐助，就像中世纪时支付给基督教会的什一税。阿丹米的一位前CEO公开承认：“我把政界当作教会一样来对待。”

2000年开始，随着石油价格一路上行，美国、巴西和欧盟等国家和地区开始大力推动生物燃料计划，生物柴油和燃料乙醇的产能开始大规模扩张。各国纷纷立法，要求在车用汽油和柴油中添加生物燃料，并减免相关生产企业的各种税费，还加大财政补贴力度，给予贷款和外贸等方面的政策支持。

2006年以前，石油价格较低，将食物中蕴含的能量转化成效能接近石油的生物燃料，在经济上显然是亏本的，只能靠政府补贴来维持。美国和欧盟对生物燃料的支持规模分别达到每年60和50亿美元。当石油价格超过60美元时[①]，生物燃料业务开始变得有利可图，各生产企业均大干快上、只争朝夕。

在2006年这一年，全球生产了63亿升的生物柴油和513亿升的燃料乙醇，分别是2000年的7.7倍和1.7倍。生物燃料在全球石油消耗总量的比重达到了2%。

欧盟是最大的生物柴油生产者，占世界总产量的七成，其次是美国和东南亚。欧盟、美国和东南亚分别使用菜籽油、豆油和棕榈油生产生物柴油。美国和巴西是乙醇的最大生产国，占到世界总产量的七成。美国生产乙醇主要用玉米，巴西则是蔗糖。

欧盟将58%的油菜籽、15%的谷物和5%的甜菜用于生物柴油的生产，合计耗用农产品超过1600万吨。欧盟计划2007年将生物燃料占总燃料产量的比重做到3.5%，2020年将达到10%。

美国的生物燃料计划比欧盟更激进，计划占总燃料产量的比重从2007年的4%提高到2020年的20%。美国已建成114家乙醇提炼厂和81家生物柴油厂，还各有80家乙醇提炼厂和生物柴油厂在建设中。美国玉米在2000年只有6%的产量用于生产乙醇，2006年，这个比例增至20%，耗用了4千万吨左右的玉米。

结果，美国玉米供不应求，价格节节攀升，出口大幅减少。全球主要粮食产品的价格大涨40%，一场规模空前的世界粮食危机被引爆。

拜生物燃料大发展之所赐，棕榈油全球产量在2006年超过3500万吨，跃居世界第一大油种。其中，印尼和马来西亚控制了全球85%的棕榈油产量。马来西亚棕榈油产量基本稳定在1900~2000万吨左右。印尼后来居上，2007年超越马来西亚，成为棕榈油产量和出口量第一大国。

在并购郭氏集团的棕榈油业务之后，丰益国际成为东南亚的三大棕榈

① 巴西燃料乙醇的盈亏平衡点是石油价格30~35美元/桶，美国燃料乙醇是40~50美元/桶，欧洲生物柴油是75~80美元/桶。

油供应商之一，拥有世界最大的油棕下游工业集团。

在三大食用油中，棕榈油的价格最低。过去15年，棕榈油比豆油平均每吨低1035元左右，豆油又比菜籽油低389元。而且，棕榈油的成本也是相对稳定的。大豆和油菜都是一年一种的温带草本植物，受天气的影响大。干旱就减产，多雨就丰产。而且大豆还面临玉米等农作物对土地的竞争，所以大豆的产量非常不稳定。而油棕榈属于多年生的热带木本植物，受旱涝的影响相对较小，种了油棕榈的土地也不大可能把油棕榈砍了改种其他植物，所以棕榈油的产量稳定，成本也就可以保持相对稳定。

不过，棕榈油、大豆油和菜籽油这三大食用油的价格基本上同步波动。因此一旦豆油和菜籽油的价格运行到高位，棕榈油跟着涨价，因其成本没有变化，从而获得暴利。丰益国际在新加坡的上市时期，正好跟上了棕榈油市场的爆发增长，赚得个满盆满钵。

郭氏粮油和益海集团都被装进丰益国际后，同在中国大陆的益海和嘉里开始整合。丰益国际将借此进一步打通了棕榈油销售的产业链。

益海与嘉里的合并

益海粮油和嘉里粮油，两个公司的体量相差不大，前者估值是16亿美金，后者为12亿美金。但是，两个公司的企业文化却有不小的差异，这很大程度上源于两个公司带头人郭孔丰和李福官截然不同的个性。郭孔丰慈眉善目，为人宽厚；李福官却是眉头紧锁，不怒而威。前者是东方式的老板，像火车头一样带着公司往前冲。后者是典型的西方式职业经理人，管理规范、精于计算。两人给各自治下的企业打上了深深的烙印。

嘉里人惊讶地发现，益海的总经理会入住火车站旁边的小旅店，那种地方连嘉里的文员都不会去住。益海不少人有着总经理、总监等高层头衔，而嘉里的一个部门负责人可能不过是经理助理的职位。益海没有外籍高管，嘉里的大多数高管职位由新马籍人士把控。益海发展速度快，晋升机会多，高管有股份，对企业忠诚度高，企业凝聚力强。而嘉里内部竞争激烈，人员流动相对较快。

不过，对于整合，两个公司的人都很期待，所以合并过程相当的顺利。

整合之前，益海的业务偏重于食用油产业链的上游，嘉里偏重于下游。益海的厂多在二三线城市，嘉里的厂则在一二线城市。两者的交集不多，互补性强。益海的优势在于散油和中包装油，销量大，成本低，擅长为大型连卖场做小包装油贴牌产品。嘉里的优势在于小包装油，销量大、品牌力强、毛利高。整合之后，益海嘉里实现了产业链上下游通吃，以及不同的市场的交叉覆盖。

整合完成后，益海嘉里在中国的食用油压榨和精炼厂共 24 家，专用油脂生产厂 5 家，大米厂 2 家，面粉厂 5 家。以 19 个包装油厂为核心，益海嘉里将全国范围的销售区域重新划分，设立了 19 个分公司。例如，益海广汉工厂原负责为重庆家乐福专供新元牌菜籽油，整合以后，重庆市场统一改由四川嘉里粮油工业有限公司供货。

在充分市场竞争的基础上，一般的制造业会应用“微笑曲线”模式，比如许多跨国公司就只专注于产业链上端的产品设计和下端的市场销售，而将中端的制造环节进行外包。然而，作为农产品加工行业，食用油企业如果将整个产业链掌控得越完整，规模越大，其竞争能力才能越强。

金龙鱼等嘉里粮油品牌，原有一百多万吨的小包装油年销量。整合后，加上口福等益海粮油品牌，销量超过了两百万吨。而且，经过此次全国性的生产布局重新整合，金龙鱼产品的物流半径大大缩小，一般不超过 500 公里，不仅大大降低物流费用，还提高了市场反应速度。经销商今天打电话订货，明天货就到经销商的仓库里。从此以后，小包装油行业内，谁的生产成本和物流成本也低不过益海嘉里。2007 年 11 月 10 日，重庆沙家坝家乐福选择新元菜籽油作为十周年店庆惊爆价的重头戏，正是其市场实力的表现之一。

金龙鱼等品牌的获得，让丰益国际掌控了粮油的消费品市场。ABCD四大国际粮商，没有谁是擅长品牌运作的。邦吉曾经力推“豆维家”牌大豆油和“慧质”牌植物调和油，由于对中国市场缺乏了解，投下的巨资都打了水漂。贸易加工与品牌营销，完全是两种不同的经营思维。前者量大利薄、悭吝持家，资金周转得越快越好。后者要大做广告、挥金如土，还需要时间与消费者慢慢沟通。所以，丰益国际把控了金龙鱼这样的大众消费粮油品牌，就拥有了其他跨国粮商所没有的巨大优势。

2006 年 1 月 1 日，中国有两件与粮食相关的大事发生。

其一，中国正式取消农业税。从春秋时期的“初税亩”算起，整整 2600 年，中国的农民一直都是要交“皇粮”的。从这一天开始，不但不需要交税，还可以领得农业补贴。在世界粮食危机即将到来之前，中国政府实施这一政策，对于提高中国农业的竞争力，保证中国粮食安全，有着重要的意义。

其二，中国正式取消豆油、棕榈油和菜籽油三种农产品的进口关税配额，统一征收 9% 的关税。油菜籽进口关税也为 9%，大豆则继续保持 3% 的低关税。这一政策对其他油料或植物油影响不大，但对棕榈油影响很大。这一年，中国进口棕榈油猛增至 508 万吨，同比增长了 17%。到 2009 年，中国进口棕榈油达到 644 万吨，占当年中国油脂消费总量的 23%。中国成为仅次于印度和欧盟的世界第三大棕榈油进口市场。

在中国，棕榈油原本主要销售渠道是餐饮行业和食品加工业。将棕榈油直接卖给消费者，最大的障碍是棕榈油遇低温易凝固，而且还因其饱和脂肪酸含量高而声誉不佳，再说中国消费者也没有吃棕榈油的习惯。

一般来说，含棕榈油调和油在 5 月份天气转暖时上市，9 月份就要改成纯豆油配方。如果天气突然降温，还得给经销商和超市提供调换货的服务，让库存产品及时退市。即便在 5 ~ 8 月份，棕榈油的配方也不是一成不变的。早、晚月份天气凉爽，棕榈油比例低。中间月份的高温天气，棕榈油比例高。

整合后，益海借助嘉里的销售网络，大大拓展了棕榈油在小包装油渠道的销售。此前，嘉里粮油主做小包装油市场，棕榈油业务并非主业。而益海系的南方工厂偏小，推广含棕榈油配方的小包装油优势不大。在两个集团合并后，才具备推广此类产品的能力。所以，含棕榈油调和油的上市，是益海和嘉里整合后 1 +1 >2 的提高竞争力的范例之一。

在益海合并嘉里后，郭孔丰收之桑榆，却失之东隅。他的两个重要合作伙伴，因市场竞争关系，不能不与他拉开距离。

在中粮联手鲁花与嘉里粮油鏖战正酣的时候，突然发现，自己最亲密的朋友，居然与最大的敌人变成“益嘉人”了，其心中的不爽可想而知。

作为央企，中粮是要跟着国家的政策走的。1995 年，国家明文限制外资进入油脂加工行业，中粮于是和嘉里粮油分手。国家鼓励外资加工饲料蛋白，中粮便与丰益紧密合作做大豆压榨。2007 年国家政策再一次转向，不支持外资做大豆压榨，并明确要求中方应控股油脂加工，但丰益不愿再让中粮在新的合资企业中控股，双方只能停止新的合作。

上海福临门食品有限公司于 2007 年 1 月变身为中粮食品营销有限公司，丰益不再拥有其股份。中粮也在丰益国际上市后，也获利抛售了它在丰益的股份。

2007 年之前，鲁花与丰益有着全方位的业务合作。此后，鲁花再也没有和丰益合资成立新的公司。丰益原本占有鲁花的周口厂超过一半的股份，但鲁花不甘被控制，最终在 2006 年夺回了控制权，鲁花集团占股 51%，丰益占股减少到 49%。

江湖恩怨、利益纠葛，真是剪不断、理还乱。

故事说到这里，讲的还大多数是关于食用油的故事。其实，益海嘉里的业务，远不仅仅是食用油。通过大豆产业链的延伸，还进入到化工、医药、橡胶等许许多多难以想象的领域。在开始这些有趣的故事之前，还是让我先提一个问题。

你听说过用大豆做出来的衣服吗?

第九章 把大豆和稻谷吃干榨尽

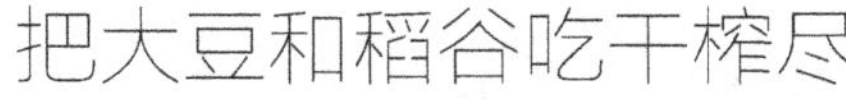

小小大豆的无穷生意

早在1935年，大豆制衣就已经在美国被成功研发出来了。

亨利·福特，工业时代的传奇人物，在一次晚宴上，得意扬扬地向来宾展示他的新衣。这件布料柔软且富有垂性的衣服，和晚宴上的菜肴一样，都是用大豆做出来的。不过其研发成本相当昂贵，达到了4万美元，亨利·福特相当于把100多台福特T型车穿在了身上。如今，大豆制衣在中国已成为现实。中国中纺集团公司（简称中纺）于2005年研发出了具有自主知识产权的大豆纤维纱线。大豆蛋白纤维柔软舒适，吸湿透气，光泽柔和，已被用于制作内衣、T恤、睡衣等。

亨利·福特甚至幻想着用大豆做出汽车来，这个梦想到今天竟然有部分成为现实。如果你在美国开上一辆福特车，烧的油可能是混合了用豆油生产的生物柴油，屁股底下柔软的座椅可能用了豆油制成的泡沫。而车子的轮胎如果有固特异公司的“WeatherReady”（全天候）标志，那么其胎面则含有12%的豆油。

不仅仅制衣和造车，神奇的大豆还能够生产出数不胜数的其他产品。今天，一枚小小的大豆，在益海嘉里的一个个车间里辗转加工，蛋白、豆皮、油角、皂角，每一道工序的下脚料都是下一道工序的原料，直到被“吃干榨尽”。益海嘉里的大豆加工产业链，在世界同类企业中是最长的，其加工技术达到了世界领先水平。大豆在加工过程中实现了100%的转化增值和综合利用。

大豆分离出豆粕和豆油后，如果是转基因豆粕，只能做饲料。如果是非转基因豆粕，可以做食品级豆粕生产酱油，也可以加工成食用豆粉、烘焙豆粉，及各种食品级的大豆蛋白，包括浓缩蛋白、分离蛋白、水解蛋白、组织蛋白等。浓缩蛋白品被广泛应用在肉类加工食品、烘焙食品、冰激凌、糖果和饮料的生产中，每吨售价高达一两万元还供不应求。因为生产工艺复杂，在国外，某家工厂大都只生产一种蛋白，而益海嘉里能做到在一个工厂里集中生产所有的蛋白。益海嘉里还从大豆蛋白中提取出食用和药用级别的卵磷脂。卵磷脂被誉为“血管清道夫”，是一种功能全面的营养品。在制作分离蛋白过程中所产生的蛋白废水，经过厌氧发酵处理后可生产沼气用于发电。

从食用油这条链往下走，则是专用油脂（又称特种油脂）和油脂化工业务。

专用油脂的优点是稳定性好，可以使食品外观更好看，增加产品货架期和稳定食品风味。其各项理化指标可控，能满足食品工业越来越高精尖的要求，比如可调制成具有牛奶的口味的奶精（植脂末），替代牛奶用于奶茶、乳制品。当然，最重要的是它价格低廉。因此，专用油脂代替黄油和可可脂等天然产品，被大量、广泛地应用于焙烤、乳制品、营养保健品、饮料和调味品等食品加工业中。例如：蛋糕、奶茶、派、饼干、膨化食品、巧克力、沙拉酱、冰淇淋、咖啡伴侣、含乳饮料等。一般来说，口感松软、香甜、脆滑，口味独特的含油或奶状食品，都可能使用到专用油脂。

专用油脂对技术水平要求高，市场参与者较少，行业利润率要高于小包装油市场。中国快速发展的食品工业对专用油脂有着大量的需求。

1992 年，嘉里粮油第一条专用油脂生产线在南海油脂建成投产。目前，益海嘉里已在深圳、秦皇岛等 8 个城市建立专用油脂生产基地，推出“金鹏”“金味”牌系列专用油脂，并与肯德基、亿滋、好朋友、雀巢、箭牌等跨国公司结成战略合作伙伴。

油脂加工过程中产生的辅料和废料，可作为油脂化工的原料。例如，油脂精炼后产生的皂角，可做酸化油。油脂化工更能变废为宝，比如将煎炸废油、餐厨潲水油等餐余废油以水解、蒸馏等工艺处理，可生产出脂肪酸、甘油和皂粒，以及二聚酸、聚酰胺树脂、天然维生素 E、天然植物甾醇、造纸化学品、高分子材料和绿色表面活性剂等相关衍生产品，然后供应给橡胶、塑料、纺织、造纸、医药、日化、食品、涂料等行业。

益海嘉里的油脂化工业务从 2003 年起步，在天津、连云港、上海和东莞建立生产基地，生产“锐龙”“龙旗”牌的油脂化工产品。多年来，在益海嘉里贴牌业务的客户名单上，包括奇强、立白、宝洁、联合利华等知名品牌，它们的洗涤类产品都要用油脂化工产品作为原料。

益海嘉里在建设最初的大豆压榨厂时，就开始布局专用油脂厂、油脂化学品厂和大豆浓缩蛋白厂，构建起完整而深度的大豆加工产业链。原来一吨四千元的大豆，加工成豆油和豆粕后能卖六七千元。而经过深加工之后，可生产出多达 200 多种的产品，最高可以卖到一万元。

益海嘉里把这一套模式，也准备应用到大米产业链上。

稻强米弱，生意难做

百万吨庆典之后，小包装油市场日趋于成熟，整体增长速度迅速下滑。嘉里粮油意识到，金龙鱼要想有新的市场突破，就必须发展一些更具空间的新产品。大米行业随之进入嘉里粮油的视线。

长期以来，国内大米加工行业特点一直是“小、散、低”。尽管有一些表现不错的区域品牌，但缺乏引领行业的全国性大品牌。这与当初金龙鱼进入小包装油领域的情况极其相似。

前景很美好，现实很残酷。早在2005年，嘉里粮油的第一批小包装东北大米产品就已上市。但由于缺乏经验，嘉里粮油和经销商为此吃尽了苦头。坏米的严重程度超出所有人的预期。嘉里粮油的经销商都是卖油的，油的货品管理非常简单，堆在仓库里，有18个月的保质期。可是米不一样，南北方极大的温差和湿差导致东北米到南方易发霉变质，还有鼠害和虫害。经销商为此亏钱不少，嘉里粮油也损失惨重。最大的一单，能有上千万元的亏损。

于是，嘉里粮油很快叫停了大米业务。

在嘉里粮油与益海粮油合并后，听说郭老板也准备要卖大米，老嘉里人都笑了。

郭孔丰在来中国之前，原本就负责郭氏集团的面粉业务，对主粮市场并不陌生。

从市场规模来说，油面米的比例一般是1:2:4。也就是说，如果食用油的销量是100万吨，面和米的销量就是200万吨和400万吨。当时，中国市场大米和面粉的小包装率不到5%，市场潜力巨大。大豆压榨业务才稍有眉目，郭孔丰即开始落子大米加工业务。

决心不同，手笔也不同。郭孔丰一出手就是先建工厂，而且建的是大厂。

2006年3月，益海（佳木斯）粮油工业有限公司成立。一开始，注册资本和投资总额分别是1.28亿和3个亿，后来分别增加到2.18亿和5个亿，成为黑龙江最大的粮油加工企业。东北三省占了中国外售大米的41%，其中仅黑龙江一省就高达28%。而且，全国也仅有东北仍有成片土地可开拓种植水稻，增产潜力较大。东北气温低，水稻生产期长，口感也较好。所以，益海首选黑龙江为米业投资的重点。

包括黑龙江佳木斯在内，益海嘉里在中国主要的大米产区——吉林白城、辽宁盘锦、苏北、江西和四川成都，在4年的时间里建成了13家大米加工厂。一如前些年进军中国大豆压榨行业的速度与气魄，到了2010年，益海嘉里年稻谷处理能力达到150万吨，大米产能达到100万吨。其扩张速度之快，规模之大，世所罕见。

在进行加工布局的同时，益海嘉里在粮源上也下起了功夫。益海嘉里首先盯准了盛产优质大米的东北三江平原，以订单农业的形式与农民签订水稻种植面积28万亩，奠定20万吨原料的稳定供应。随后，益海嘉里分别在黑龙江五常、辽宁盘锦、吉林梅河口等地建立了订单农业原料基地。

仓储是大米业务中非常重要的一个环节。益海嘉里南方米厂的仓库全部是冷库。南方潮湿，容易生虫，需要有人随时控制湿度温度，翻稻、倒垛，看到虫子要马上拣出来。益海嘉里还改造了209个经销商仓库，确保恒温，防潮和防鼠，达到大米存储的要求。这一项工作无疑是吸取了前番大米业务失败的经验教训。

经过这些原料、加工和物流的布局，益海嘉里能在两周内将当年新米送达消费者的手上，其中工厂加工两三天，汽车运输两三天，经销商和超市这边耽搁一周。即便是运输距离最远的东北大米，益海嘉里也只要用一个月，就让其南方上市。

2007年，香满园品牌的大米上市试水。

2008年底，在央视的黄金广告时段，金龙鱼的大米广告闪亮登场。

“5400多个经审定的稻米品种，金龙鱼只选4个。全国43000多万亩水稻，金龙鱼只限定5个优质产区。国家标准特等大米不完善粒每万颗不超过300颗，金龙鱼出厂不允许超过6颗。从种子到大米，全程用心，美味放心。金龙鱼大米，选好米，有‘稻’理。”

为了让消费者尽快认识金龙鱼大米，益海嘉里不惜血本，最多时一个月的广告预算高达5000万元。

借助原有金龙鱼的销售渠道，金龙鱼大米火线入市，高调地摆在了各大超市、卖场的显眼位置。“要让所有能买到食用油的地方都能买到金龙鱼大米”。

金龙鱼东北大米、苏北大米、丝苗米、油黏米等多个系列、数十个产品陆续上市。2013 年，金龙鱼和香满园的大米销售量合计超过 100 万吨。AC 尼尔森监测数据表明，益海嘉里占据中国小包装大米约 20% 的市场份额，连续三年全国领先。2015 年，益海嘉里大米销售超过 130 万吨。

虽然业绩不错，但益海嘉里在大米加工环节目前仍处于亏损状态。实际上，这个也是整个行业的普遍状况。从整个大米加工行业来看，2014 年有一定规模、被列入统计数据的企业有 8500 多个，共生产大米 1 亿多吨，实现销售收入 4 千多亿元，但利润只有 4 亿多元，平均每家利润不足 5 万元，聊胜于无。

比较一下，2014 年食用油企业列入统计数据的 1660 个，生产食用油 3 千多万吨，实现销售收入 2. 5 万亿元，利润 635 亿元，平均每家利润 3826 万元。

大米与食用油，为什么市场表现冰火两重天?

虽说粮油不分家，但粮食和油大不一样。

国家对国内的油料种植业支持力度相对较小，而且允许大量进口国外油料。油料不是主粮，没有油料只会减少油和肉的供应，不至于饿肚子。除非物价涨得太凶，政府很少对食用油市场进行行政干预。但对粮食行业，国家态度截然不同。确保粮食安全是一个国家最基本的职能，是绝对不可放开的底线。所以，国家对稻谷有托市收储政策，一方面抬高稻谷收购价格，确保农民的收益，把大量新粮收入国家储备库中，另一方面又将储存了 1 ~ 3 年的陈化粮低价投放市场。一增一减，就形成“稻强米弱”的局面，大大压缩了大米加工行业的利润。为了保证大米的品质，益海嘉里的收购价一般比市价还要多 1 ~ 5 分/斤，这就更缺乏成本竞争优势。

在稻谷流通环节实施托市收储政策，不仅扭曲了稻谷和大米的市场价格，让大米加工业叫苦不迭，还引发一系列严重的问题。首先，国家每年要支付数千亿的资金用于粮食收购、粮库建设、人工保管及利息费用等，财政不堪重负。其次，消费者吃不到新鲜的大米，而陈化粮的品质往往存在巨大隐患。第三，政府高价托市还造成国内粮价远高于国际市场价格，从而促使周边国家廉价农产品大量进口，甚至是走私到中国。第四，粮食托市收储还易造就骗取补贴、挪用或截留收购资金、私下倒卖粮库粮食的“硕鼠”，产生巨大的寻租成本和监督成本。第五，国家收储的大都是普通劣质粮食品种，影响农民种植优质粮食品种的积极性。

目前，世界上绝大多数发达国家的农业扶持政策，都转向以耕地面积或农业人口等为依据对农民进行直接补贴，减少对农产品价格的扭曲，正确引导市场对粮食生产的投入。对于棉花和大豆，中国政府已经将托市变为直补，效果很好。在稻谷等主粮上也值得考虑实施之。

除了利润空间小，大米的运作难度也比食用油高得多。大豆种植是资本密集型农业。美洲的大农场主，以机械化的方式，一户可种植成千上万亩大豆，然后由贸易商收购大豆，再用万吨货轮运销中国，最后在沿海港口的大厂里加工。而水稻是劳动密集型农业，中国的农民一户十几亩稻田分散种植，只能由粮贩子收购，难以保证质量的稳定。因为大米物流成本较高，所以当地产米、当地加工、当地销售是市场主流模式，这样手工作坊式的区域小厂就很有竞争优势。如果想要规模化运作，只能依靠规模化生产的东北米和泰国米。但从东北或泰国将大米运销中国华南大米主销区，就比当地产的大米的物流成本要高很多。

大多数粮商都没有属于自己的耕地，而是通过订单农业，设立专属原粮种植基地。理论上，专属基地应保证供应稳定，但事实上，订单农业的执行率不足20%。粮价要是涨了，农民可能会把粮食卖给出价更高的粮商。粮价要是跌了，粮商又不乐意，不愿履行年初制定的较高的协议价格。

其实，这也是中国农业普遍存在的问题。凡是企业自己去种地的，最后往往会发现成本更高。但是向农民去收购，又会出现收购数量没保证、质量和价格不稳定的问题。

简言之，中国大米产业利润薄、回报低、周期长，一般企业都不愿意参与此类投资。由于缺乏大规模投资，整个大米加工业粗放落后，呈现分散化、技术水平低、副产品循环利用率低的特点。这也正是在金龙鱼之前，大米没有一个全国性品牌，全是区域性的小品牌的原因所在。

为了在大米行业破局，益海嘉里先是形成产能规模。有了规模以后，就开始走下一步：深加工。

一粒稻谷的多种玩法

稻米64%的营养成分都在米皮和米胚中。但是，在现代稻米加工过程中，米皮和米胚都被脱掉，粉碎成米糠。米糠非常容易酸败，在十几个小时之内不进行压榨加工就会变质，失去榨油的价值。益海嘉里摸索了很久，发现用膨化技术可以把米糠中酶的活性迅速降低，从而保持米糠的新鲜度，为加工赢得时间。有了膨化技术，益海嘉里就可以将分散在大型稻谷加工基地半径200千米的地域范围内的米糠收购回来，集中加工，用以生产稻米油。

早在20世纪70年代，中国就开始大力发展稻米油。但稻米毛油精炼损耗大、脱色难度高，一般中小企业没有相应的技术能力。这极大地限制了中国稻米油市场的发展。经过3年多的技术研发，益海嘉里大大提升稻米毛油的精炼能力，生产出来的稻米油，不仅最大程度上保持了谷维素的含量，而且酸价低。其中，谷维素可调节植物神经，利于镇静助眠，缓解疲劳，帮助人们改善身体亚健康状态。稻米油也因此而受到美国心脏病学会的推崇。

2016年10月，日本共同社爆出一条题为《中国击败日本夺魁国际稻米油品质大奖》的新闻。新闻中称："日本企业创造了稻米油，但中国企业在创新稻米油。这不禁让人追问，源于日本的稻米油，为何在中国发展得更好?”

日本人开发稻米油可追溯到江户时代。大正6年（1917年），加藤平太郎建起了加藤精米所，推出了日本历史上第一代稻米油，但数量稀少，多做药用。昭和8年（1933年），因发现维生素B1而闻名世界的日本科学家铃木梅太郎认为，“日本人饮食生活中缺乏维生素B1”，从此开始研究从米糠中提取油脂。而加藤平太郎也还在研究食用稻米油的生产工艺。有着共同目标的两个人走到一起，一同推动着日本食用稻米油的生产。

2016年，第三届国际稻米油大会在日本举办。经过来自中、日、印、泰、越多个成员国的油脂专家组成的评审委员会投票，将大会唯一奖项“国际稻米油品质大奖”颁发给益海嘉里生产的金龙鱼谷维多稻米油。此奖评选极为严苛，评判标准多达十余项，涵盖生产规模、食品安全、品质控制等，甚至对品类推广、社会责任、节能等都有严格规定。

金龙鱼稻米油趁热打铁，于2018年1月在日本东京举办上市发布会，进入东京进口超市“甜美生活馆”试销，正式登陆日本市场。发布会吸引了包括日本全家、罗森、7-Eleven、丸红食品、三菱食品、三井食品、伊藤忠食品在内数十家知名零售商和食品商社到场。按照计划，金龙鱼稻米油将在两年内进入到东京和大阪等地的1万家零售超市。

和米糠加工为稻米油的经历一样，稻壳变废为宝也是费尽心思。

在东北，许多米厂的厂门外面，稻壳堆积如山。冬天，稻壳一般用来燃烧取暖。到了夏天，有的磨碎了做饲料的填充物，有的干脆当垃圾扔掉。

经过数年的摸索和实验，益海嘉里耗资2千万元，成功研制出中国第一台在添加20%煤炭的情况下能燃烧稻壳发电的锅炉。之后，又花了几年工夫，终于找到了纯稻壳燃烧发电的办法。以佳木斯工厂为例，机组一年发电2千万度，这意味着几百万元的收益。

对益海嘉里来说，稻壳燃烧之后剩下的稻壳灰，仍有利可图，可从中提炼出活性炭和白炭黑。活性炭作为一种环境友好型吸附剂，有着非常广泛的用途。白炭黑可做橡胶轮胎的耐磨剂，它克服了传统白炭黑补强性能差的问题，显著增加了橡胶的强度，并帮助降低轮胎的滚动阻力，提高燃油效率。世界三大轮胎巨头之一的固特异，就与益海嘉里合作，使用稻壳燃烧灰烬提取的白炭黑生产绿色节油轮胎。

一粒稻谷，在益海嘉里人的手里，不仅可成为品牌大米，还可提炼出卵磷脂、米糠腊、谷维素、米硒粉等高附加值的产品，而且米糠和稻壳，这些过去没有什么价值的东西，可被用来制油、发电与生产绿色环保的轮胎。

整个益海嘉里的大米产业链，一吨水稻能获得800多块钱的升值空间。再往下深加工，可以达到1000块钱。在下游深加工环节的利润支持下，益海嘉里米业于2014年实现盈亏平衡。益海嘉里米业现有18家大米加工厂（另有2家合作厂），400万吨产能，还需要时间来跑满。相关新产品，如金龙鱼谷维多稻米油，要被市场广泛接受，也还需要时间。不过，益海嘉里对米业的未来，充满期望。

中国和亚洲的稻谷产量分别占全世界的30%和90%。亚洲主产稻谷的中国、南亚和东南亚，都是丰益国际的地盘。如果丰益国际要在稻谷市场上发力，其掌握的大米深加工技术的价值与前景不可估量。以稻米油为例，2016年，全世界出产稻谷6.9亿吨，理论上可产稻米油900多万吨，但实际产量只有200多万吨，开发潜力很大。2017年以来，丰益国际连续在印度、缅甸、越南、印尼和坦桑尼亚等地收购和新建米厂，快速进行米业在全球的扩张。

益海嘉里将稻谷“吃干榨尽”，对于中国的稻谷加工业，有着极大的示范意义。

稻谷加工后，70%为大米，还有9%的米糠和21%的稻壳。全国2亿吨水稻，加工产生1800万吨米糠。米糠含油率为15%，如果将其榨油利用率从目前的三成提高到八成（相当于日本的水准），可生产约210万吨稻米油，相当于种植了7500万亩大豆。一吨稻壳的燃烧值大概相当于0.7

吨的煤炭，全国的4000万吨稻壳就相当于2800万吨标准煤，如果都能够用来发电，可产生200亿度电，减少由燃煤发电所产生的30万吨二氧化硫的排放。

益海嘉里对大豆和稻谷的“吃干榨尽”，是典型的循环经济。循环经济的特征是：变废为宝，将农产品利用到极致；环境友好，尽可能不将污染物丢给大自然；低碳减排，尽量减少对化石能源的依赖。当然，最重要的还是有利可图，副产品往往能够带来比主产品更多的利润。循环经济把依赖化石能源一次性消耗的发展模式，转变为依靠生态型资源循环的发展模式，让现代农业找到了一条可持续性的发展路径。

对此，连中国粮油学会，都不吝赞美之词。“金龙鱼稻米产业链发展循环经济，走可持续发展之路，符合国家产业政策，社会效益、经济效益、生态效益显著，项目整体技术达到国际先进水平，对引领我国稻米产业的发展具有重要作用。”2010年，中国粮油学会授予“金龙鱼大米产业链创新技术”科学技术奖一等奖。

值得一提的是，起家于欧美的ABCD四大粮商没有谁是擅长稻谷加工的，所以益海嘉里的大米产业链创新技术并无先例可循，完全是其自行研发出来的独家秘技。这也意味着丰益国际掌握着全世界最先进的稻谷加工技术。

大米新品的上市，对于2008年的金龙鱼来说，虽然是一桩大事，但远非最重要的一桩。这一年，无论对金龙鱼，对丰益国际，还是对中国，甚至对每一个中国人，都是有着重大意义的一年。

2008，值得所有中国人铭记在心。

第十章

汽车开始“吃人”了

奥运之年的酸甜苦辣

2008年，是丰益国际的丰收年。在完成大并购及集团各项业务的整合后，丰益国际的收入达到291亿美元，并凭此业绩于2009年首次踏入世界500强榜单，高居第300名。

在这291亿美元的收入中，棕榈油相关业务（棕榈种植与加工，棕榈油加工与销售）占比高达65%。在18亿美元的税前利润中，棕榈油相关业务占到了54%，远高于油籽谷物和消费品。其中，棕榈种植与加工贡献了3.27亿美元的利润，税前利润率高达24.7%，如表10－1所示。

当然，棕榈种植与加工这么高的利润和利润率来之不易。否则，我们大家就都去扛锄头，不会挤在写字楼里吹空调了。棕榈种植园前期开发成本很高，需要拿到土地，清理地表，种下树苗，再等上三四年才能收获果实。

事实上，丰益国际最多时也仅拥有24万公顷的种植园。以每公顷产5吨棕榈油计算，只能出产120万吨的棕榈油，仅占丰益国际每年约2400万吨棕榈油总产量的4%左右。因此，丰益国际高达96%比例的棕榈油，都是向合作方外采的。棕榈种植与加工仅仅产生13亿美元的收入，只能算是丰益国际的一块小业务。丰益国际的经营重心主要是放在棕榈油的加工上。到2017年，丰益国际在印尼和马来西亚分别布局了25个和14个精炼厂，这些工厂主要都是为棕榈油的采购和加工服务。

表10－1　2008年丰益国际各业务板块对比（单位：亿美元）

分类	收入	税前利润	税前利润率
棕榈油加工与销售	175.0	6.45	3.7%
油籽谷物加工与销售	80.6	5.90	7.3%
消费品	47.6	0.75	1.6%
棕榈种植与加工	13.2	3.27	24.7%
合计	291.5	17.89	6.1%

（数据来源：丰益国际2008年财报）

2008，也是中国体育和金龙鱼品牌的丰收年。

在北京奥运会整个14天的比赛中，中国队使出洪荒之力，斩获了100枚奖牌。其中包括了51枚金牌，名列金牌榜第一，远远超过仅获得36块金牌的美国。中国健儿在北京奥运会上取得了空前优异的成绩，至今未能超越。

北京奥运会是一次中国国家形象成功的国际公关。2008年以前，中国在国际上的影响力还是有限的，虽然经济不断发展，但是并不被国际社会普遍关注和尊重。北京奥运会着实让世界各国对中国刮目相看，他们从未察觉到在美国和欧洲国家之外，还有这样一个能给世界带来惊喜和震撼的国度。北京奥运会是中国成为国际大国，并开始发挥国际影响力的转折点。“大国地位”和“大国责任”，从此成为中国经常挂在嘴边的话题。

作为北京奥运会食用油独家供应商的金龙鱼，也着实风光了一把。金龙鱼成为百年来唯一一个赞助奥运会的食品油品牌。看着金龙鱼的奥运广告片，鲜艳的1∶1∶1红旗在长城上大肆招摇，中粮很是羡慕。

早在20世纪80年代末期，中粮就与嘉里粮油合作建厂，后来又同阿丹米和益海长期保持密切合作。所以，中粮虽是央企，却具有半国有半外资的性质。因此其左右逢源，既能够享受国家特殊优惠政策，又能够吸纳外资带来的经营理念。

通过前三十年的改革开放，中国国有资本主要集中在那些关系国计民生的重要行业，比如石油、通信业、各种重要矿业等，以及电、气、水等公用事业和基础设施行业。在一般竞争性产业中，只有高利税的产业，如烟草等，才由国家垄断经营。

而中粮偏偏就是喜欢干快消品这样的一般竞争性行业。

意气风发的宁高宁，掌舵中粮后，在11年里发起了50起并购，先后涉足新疆屯河、中土畜、华润酒精、深宝恒、丰原生化、五谷道场等公司。中粮的业务从最初的粮食贸易深入到各家各户的餐桌，已拥有福临门食用油、长城葡萄酒、香雪面粉、五谷道场方便面、悦活果汁等50多个品牌。

不过，业界认为，中粮错过了2004年大豆价格风波后的行业并购大好时机。

由于前期的巨亏，很多地方油厂亟待资金注入盘活经营。但不知为什么，中粮当时对此无甚作为，为跨国粮商的扩张提供了机会。益海、嘉吉和邦吉等用很小的代价就收购了不少油厂，甚至一些油厂只需要提供原料就可以转让控股权。而这本来应是中粮扩张的大好机会，因为地方政府更愿意与中粮这样的央企合作。

2006年3月，宁高宁终于出手了，一出手就是大手笔：中粮兼并中谷粮油集团公司。

作为国资委169家直属中央企业中最大的两家粮油企业集团，中粮承担了中国很大比重的粮食进出口贸易业务，而中谷粮油是中国最大的国有粮油流通企业之一，拥有珠江、长江、黄河流域等五大重点经营区域，以及购销网络、仓储运输、粮油加工和科技开发四大运营体系。前者擅长国际贸易，后者称霸国内流通。合并后，中谷拥有5家国家级粮油科研设计院所很好地弥补了中粮在研发上的短板。

为了在最充分市场竞争的快消品领域搏杀，中粮被称为央企中最有狼性的企业。即便如此，中粮仍然大国企病严重，官本位思想主导，内部结构复杂烦冗，效率不高，竞争活力不如民营或外资企业。

中粮大而不强。做食用油不如益海嘉里和鲁花。方便面不如康师傅和统一。果汁不如汇源。巧克力不如卡夫。肉食不如双汇和雨润。红酒不如张裕。蒙牛归到中粮旗下后，与伊利的差距也越来越大。

坊间常把金龙鱼和福临门并称，认为嘉里与中粮是龙虎争霸。其实，金龙鱼一直都是按照自己的节奏出牌，从来没怎么注意过福临门有什么动作。福临门虽说是行业老二，但其销量最高时也不到金龙鱼的1/3。也就是说，两者不是一个数量级上的选手。

据中国食品的年报显示，2003年，中粮食用油及豆粕业务销售额90亿港币，其中小包装油销量39万吨。2008年，小包装油销量53万吨，销售额65亿港币。5年时间小包装油销量增长37%。

而同期嘉里粮油的小包装油销量从100万吨上升到200万吨，5年时间翻了一倍。鲁花集团同期收入更是增长了2.7倍，达到66亿人民币。其中，鲁花的小包装油销售额已与福临门比肩，福临门老二地位难保。

更要命的是，福临门的产品都要比金龙鱼和鲁花卖得便宜，说明其品牌溢价能力较低。

2008年还是中国的多事之年。北京奥运会的举办，吹响了中国崛起的号角。但同样在这一年，中国遇到了好多大麻烦，几乎掩盖了北京奥运会给中国带来的荣光。金龙鱼和丰益国际，也不能不受到极大的影响。

5月12日，汶川发生大地震，造成69227人死亡，37万人受伤。这是中华人民共和国成立以来破坏力最大的地震，也是唐山大地震后伤亡最严重的一次地震。郭鹤年家族及其所属企业，向灾区捐款总数约合1.3亿元人民币。其中，益海嘉里捐赠了2000万元的资金和236万元的产品，另外还有员工捐款169万元。

9月份，三聚氰胺事件被曝光，中国奶业的声誉掉到最低点。虽然该事件与金龙鱼并无直接关系，但从长远来看，这应该算是2008年对金龙鱼影响最大的事件。消费者对中国食品的信任大受打击，网络谣言得以大行其道，这对深受转基因问题困扰的金龙鱼也有着非常不利的影响。

不过，在2008年，金龙鱼还看不到那么遥远的未来。当时，最让金龙鱼揪心的事情，是全球食品价格暴涨。

石油危机引发粮食危机

随着全球经济的继续强劲增长和石油开采能力逼近极限，石油价格一路高歌猛进。2006年每桶60美元的全球均价已够惊人，到2008年初竟以91美元高开，到7月份达到最高点的133美元。达到了石油历史上前所未有的最高价格。10月份，英国数以百计的卡车司机涌入伦敦，要求废除上涨燃料税的计划案。同时，渔民和农民也封锁了港口与仓库，以此来抗议猛涨的柴油价格。相似的情形也在南美洲和亚洲上演。

油价暴涨让全球生物燃料业务得以爆发式地增长，大量生物燃料工厂开始投建，已建成的生产线均在满负荷地开工。与2006年相比，2008年全球生物柴油产量增长128%，达到144亿升。燃料乙醇产量增长29%，达到663亿升。

美国、巴西和欧盟分别占全球生物燃料市场36%、34%和18%的份额，排世界前三位。中国的玉米要优先作为粮食和饲料，甘蔗还不够榨糖，只能用甜高粱、木薯等非粮经济作物和废油来发展生物燃料，在全球生物燃料中所占的份额仅有5%。

美国和巴西也是世界粮食出口排前两位的大国，对发展生物燃料也最热衷。

巴西是蔗糖业的超级大国，食糖产量和出口量分别超过世界的1/5和1/2。依靠发达的蔗糖产业，巴西有着全世界最低的燃料乙醇成本，在生物燃料替代石油上也发展得最快。20世纪70年代的两次石油危机后，巴西开始重视糖基乙醇的生产，并大力发展乙醇发动机汽车。到了2008年，巴西所有车辆燃料均添加了25%的乙醇，并且有7成以上的汽车可使用纯乙醇。乙醇占了巴西车用燃料消费总量的30%。另外，巴西的生物柴油在柴油中的添加量也做到了3%。

巴西靠蔗糖来做乙醇，对全球粮食供应的影响比较小。美国发展生物燃料业务，一石二鸟，既减少石油对外依赖，又抬高出口粮食的价格。因为美国是用玉米和豆油生产生物燃料，这对世界的粮食供应会产生巨大的影响。

石油不仅是现代工业的血液，也是现代农业的血液。美国人为什么能以不到世界5%的人口，消耗掉全球25%的石油？这是因为美国每年耗费的石油中有差不多20%用于粮食的生产。美国人以为他们吃的是汉堡包，其实吃的都是石油。

石油农业大大提高了美国农业的效率，粮食被大量生产出来，足以养活十几亿人口。但是美国没有那么多人口。美国人的解决方案是：将大豆和玉米变成饲料。在工厂式养殖业席卷全球的今天，世界粮食产量的四成被用于喂养禽畜，整个发达国家和美国的这个数字分别是2/3和70%。

连二师兄和牛魔王都吃不完的粮食，被美国利用来大量倾销，实现对全世界粮食贸易市场的控制，做到武力都做不到的事情。

对于粮食不能自给的穷国，美国用粮食援助的手段来影响它。全球还有数亿的贫困人口，主要在南非洲和南亚，他们还处在自然经济中，一贫如洗，经常遭遇饥荒。他们可能不需要石油，但是一定需要粮食，美国以粮食援助的手段，影响这些国家的政策取向，实现美国各种的利益诉求。

对于粮食勉强自给的国家，美国则通过大量廉价粮食的出口，破坏其本国的农业，让它形成对美国粮食的依赖。小说《多收了三五斗》中的米行先生的原话，“你们不粜，人家就饿死了么，各处地方多的是洋米洋面；头几批还没有吃完，外洋大轮船又有几批运来了。”其实就是美国粮食对中国市场冲击的真实写照。美国还输出绿色革命，以帮助提高粮食产量、解决饥饿问题的名义，冲垮世界各地的传统农业。

对于那些地广人稀、粮食生产成本低到能与美国竞争的粮食出口国，美国则通过跨国公司予以全方位的控制。例如，通过跨国粮商控制粮食的加工与贸易，巴西和阿根廷的粮食出口，约四成的份额都被控制在 ABCD 四大粮商之手。通过陶氏、埃克森美孚、杜邦等石油化工企业控制化肥和农药的供应。通过约翰迪尔、凯斯纽荷兰和爱科等大型农用机械企业控制农机的供应。还有最厉害的一招，就是通过孟山都和杜邦的转基因技术对其农业进行釜底抽薪，连种子都得依靠美国供应。

就这样，美国以粮食和科技为手段，石油和美元为辅助，实现了对全球粮食市场的掌控，巩固了它超级大国的地位。

21 世纪初，世界进入了高价石油时代。按理说，粮食价格也该随之大大提高。吊诡的是，在高达农产品总价值一半的农业补贴的支持下，美国的石油农业不仅没有崩盘，反正还在为粮食太多而发愁。石油价格在 2008 年涨到空前高位的时候，美国竟然同时也出产了有史以来最多的小麦。怎么办？总不能让农民只工作半天，剩下半天去写诗吧？粮食巨头给美国政府出了一个新主意：把粮食变成生物燃料。理由很充分：减少对石油的依赖。所以说，生物燃料产业繁荣的背后，其实是发达国家，特别是美国粮食供应过剩和石油供应不足，加上政府的补贴对市场的扭曲，导致相关企业在将粮食变成燃料的过程中，能获得更多的利润。

联合国粮食权利问题特别报告员齐格勒称，“生物燃料是一项违反人道的罪行”。他不知道的是，粮食除了变成燃料，还可以化身泡沫、用做塑料、替代石油改善橡胶的性能。理论上，大多数石油能生产出来的东西，粮食也都能够生产得出来。当粮食危机在一天天加重的时候，欧美的政治家、企业家和科学家关心的却是，为了迎接没有石油的未来，粮食还能有什么非食用的价值可以开发。而那些饥饿的人们，因为不能为公司贡献利润，所以不在这些政界、商界和学界精英的议事日程安排之列。

“无声海啸”中的金龙鱼

汽车以生物燃料的方式吃掉了大量的食用油、玉米和甘蔗。为了追逐利润，很多许多农产品的种植都为油料作物、玉米和甘蔗让路。比如，2007 年，美国将大量豆田改种玉米，导致大豆产量减少 1600 万吨。世界粮食储备降低至 1980 年来的最低水平，只够维持 53 天。粮食紧缺，食品价格全面飞涨。2008 年 5 月，与 2007 年初相比，国际粮食市场的大米、玉米、小麦和大豆价格均上涨了 1.5 倍到近 3 倍，大米价格达到 19 年来的最高点。小麦价格则是 28 年来最高的。

国际粮市一片恐慌，从印度、菲律宾、越南、乌克兰、俄罗斯、阿根廷到印尼，许多国家大幅提高粮食出口关税，限制或者干脆禁止粮食出口，减免粮食进口关税，以确保本国粮食的供应和价格稳定，这更加重了粮食危机的程度。在粮食危机面前，各国高筑壁垒、以邻为壑。那些粮食严重依赖援助或进口的贫穷国家深受打击。仅仅两年时间，这些国家的大量穷人就被逼上了绝路。

由于食品价格飙升，南非洲、南亚和拉美的 30 多个国家，包括布基纳法索、喀麦隆、津巴布韦、科特迪瓦、埃塞俄比亚、加纳、乌干达、毛里塔尼亚、印尼、孟加拉国、斯里兰卡和玻利维亚等，先后发生骚动或暴乱。为了争取每天吃到食物的权利，数十万人走上街头与军队或警察对抗，造成数十人死亡。

中美洲的海地，第一个摆脱殖民统治的国家，几乎所有粮食都要依赖进口，其中进口大米占国内大米消费量的八成以上。海地南部城市莱卡耶，一周多的时间内就有 5 人被杀，数十人受伤，连联合国部队都受到攻击，真是一幅世界末日来临的景象。

这场粮食危机被比作是一场“无声的海啸”，世界每天晚上有 8.5 亿人饥肠辘辘地入眠。在咆哮的汽车马达声中，那些皮包骨头的人群，“比较像是阻挠轮子转动的竹竿”。

因粮食匮乏而导致的食品大涨价，对那些粮食进口国来说简直是噩梦。但对粮食出口大国来说，却是大发横财的时机。出口粮食最多的美国自然是这轮涨价中最大的受益国。美国艾奥瓦州、伊利诺伊州等主产玉米和大豆的农业州的农民与加拿大地广人稀的中部草原省的农民眉开眼笑。节节上涨的国际谷物价格，让当地许多早已荒芜的农田恢复生机。几十年来陆续外移的人口突然回流，房地产市场也跟着一片繁荣。

从 2006 年 2008 年，短短两年时间，东南亚的生物柴油产量竟然增长了 4 倍。按照 1 吨毛棕榈油产 0.9 吨生物柴油的换算率，仅东南亚市场就在生物柴油产业上消耗了 268 万吨的棕榈油，这还没计算欧盟等国生物柴油产业对东南亚棕榈油的消耗。对丰益国际等棕榈油的生产商来说，这两年无疑是黄金时代。

食品价格大涨，国际四大粮商和丰益国际的销售额均大幅提升。在中国，如此大的粮油价格涨幅不能不引起政府的高度关注。

2008 年初，大豆市场价格一路看涨，飙升近 30%。最高时，豆油价格曾达到 16500 元/吨。在成本的巨大压力下，国内各粮油企业叫嚣涨价的声音此起彼伏，如图 10－1 所示。

3 月，金龙鱼向国家发改委提出了涨价申请，并顺利获批。不过，在涨价获批后，金龙鱼却一直按兵不动，其他食用油企业虽有微词，却也不敢轻举妄动。外界以为金龙鱼财大气粗，忙着搞奥运营销，不急着涨价。其实，金龙鱼是有苦难言：发改委表面上是同意了，私下并未松口。不仅不能涨价，还得维持市场供应。工厂产能必须跑满，仓库必须有货，哪里叫货，必须随时送过去。为此，金龙鱼每天都在承受巨额亏损。

撑到 8 月份，美国金融危机爆发，世界石油需求出现自第二次石油危

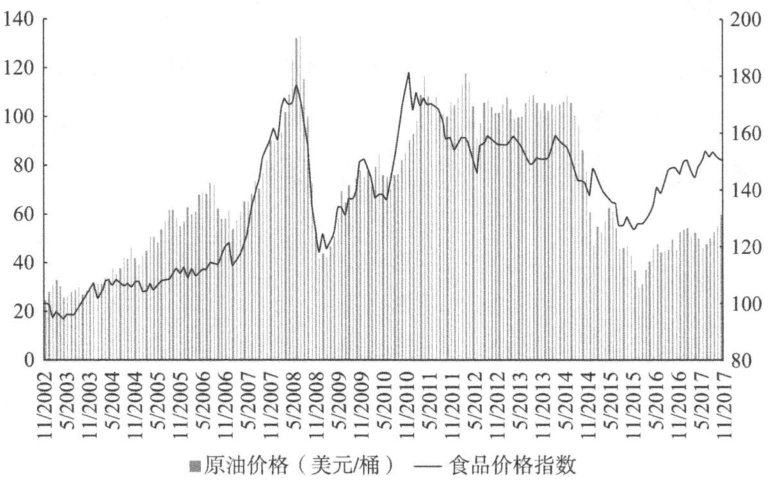

图 10－1 石油价格与食品价格指数走势

（数据来源：联合国粮农组织及 www. indexmundi. com）

机以来的首次负增长。石油价格随之大幅下滑，国内外油脂油料价格跟着暴跌，豆油价格最低跌到一吨 9000 元。降价可不需要政府批准。8 月 14 日，北京奥运会正如火如荼进行时，益海嘉里宣布，旗下金龙鱼品牌产品价格全线下调，涉及大豆油、菜籽油和调和油等多个产品线，降幅超过 10%。

选择在中秋旺季之前宣布降价，令业界一片哗然。之前，因为成本的原因，压榨厂每压榨 1 吨大豆，就会亏损 200～300 元，而现在所用大豆是在之前以高价位采购的，降价的话，无疑会带来更大的亏损。国内的众压榨企业被逼到了一个尴尬的境地。涨价涨不上去，降价又不敢贸然跟风。进退失据之间，大片的市场就被金龙鱼抢走了。

其实，金龙鱼自己也损失惨重。当年丰益国际年报显示，以金龙鱼为主的消费品税前利润率仅有 1.6%，税前利润不过区区 7500 万美元。相比之下，棕榈油相关业务和油籽谷物业务的税前利润分别为 10 亿和 6 亿美元。

政府的价格行政干预，让益海嘉里意识到，小包装油的市场份额已经近半，已经到了让政府警惕的程度，经营重点应该从数量向质量转型。要想推出质量好、利润高的新品，无疑要倚重研发的力量。这正是丰益国际在上海建设全球研发中心的背景之一。当然，丰益国际要建全球研发中心，所虑远大，决非只是为了研发几个食用油的新产品。

第十一章
丰益全球研发中心揭秘

2010，中国社会大转折

食用油关系国计民生，是老百姓一日三餐都离不了的生存必需品。跟粮食一样，每日必备，是食用油的第一基本属性。这决定了政府有责任要让老百姓吃到物美价廉的食用油。低收入人群对食用油的价格非常敏感，一遇打折，就会习惯性地多买几桶，反正迟早都会吃掉的，囤着也不会有浪费之虞。家乐福等大超市也喜欢拿食用油来打特价、出销量、拉人气。因此，超市不仅可以在食用油产品上不赚钱，甚至还愿意贴钱做负毛利销售。但食用油只要价格低，就一定卖得好吗?

笔者曾经为某个连锁超市做贴牌食用油产品。这家超市同时推出了大米、纸巾、豆油和调和油四个自有品牌产品。运作一段时间后，超市发现，大米、纸巾和豆油，只要低价就好卖，但调和油却贴到成本价也走不动。不仅是调和油，凡是超市推出的葵花籽油、玉米油和花生油等中高端食用油产品，即便亏钱卖，也卖不好。

食用油不是低价就好卖吗？怎么又会卖不动了呢？这是因为，食用油还有第二基本属性：调味品。

谁都知道，要想抓住男人的心，先要抓住男人的胃。为了男人有个好胃口，一名家庭主妇怎么可能还只想着要为一桶油便宜那么几块钱呢？一桶几十块钱的油，可是要影响到一家几口人，一月三十天，一日三餐的餐食质量。

食用油的粮食属性决定了消费者的价格偏好，调味品属性决定了质量和品牌偏好，两者的组合，才能有效满足市场中不同的消费者需求层次。

在收入水平较低、追求温饱为主的人群中，食品支出在生活费用支出中占了很大一块。买一桶油就是为了炒菜吃饱肚子，所以会尽可能追求物美价廉的产品。而收入水平较高，达到小康或富裕阶段的人群，吃饭不再仅仅是为了解决饥饿问题，而是要追求有品位和质量的生活。他们往往购买价格更高的中高端品牌产品。

各种食用油，它所拥有的粮食属性和调味属性权重是不同的，如图 11－1 所示。以芝麻油为代表的调味油，调味属性极高，粮食属性可忽略不计。豆油、一级菜油和棕榈油则主要用做粮食，调味属性较低。居于这两者之前的花生油和三四级菜籽油，调味和粮食属性并重。一般来说，价格越高的食用油，调味属性也越高。反之，价格越低的食用油，粮食属性越高。粮食属性或调味属性为负值的食用油产品例外，如地沟油等，它不属于合格产品的范畴。

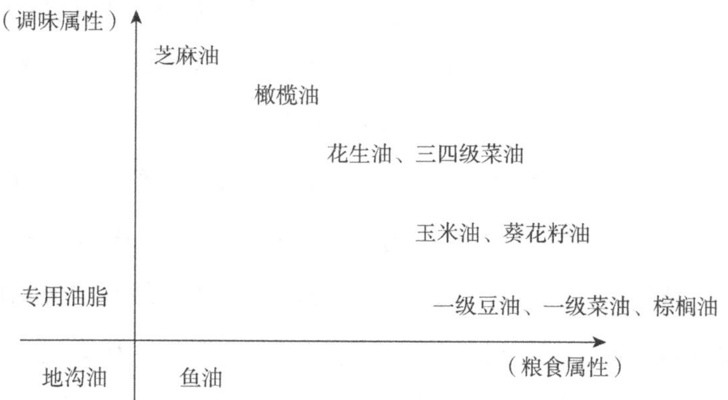

图 11－1　各种食用油在调味属性与粮食属性中的位置

食用油两大基本属性的重要性是会变化的。随着人们生活水平的提高，对食用油的粮食属性的需求价值会越来越低，而对其调味和健康功能的需求会不断提高。在中国，这个调味属性超过粮食属性的转折时点，将在什么时候来临?

2010 年的上海世博会，是中国魅力的又一次大展现。

4 月 20 日晚 20 点，宋祖英和成龙于上海世博文化中心放声高唱《和谐欢歌》。随后，国家主席宣布：中国 2010 年上海世界博览会开幕。黄浦江上礼花怒放，激光四射，喷泉冲天，虹桥越江，好一幅如诗如画的春江花月夜盛景。当晚的开幕式一共燃放了 10 万余发的焰火，数量超过了两年前的北京奥运会开幕式，当时只燃放了 8 万余发焰火。

第一届世博会于 1851 年在伦敦举办，当时的英国是欧洲乃至全世界的头等强国。英国政府用 4500 吨钢材和 10 公顷的玻璃建成了一座“水晶宫”，陈列了标志着工业社会到来的发动机、水力印刷机、纺织机械等技术型产品，让世界各国为之震撼。从此以后，世博会就成了各国炫耀新技术、新理念乃至国家力量的大舞台。

这次上海世博会是首次由中国举办的世博会，共有 190 个国家、56 个国际组织参展，其中 40 多个国家自建展馆，数量为历届之最。

上海世博会的中国国家馆主体造型酷似一顶古帽，被命名为“东方之冠”。其实，它更像是一个粮斗，寓示着天下粮仓，富庶四方。

上海世博会的主题为：城市，让生活更美好（Better City，Better Life）。

这个主题对时代脉搏抓得相当之准。正是在 2010 年，中国的城市化水平达到了 50%，城市文明将成为中国人生活的主旋律。

2010 年也正好是中国加入世界贸易组织的十周年。

在这 10 年里，中国疯狂建设基础设施，大量吸引外商投资，工业野蛮生长，迅速成为世界工厂，对外贸易实现跨越式发展，出口规模跃居世界第一，中国商品填满了全世界的超市货架。可以说，加入世界贸易组织对中国经济的发展功不可没。

世界贸易组织对许多国家的农业都造成了巨大的冲击。但让人意外的是，中国的农产品居然让美国的农民也感觉压力很大。中国最具竞争力、出口最多的农产品，是水产品和蔬果。中国的水产品和蔬菜产量均占全球的六成，水果也以1/7的份额位居世界第一。美国人厨房里的支柱蔬果，如大蒜、西兰花、生菜和草莓等，均由中国农民提供。另外，中国的苹果占世界苹果产量的半壁江山，把曾经排名第一的美国苹果打得找不着北。来自中国的农产品竞争压力越来越大，迫使他们破天荒地联合起来，游说国会，以求联邦政府提供补贴。

总体上，中国农产品在需要大量耕地、大量资金、机械化作业的传统粮食作物上不占优势，但在劳动密集型、高附加值的水产品和果蔬上则有很强的竞争力。

种种迹象表明，2010年是中国经济发展的一个重要转折点。此前，为求解决温饱问题的人口还是多数。此后，中国开始进入小康社会。“吃饱”从此不再重要，“吃好”才是人生所必须。

小康社会的到来，意味着中国将不仅是“世界工厂”，也是一个“世界市场”。为了更好地扎根和服务于这一市场，郭孔丰早已对此进行了周密的筹划。当全世界都在被2008年的粮食危机搅得焦头烂额的时候，丰益国际悄悄迎来了一位重量级人物。他的到来，不仅影响了益海嘉里乃至丰益国际全球业务的发展，甚至影响了中国乃至全球粮油及相关产业的走向。

从面粉、调味品到日化

蔡南海，新加坡人，祖籍福建南安，热爱榴梿和咖啡，这或许正是他中西合璧的人生背景的注脚。自称“中学成绩一般，只在第十名左右”的蔡南海，在西方取得了很高的科学成就，收获了一堆的院士头衔：英国皇家学院院士、日本生化学院荣誉院士、中国台湾研究院院士和中国科学院外籍院士。“从小并没有发现自己特别喜欢一朵花或者一株草”，如今却已是全球著名的植物分子生物学家，并且在医学、生物化学和细胞生物学等方面都有很深的研究。由于涉猎的学科广，他会不断地产生新主意，提出很多需要验证的想法和建议，给手下制造很多的“麻烦”。但是，学生更怕他不给主意，那很可能意味着他对你的工作兴趣不大，结果就会有一种被遗忘的感觉，压力会更大。

蔡南海的科学洞察力，不仅体现在对新概念、新技术的接受能力上，而且表现在对实验结果的分析上。他每次跟学生或博士后讨论结果时，总是要看原始结果。他对结果的观察和分析总是非常深刻而尖锐，一些即使是很小的苗头或现象也很难逃过他的眼睛。他独立领导一个30人左右的研究队伍，一定程度上可算是植物分子生物学领域的超级大国。他的实验室之强干在国际上是有名的，行内有个难分褒贬的说法：“如果Nam（蔡的英文名）对一个方向有了兴趣，你最好不要去跟他竞争”。

2009年11月18日，投资8亿元的丰益国际全球研发中心奠基，蔡南海被任命为项目总负责人。同时，4位中科院院士，许智宏、李家洋、陈晓亚、方荣祥成为该研发中心的高级顾问。此外，还有不少在粮油和生物领域的国内外专家进入该中心的智囊团。

全球研发中心的成立，进一步增强了丰益国际的研发能力，并更多地关注生物发酵、酶工程、分子生物学、食品安全、食品营养与健康、农副产品综合利用、生物质新能源新技术等几大技术领域。丰益国际期望研发中心能将过去为满足市场需求被动地进行“工厂级”的投资方式，彻底改变为探索新产业和升级旧产业而主动进行“产业级”的投资方式。由此，投资量有可能呈现几何级数的增长，并可能催生出现在无法预见的新型产业。

益海嘉里在农产品初级加工的优势，如大规模和低成本，可以轻易地被中国内资企业赶上。但是在深加工上，凭借强大的研发能力，一直保持着对中国内资企业的长期竞争优势。中国内资企业研发能力普遍较弱，像华为那样注重研发的企业，凤毛麟角。

上海的全球研发中心是丰益国际科技全球化的新起点，它还在荷兰、越南、印度、马来西亚、新加坡、非洲等许多国家陆续建立研发机构，在全球拥有数百名研发人员。全球研发中心还与世界尖端粮油研究机构，如新加坡共和国理工学院、淡马锡生命科学实验室，建立长期和深入的合作关系，充分利用全球智慧，汲取世界各地领先的粮油技术经验，为其粮油产业提供具有世界水平的、强劲的技术支持和服务。

研发中心还与肯德基、雀巢等跨国食品公司直接对接，根据它们的需求进行针对性研发。或者，当研发中心研发出新的技术，帮助它们提升其产品性能与品质。

在益海嘉里将大豆和稻谷吃干榨尽的故事中，我们已经看到，研发中心在大豆、稻谷产业链延伸和进入新产业等方面的巨大威力。一旦研发完成，生产准备工作就绪，相关新产品就会进入消费品市场，最终提升消费者的生活品质。

小麦业务的重要性，在益海嘉里仅次于大豆和稻谷，郭孔丰本身就是做面粉业务出身的。

和投资稻米产业不同，当益海嘉里初进面粉加工业时，竟然遇到了劝阻：“你们不要再做这个东西了，别人已经做了很多了。”其中，世界最大的面粉企业五得利面粉集团，在中国占有超过十分之一的市场份额。为了避免与行业巨头的冲突，益海嘉里选择了差异化的方式。别人做的是民用粉，用在家里烙饼、做馒头与面条等。益海嘉里则主做专用粉，比如做面包的粉，它要求蓬松，对筋度要求很高。

过去，中国没有全国布局的专用面粉供应商。现在，客户只要给益海嘉里一个订单，益海嘉里可以在全国范围内配送，而且能确保配送的产品具有同样的品质。从面粉往下做，还有面团、小麦皮、全麦粉、挂面，这个产业链也越来越长。产业链越长，抗风险能力越强。

从原料、半成品再往下延伸，就是现成的食品。在 2015 年收购澳洲最大食品制造商古德曼·菲尔德公司（Goodman Fielder）后，丰益国际成为澳洲最大的面包生产商，并掌握了烘焙方面的技术及市场开拓经验。益海嘉里已经拥有生产面包的大多数原料，以及主要的销售渠道，或许有一天，市场上将出现金龙鱼牌的面包或蛋糕？

益海嘉里还做烘焙油，可能是全世界最大的烘焙油制造商，可以利用现成的烘焙行业渠道，将专用粉跟着烘焙油一块推广。

研发中心一直在与肯德基合作研究中国传统食品的开发，益海嘉里已经是肯德基的豆浆粉供应商。不过，油条是其中的重点。研发中心想做出中国最好的油条，因为中国人喜欢吃油条。

2015 年，益海嘉里面粉销售超过 300 万吨。到 2017 年，面粉加工厂扩张到 18 家，年产能高达 600 万吨。中国大米市场是面粉市场的两倍，但益海嘉里的面粉产能却接近大米产能的两倍。由此可见，相比大米业务，面粉业务要更好做些。

以产能而论，面粉在丰益国际的各项业务中仅次于大豆压榨和油脂精炼，超过食糖、大米、油化、专用油脂和生物柴油。丰益国际在亚洲和非洲各国广泛开展面粉加工业务，仅越南就在开建第 5 家面粉厂。

在食用油、大米和面粉之后，谁将会是益海嘉里的下一个明日之星？酱油有很大的可能。

长期以来，益海嘉里一直是海天、李锦记等国内知名酱油生产企业的食品级豆粕主要供应商。2015 年 1 月，益海嘉里与中国台湾丸庄酱油正式签约，共同在泰州兴建益海嘉里首个酱油生产线。项目总投资 3300 万美元，设计年生产能力 13 万吨，预计 2018 年底可建成投产。

丸庄酱油成立于 1909 年，是中国台湾地区唯一一家完整传承黑豆、黄豆两种酱油纯手工酿造秘方及工艺的百年老字号，是中国台湾家喻户晓的老字号酱油企业。益海嘉里和丸庄酱油的合作，对国内其他酱油企业而言，将是一个强劲的对手。

益海嘉里仅仅是想把丸庄品牌引入大陆吗？当然不是。如果这样，只要原装进口则可，又何须大费周章、浪费时间自建工厂？

调味品是与食用油非常接近的一个品类。事实上，金龙鱼做调味品也有很长历史了。金龙鱼芝麻油，就是一个不折不扣的调味品。益海嘉里对调味品市场，特别是份额最大的酱油市场虎视已久，但为什么迟迟尚未进入？

三军未动、粮草先行。金龙鱼不打无把握之战，要死磕海天、李锦记这样的行业老大，不拥有核心技术，不会贸然而动。因此，丰益国际研发中心还在与新加坡国立大学的淡马锡生命科学实验室合作，重点研究酱油产品，包括描述酱油发酵过程中微生物的变化，建立酱油数据库等。

如今，金龙鱼真要开始“打酱油”了。

益海嘉里是食品级豆粕的供应商，所以要做酱油。按照这一逻辑，益海嘉里还是日化原料的供应商，那也该开卖洗涤用品。事实也确实如此。

2013 年，益海嘉里推出洗涤产品的自有品牌——“洁劲 100”，号称“金龙鱼食用油唯一指定洗洁精”。其产品线涵盖洗衣皂、洗衣液和洗洁精。为了不引起宝洁、立白等客户的紧张，益海嘉里甚至没有对外宣布。国内洗涤用品行业竞争惨烈，利润率低。市场早已被瓜分殆尽，产品同质化严重，生产能力过剩。因此要虎口中争食，十分不易。要如何破局呢？

那就是，剑指高端产品。为此，益海嘉里分拆中国油脂衍生品及生物燃料业务，成立丰益油脂科技有限公司。该公司先后推出“露兰迪”牌玫瑰精油皂、橄榄精油皂等高端洗护产品，以及日本原装进口的“绿涤”系列洗涤用品。其中，绿涤 MES 洗衣皂所含的 MES（脂肪酸甲脂磺酸盐），是来源于棕榈油的天然表面活性剂，具有去污力高，抗硬水能力强和稳定性好的优点，能使洗涤有效成分迅速渗透衣物纤维，强力去除顽固污渍。

2017 年 11 月，绿涤 MES 洗衣皂获得中国国家发明专利。丰益国际与日本狮王公司建立的合资企业将于 018 年中投入运营，主要生产和销售 MES。可见，丰益国际对洗涤日化品类志不在小。

多产品的渠道瓶颈

随着产业链的延伸，益海嘉里的工厂越来越多，向综合化、企业群的方向发展。目前，益海嘉里在中国已有生产型实体企业130多家，200多个加工厂，组合成了64个综合生产基地。总产值过千亿的上海企业群，有小包装食用油、豆奶粉、专用油脂、油脂化工厂和巧克力等7家公司的生产车间。企业群的好处包括：共享管理，比如仓库、办公室、铁路专用线、动力车间、锅炉房、电力配置，以及共享销售渠道等。

益海嘉里配套完善的生产设施吸引了不少国际食品巨头前来洽谈合作。

2012年9月，丰益国际和美国家乐氏成立合资公司，开拓中国谷物食品市场。家乐氏是美国知名谷类食品生产商，拥有“品客”薯片和“家乐氏”玉米片两大品牌产品。如果家乐氏要自己建厂，可能得花几个亿。而选择与益海嘉里合作，只需要花一半的钱，外加一个车间就可以了。除了看中益海嘉里的生产设施外，家乐氏还看中了金龙鱼庞大的销售网络。此前，家乐氏产品在中国市场表现平平。现在，合资公司期望能利用金龙鱼的渠道来翻盘。

只是，家乐氏不知道，金龙鱼的经销商们已经不堪重负。

目前，益海嘉里已在中国编织了一张绵密的销售网络，29个分公司遍及各一二线城市，1585家经销商覆盖绝大多数县以上城市，二级网络批发商、分销商数量达5000多家，沿海市场渠道细化到乡镇与村，拥有130多万个终端，每年为益海嘉里创造了500亿元的消费品营业额。

不过，这一规模庞大的销售网络，正面临着巨大的挑战。

首先，是来自超市渠道的压力。超市凭借对零售终端的掌控，向经销商强索各种名目的费用，以至门店后台收取的费用往往超过前台零售赚取的利润。超市还大量拖欠经销商货款，挤占经销商的资金。随着电商和便利店的崛起，店租和人工等成本的提升，超市经营环境恶化，进一步加重对经销商的盘剥。强势超市甚至砍去经销商这一中间环节，与厂家进行直接合作，从2012年开始，金龙鱼陆续把沃尔玛等大卖场系统收归做直销。

其次，即便是金龙鱼经销商赖以起家的传统渠道，也不再是日进斗金的聚宝盆。金龙鱼要求经销商进行渠道下沉，增加车辆和人员去跑乡镇市场，向农村要销量。但这些市场都是难啃的骨头，消费能力有限，营运成本高，经销商难以盈利。

雪上加霜的是，益海嘉里接连不断地推出的新产品，不仅不易成为经销商新的利润来源，反而可能大大侵蚀经销商老业务的利润。比如，大米不仅物流成本高，利润还微薄，经销商还得自掏腰包进行仓库改造。

金龙鱼是非常成熟的大品牌，给经销商的利润空间很低，价格体系又透明。不少经销商做金龙鱼食用油就已经无利可图，只是看在量大的份上跑跑这个生意。但是，益海嘉里这些年不断推出的新品，不少是既非金龙鱼品牌，还要跨领域操作，让经销商实在力不从心。销售任务还年年增长，经销商疲于奔命。

金龙鱼自称多元化发展“没有怎么大的失败过”“有没达到预期的，但是上去就一败涂地收摊的那种绝对没有。”事实上，是忠诚的经销商们承接了多数的新品上市风险。

看完益海嘉里的所有多元化故事，你就会明白，郭孔丰真没有哪一块生意是随便做的。做任何生意，他都非常重视研发和技术力量的支持，且不说他拿手的食用油领域，其他的领域，无论是大米、面粉、调味品还是日化品，都是如此。也正因为如此，他做什么业务，都能有把握赚到钱，只是迟早的事。这是真正值得擅长打价格战和营销战的中国企业学习的地方。遗憾的是，直到现在，我还没见到哪个中国粮油行业的内资企业能像丰益国际一样重视研发的。

郭孔丰一直强调，“我们必须要保证我们的产品质量也是世界级水准”。不过，有意思的是，金龙鱼品牌在郭老板心目中的地位却大为下降了。郭老板的许多重要讲话，包括在丰益国际25周年庆祝晚宴上的发言，谈过不少丰益国际成功的关键因素，但从来不提品牌。郭老板倾心学习的ABCD，均不以品牌见长，却能做成全球最大的粮商。益海嘉里亏损最大的大米业务，很大原因就是广告投得太多太猛，这让背负股价压力的郭老板颇为不满。这也使得在益海嘉里集团，工厂出身的高管，要比营销出身的高管更易得到提拔。

1∶1∶1调和油、AE系列豆菜油等产品的成功，早已让金龙鱼尝到了研发的甜头。而全球研发中心落脚上海，更让金龙鱼如虎添翼。之前的金龙鱼强在中低端食用油领域，而全球研发中心则为金龙鱼进攻高端食用油市场装备了大量犀利的新式武器。原本就群雄争霸、战火连年的中国小包装油市场，一场规模空前的战役即将打响。

第十二章 小包装油七雄争霸

多力葵花籽油的崛起

1998年，山东一个名叫西王村的小村子，只有700多人口，有兄弟三人——王明峰、王明星和王明亮，有一天他们突发奇想，要把那一堆准备喂猪的玉米胚芽榨出油来。西王村玉米油的传奇故事，就此发端。

玉米在深加工成淀粉、糖浆或乙醇之前，需要把玉米胚芽先提取出来。玉米胚芽含油36~47%，可压榨出玉米油。所以，玉米油是玉米深加工后的副产品，是现代工业的产物。玉米油的不饱和脂肪酸含量高，含有丰富的维生素E，以及类固醇等营养物质，而且玉米油的脂肪酸结构稳定，适合深度煎炸。玉米油、芝麻油和稻米油是世界卫生组织推荐的三大健康食用油。

在国外，玉米油已有100多年的历史。中国东北在70年代开始生产玉米油。山东虽盛产玉米，但此前并无压榨玉米油的先例。这难不倒做机械维修起家的王氏三兄弟，他们边试产边琢磨，硬是成功地把玉米胚芽榨出了油。然后，他们投资300万元建起了三星植物油厂。玉米油是榨出来了，却没有人要。硬邦邦的玉米棒子也能榨出油来？能不能吃啊？山东没人听说过，产品没有销路，新生的玉米油厂眼看就要做不下去了。

金龙鱼挽救了三星。金龙鱼从三星买来玉米毛油，精炼后灌进塑料桶，贴上金龙鱼的商标，再卖给消费者。福临门也跟着推出了小包装玉米油产品。三兄弟一鼓作气，又建起了玉米油精炼厂。不过，山东人口味比较重，爱吃花生油和豆油，而精炼玉米油没有味道，不受待见。除了卖给金龙鱼和福临门，只能卖给一些油贩子。油贩子没有良心，拿去掺了豆油后再出售。

西王村在村支书王勇的带领下，已创办了面粉厂、油棉厂、玉米淀粉厂、甘油厂等集体企业。西王村出了名，连美国前总统卡特也莅临西王集团考察，并题词称赞“这是一个很好的企业”。不过，王勇看王明峰这哥仨有点儿不顺眼，他们不走共同富裕的道路，偏要自己单干。不过，他们的玉米油生意好像挺赚钱的。于是，西王村村办的玉米毛油厂也开始投产。

在将近10年的时间里，小包装玉米油市场波澜不惊。三星和西王把散装玉米油卖给嘉里和中粮，嘉里和中粮再做成小包装油出售。不过，金龙鱼一家独大，销量远远超过其他品牌。

在一片平静中，有人嗅到了不详的信号。此时，“多力”正杀入中国葵花籽油市场。

在中国小包装油市场上，能给金龙鱼造成威胁的品牌，除了鲁花，就数多力。

2003年，中国台湾佳格在中国大陆市场推出“多力”葵花籽油。这个时机选择得好。当时，金龙鱼正在1∶1∶1上忙得不可开交，无暇他顾。另外，中国葵花籽油市场刚启动，做的品牌不多，金龙鱼葵花籽油也才上市一两年的时间。

多力一举投下数千万元的巨资大做广告。同时，与广告投放相配合，在各超市不惜血本地买货架做陈列。多力一炮打响，打开市场后，才在内蒙古河套地区建立了自己的葵花籽油生产基地。此前，多力的葵花籽油还是从嘉里粮油的西安工厂采购的。

多力葵花籽油的市场成功，有两个关键点。一是坚持年轻、有活力的品牌形象。在这一点上，它明显区别于带有传统乡土味、油腻大叔大妈范的其他行业领先品牌。多力先后启用蒋雯丽、田亮和林心如等明星代言。蒋雯丽被《格调》杂志称为“中国男人的理想妻子”。田亮两次获得奥运会跳水金牌，凭借极具亲和力的微笑和帅气俊朗的外形成为国民心中的跳水王子。林心如因在《还珠格格》中饰演温婉贤淑的“紫薇格格”而走红。选择这几位时尚、健康的明星做形象代言，为多力赢得了城市年轻家庭的青睐。

二是多力专“心”不懈，十年如一日地做预防心血管疾病的消费者教育工作。多力宣称，从其营养成分来看，葵花油中的不饱和脂肪酸高达88%，而所含亚油酸是人体必需的脂肪酸，有益心血管健康。另外，它还含有丰富的活性维生素E，有助于预防心血管疾病的发生。

多力虽然是葵花籽油第一品牌，但优势并不明显，金龙鱼、福临门等品牌的销量与之差距并不大。而且葵花籽油是一种同质化很高的产品，竞争非常激烈。不过，多力非常注重差异化，千方百计地避开与竞争对手的直接冲突。为此，多力开发出一系列新品，围绕葵花籽油的有橄榄葵花油、5珍宝葵花籽调和油、葵花菜籽油等，其他外围产品有芥花籽油、浓香菜籽油、压榨一级花生油、植物甾醇玉米油等，对各油种细分市场进行分食。它做每个产品都很用心，而且营销策略比较灵活，敢于突破常规，进行各种创新。

在中国小包装油市场上，多力列金龙鱼、鲁花和福临门之后，稳居第四名的位置。经过多年残酷的市场竞争，在中国一二线城市的连锁大卖场，一般只能看到这4大品牌的产品了，其他小品牌均被淘汰出局。多力能够与这几大食用油巨头并驾齐驱，实属不易。

可以肯定的是，如果多力不开发多种食用油产品，就不会有今天的品牌地位。一些专业品牌的影响力之所以没能达到多力的高度，与它们在多元化道路上举棋不定有很大的关系。所以，千万不要相信某些定位专家鼓吹的去打造食用油专业化品牌。至少在中国食用油市场上，主流大品牌早已没有一个是专业品牌，全部是全品类的综合性品牌。

在多力崛起时，嘉里有品牌经理认为，应该像胡姬花花生油或鲤鱼菜籽油一样，培养一个玉米油的专业品牌出来。否则，玉米油市场迟早也会有一个像多力一样的牌子出来搅局。玉米油市场规模大概是葵花籽油的两倍，玉米油成本还低于葵花籽油。因此，理论上，玉米油市场比葵花籽油更有前景。

此论不幸言中。

一村二王

不满足于仅仅赚些代工费，2005 年，三星油脂推出“长寿花”牌小包装玉米油，次年 7 月召开全国经销商招商大会，把长寿花全面推向市场。不过，那时的三星没把长寿花做重点，市场推广费用的投入不多。但到了 2008 年就不同了，因为西王推出了“西王”牌小包装玉米油。一个巴掌拍不响，一个村子里的两“王”开始掐架，双方比着加大广告等费用的投放。这下子，玉米油市场热闹了。

2008 年，西王和长寿花两家小包装玉米油一共只有 1.4 万吨，次年增长到 3.9 万吨，一年增长 175%。尽管离金龙鱼还有不小的差距，但增长势头很猛。

不过，令金龙鱼感到尴尬的是，虽然其在玉米油品类的销量大大高于竞品，但调查数据表明，没有消费者认为金龙鱼是玉米油的第一品牌。金龙鱼不是 1∶1∶1 吗？它怎么会是玉米油产品的老大呢？玉米油还是西王或长寿花家的才专业吧？

消费者心目中的定位差异，直接导致西王、长寿花在玉米油品类上的溢价能力高于金龙鱼。两个品牌的玉米油都比金龙鱼卖得贵。

按道理，益海嘉里也可以像三星油脂一样，采购玉米胚芽回来进行压榨，生产玉米油。可是，玉米油毕竟是一个小油种，相对于豆油、菜籽油来说实在微不足道。理论上玉米油有一个增长的上限，粗算不会超过玉米总产量的1%，2016年在200万吨左右。所以，益海嘉里不想大动干戈，给它再加一条专门的压榨生产线。而且，政策也不允许益海嘉里去做玉米油，因为玉米深加工在2007年被列入限制外商投资的产业①。

玉米油进口也不可行。中国也是玉米生产大国，玉米油生产成本并不高，而进口玉米油交完关税和增值税后，也就没有价格优势了。而且，美国、巴西和阿根廷等生产的大都是转基因玉米，由其生产的玉米油不被我们中国老百姓所接受。

显然，做玉米油，金龙鱼并不掌握绝对的资源优势。作为采购方，金龙鱼小包装玉米油卖得越多，也就意味着三星和西王的散装玉米油卖得越多，结果就有点为人作嫁衣裳的味道。那怎么超越西王和长寿花，改变消费者认知，让金龙鱼的玉米油卖出价格呢？最终，益海嘉里决定力推一个技术含量高的玉米油新品，而植物甾醇就是被选中的技术卖点。

超过2400项临床实验证明，植物甾醇是一种能够有效降低胆固醇的天然活性物质。它的化学结构与胆固醇类似，可以通过抑制人体对胆固醇的吸收，起到降低胆固醇的作用，从而降低心脏病和其他慢性病的发病风险。植物甾醇也因此获得了“胆固醇天然克星”的称号。

早在20世纪50年代，植物甾醇就被应用于药物，治疗高胆固醇症。目前在欧美已普遍运用于日常食品当中。在中国，直到2007年，植物甾醇才被卫生部批准为新资源食品。

毛玉米油是植物甾醇颇为丰富的食品之一，含量在10000毫克/千克

① 2007年10月31日，国家发展和改革委员会、商务部令第57号，发布《外商投资产业指导目录（2007年修订）》，将“玉米深加工”列入“限制外商投资产业目录”，直到《外商投资产业指导目录（2017年修订）》予以取消。

(ppm) 左右。但经过精炼后，会有一定的损失，只剩 6000 ~ 8000ppm。2009 年 6 月，推出金龙鱼植物甾醇玉米油，它通过在普通玉米油中适量添加植物甾醇脂，使植物甾醇含量恢复到毛玉米油初始的水平。

作为一个新生事物，“植物甾醇降胆固醇”的概念需要从零开始向大众普及。首先，金龙鱼推动“植物甾醇的油脂运用与心血管健康”国际研讨会的召开，为植物甾醇玉米油这一新产品取得业界认可而摇旗呐喊。其次，金龙鱼将植物甾醇玉米油产品定位于“我的健康心管家”，在一线城市各大社区举办以“胆固醇·我不怕，畅享心健康”为主题的社区健身行系列活动，并与中国医师协会共同推出胆固醇教育计划。另外，中华预防医学会将金龙鱼植物甾醇玉米油产品列入“健康金桥重点工程”。

未料到，金龙鱼植物甾醇玉米油正在大展拳脚的时候，向来落后的福临门竟然赶上节奏，紧跟着推出了 13000ppm 植物甾醇玉米油。这一火药味十足的挑衅，点燃了双方下游营销市场的紧张态势。金龙鱼立即请来专家，在全国都市媒体造势：植物甾醇玉米油还是天然的稳妥、安全，天然的就是 10000ppm。中粮也不示弱，继续死掐数量优势，认为 13000ppm 才是行业新标杆。

与益海嘉里不同，中粮在玉米油资源上拥有优势。吉林、河北和山东是中国种植玉米的三大省，所占玉米均占中国玉米总产量的 10% 以上。三星和西王盘踞山东，中粮则以吉林为大本营。中粮意图称霸玉米油市场，为此甚至将植物甾醇玉米油作为核心产品替代已经推了十多年的天然谷物调和油。中粮在 2010 年的“产业链、好产品”及上海世博会宣传中，均把植物甾醇玉米油作为福临门的食用油代表产品。

金龙鱼的植物甾醇玉米油虽然颇受消费者好评，但销售还是不如预期，因为真正没有满足消费者的需求。

对于食用油，如果真的味道好吃，再高的价格，中国人也愿意付，这就是鲁花花生油可以卖得很贵的道理。但是，如果口感没差异，就不太愿意为看不见、摸不着的健康概念多付“冤枉钱”，即使这个健康概念很有科学道理。

植物甾醇的价格确实很贵。据估算，每添加1000PPM的植物甾醇，就要让食用油的零售价大概上涨4元。金龙鱼植物甾醇玉米油要比金龙鱼玉米油贵15元/5L，而福临门植物甾醇玉米油更是要比福临门玉米油贵20元/5L。

不管是10000ppm，还是13000ppm，产品卖不好，最后都成了市场的输家。于是，金龙鱼植物甾醇玉米油悄悄地把植物甾醇的含量降到了8000ppm。再后来，金龙鱼植物甾醇玉米油再次变身，产品名称改成了“玉米油（含植物甾醇）”，植物甾醇含量直降到5800ppm，其实这就是普通精炼玉米油的植物甾醇含量，产品配料表中仅有玉米油，而没有植物甾醇了。

与此同时，西王和长寿花仍然在玉米油市场上你追我赶。

2009年底，长寿花在港交所上市，成为国内首家上市的玉米油公司，共募集资金7.22亿港币。西王紧接着在深交所买壳，并于2011年成功在深交所上市。

2010年，西王花重金请营销专家打造品牌，并邀请张国立、邓婕夫妇帮忙鼓吹“关爱心脑血管健康”。张国立和邓婕夫唱妇和，把西王玉米油捧上了天。广告效果不错，当年销量提升了2倍多，竟然一举超过了长寿花。长寿花那边，则立刻请来另一家知名营销咨询公司重新打磨品牌，他们给长寿花整理出了12大卖点，并让“健康形象大使”倪萍娓娓道来：“清香不上火，纯净不油腻，健康12道，道道真品质，是健康当家油”。不愧是曾经连续13年主持春节联欢晚会的著名主持人，倪萍一发力，长寿花的销量在2011年也翻了两倍多，把西王又盖了下去。

看看普通玉米油推得差不多了，2014年，两品牌都在原料上做文章，推高端玉米油新品。长寿花推出“金胚玉米油”，主打“清香不上火，健康不长胖”。西王贴身紧随，推出“鲜胚玉米油”，主打“感情要保鲜，健康靠新鲜”。两家企业还几乎在同一时间布局葵花籽油、橄榄油、稻米油等产品。

另外，他们用更大的手笔投在了品牌传播上，并更换了品牌代言人。西王请出大牌明星赵薇，推出“不管几比几、不要转基因”的广告片。该广告在业界引起轩然大波。西王马上将广告改成了“只做非转基因，滴滴珍贵好油”。为了赶超西王，长寿花一狠心，签下了身价与赵薇相当的范冰冰，宣称“玉米油，长寿花有更高要求”。

在销售渠道上，长寿花采取的是以大润发、永辉为主导的商超直营与中小经销商的混合制度，拥有1457名分销商与157名零售商，渠道网络覆盖店面终端在17万家左右。西王则采取了大经销商制，目前拥有600名大经销商，覆盖8.5万家营销网点。

2015年，西王和长寿花小包装玉米油的销量分别为14万吨和17万吨。2016年，西王营业收入为34亿元，净利润1.4亿元。长寿花营业收入为32亿元，净利润2.6亿元。西王和长寿花的收入分别是2009年的3.4和2.8倍。

有意思的是，西王和三星的玉米油厂址位于西王村的同一个工业园，在地图上直线距离仅2.8千米。双方高层管理人员均姓王，同村年轻人皆在两家企业上班，彼此办公楼的外观和官网设计风格也别无二致。而这个小村庄里的两个小油厂互掐十多年的结果是，把玉米油这个小油种做成了大产业。

西王村在2010年被中国食品工业协会评为“中国玉米油城”。西王村所在的邹平县于2016年被中国粮油学会命名为“中国玉米油之乡”。邹平县年产玉米油55万吨，超过全国玉米油产量的三分之一。在中国，玉米油也已超越了花生油，成为小包装油市场上仅次于豆油、调和油和菜籽油的第四大油种。而西王和长寿花作为玉米油龙头企业，已有赶超金龙鱼玉米油的趋势。

青岛卖油郎

紧接着植物甾醇玉米油之后，益海嘉里于2010年连续推出谷维多稻米油、古法小榨花生油和深海鱼油调和油等三个新品。

花生油市场，一直是金龙鱼的心头痛。虽说益海嘉里旗下有金龙鱼和胡姬花两大花生油品牌，但双品牌运作并未形成合力，反而构成掣肘。作为一个主打1∶1∶1的综合性品牌，金龙鱼的花生油在消费者眼里不够专业，根本不是鲁花的对手。而作为专业花生油品牌胡姬花，本来有希望一拼。事实上，胡姬花在山东市场曾长期领先于鲁花，但最终的表现还是差强人意。问题出在哪儿呢？

在益海与嘉里合并前，胡姬花与金龙鱼是完全分开操作的。胡姬花有专职销售队伍，并开发独立的经销商。而且在不少市场上，胡姬花对鲁花形成的重大威胁。可惜，在益海与嘉里合并后，益海嘉里把各企业品牌的管理权限收归集团，胡姬花的销售队伍也并入金龙鱼。结果，胡姬花被淹没在金龙鱼的光芒之中，首先是很多经销商不买账，其实自己的销售团队也不乐意。卖金龙鱼多轻松啊，何苦要去辛辛苦苦推广胡姬花？

值得一提的是，即使在花生油这么个竞品强势的领域，益海嘉里仍然推出了一个相当有竞争力的产品，那就是2010年5月出品的胡姬花古法小榨花生油。胡姬花古法小榨花生油的5L规格，定价在158元。而当时市场最主销的花生油，定价也不过在99元。

吃花生油吃的就是个“香”字，但不同压榨工艺生产的花生油的“香”是有很大差别的。花生油的压榨工艺有两种，一种是把花生炒后去榨，另一种是把花生蒸了再榨。前者焦香、量少、成本高，后者甜香、量多、成本低。一般花生油都是用10%左右的炒香花生油与90%左右的蒸香花生油调配出来的。如果要想做到最香，那就用青岛本地所产的品质最好的花生原料，100%翻炒后，再用小榨机压榨出来。小榨工艺作业精细、产量稀少，非一般大规模生产的压榨工艺所能比拟，故能成就古典花生醇香。胡姬花古法小榨花生油传承1918年古法小榨技艺精髓，历经将近一个世纪漫长岁月的口耳相传榨油经验，精益求精，产品名称也因此以“古法小榨”命名。

有了好的产品品质，还需要有好的产品包装。在消费者的观念里，只有用传统的、手工的方式做出来的食品，才有自然的、本真的美好风味。古法小榨技艺无疑是很传统的工艺，问题是该采用何种包装方式来体现出其“传统感”，以迎合消费者的这种心理。

如图12－1所示，胡姬花古法小榨花生油的瓶型，呈现出一个古代木桶的造型。在产品瓶标上，展示的是一个戴着瓜皮帽，身着短打的卖油郎正在倒油的情形。卖油郎一手持油勺，一手持油罐，神情专注、面露微笑，让人仿佛回到一个世纪前的民国时期，领略当时青岛的街头市景。街边传来卖油郎欢快的叫卖声：“青岛郡、佳产地，小榨技、见精细，全烘炒、得醇香，不添加、纯无杂，依古法、妙储藏。”

图12－1　胡姬花古法小榨花生油宣传海报

当年，笔者具体操作胡姬花古法小榨花生油上市的具体事宜，少不了要对分公司的销售同事和经销商的业务队伍做大量的培训。每次培训，我最喜欢提的一个问题是：胡姬花推出古法小榨花生油这么一个高端产品，鲁花会不会也跟着推出一个高端花生油产品？

市场中大多数商品品类，销量大致呈现出一个正三角形的产品分布图，即处于金字塔顶端的高端产品，价格高但销量小，处于金字塔底端的产品，价格低但销量大，而居于金字塔的腰部的产品，价格不高也不低，销量不大但也不小。可是，花生油市场却是一个例外。除了一些小众的有机花生油、冷榨花生油、高油酸花生油外，在大众花生油产品中，鲁花花生油不仅卖得最贵，销量也最大。它仅仅依靠“5S压榨一级花生油”一个产品，就把花生油市场做成了一个倒三角形的市场。

鲁花把花生油产品做得这么成功，那么问题就来了。如果鲁花眼馋胡姬花古法小榨花生油的热销，也想推出一个类似价位的顶级花生油产品，它所要面对的问题将是：消费者已经认可鲁花5S压榨一级花生油是最好的花生油产品了，鲁花要怎么否定自己，让消费者相信其实还有比这个产品更好的花生油产品呢？

如果鲁花做不到，那就意味着，在同等价位的超高端花生油市场上，胡姬花古法小榨花生油基本没有竞争对手。

未能发生的鱼油和藻油之战

2010年，金龙鱼本来要推DHA藻油调和油。结果消息外泄，福临门于3月份抢先将“谷物多DHA植物调和油”推向市场，这离国家卫生部批准藻油作为新资源食品后还不到1个月。金龙鱼不得不临时调整方向，改推深海鱼油调和油。

7月，金龙鱼深海鱼油调和油强势上市。

金龙鱼根据《中国居民膳食营养素参考摄入量》中关于膳食脂肪酸的建议值与《中国居民营养与健康状况调查》中相关数据，精选玉米油、花生油、大豆油、菜籽油、葵花籽油、橄榄油等九种植物油精华，同时添加进口深海鱼油，研发出深海鱼油调和油。产品所含鱼油通过美国药典认证，鱼油的重金属检测结果符合欧盟标准，优于国际DHA/EPAω-3脂肪酸协会标准。

该产品富含 DHA、EPA 和 ALA 等三大营养成分。其中，DHA 和 EPA 平均含量达到 4000ppm。DHA 俗称“脑黄金”，能促进人体大脑及视神经发育。EPA 俗称“血管清道夫”，降血脂、预防心脑血管疾病及抗炎作用功效明显。配合膳食，金龙鱼深海鱼油调和油可帮助人体达到美国医学研究院提出的成年人每天摄入 160 毫克 DHA + EPA 的建议值。

除了有助人体补充 DHA、EPA 和 ALA 外，添加深海鱼油调和油还能帮助人体摄入的饱和脂肪酸、单不饱和脂肪酸、多不饱和脂肪酸达到 1∶1∶1。通过提升 ω－3 摄入量，使得（ω－6）∶（ω－3）达到（4～6）∶1 的均衡比例。

上市之前，该产品被公司上下普遍看好。深海鱼油的保健功能众所周知，不需要对消费者进行教育。产品定位及包装都经著名 4A 广告公司精心打磨。经销商也普遍看好该产品，积极配合进货和铺市。产品上市后，益海嘉里即在央视、卫视等推出高频次、大力度的电视广告，报纸软文铺天盖地，终端堆头比比皆是。可是，产品上市一段时间后，销量却与预期有很大的差距。原因是，消费者说这油不好吃，觉得每盘菜都带有鱼腥的味道。

吊诡的是，产品选用的鱼油已经过加工，完全是没有鱼腥味的，而且产品本身还添加了一定比例的花生油，闻起来带有浓郁的花生香味。那么消费者何以还认为用金龙鱼深海鱼油调和油炒菜会带有鱼腥味呢？

最后的结论是消费者的心理作用！深海鱼油调和油产品的深蓝色调及宣传画中的大群深海鱼类，虽然强化了这款产品的鱼油保健功能，却也加深了消费者对鱼腥味的担忧，在心理感觉上觉得菜里有一种说不清的怪味。消费者这一心理感受是益海嘉里始料未及的。最终，这款被寄予厚望的金龙鱼深海鱼油调和油败走市场。而福临门 DHA 藻油调和油在 2011 年 11 月，与中国航天基金会进行了战略合作签约，被列为首款“中国航天专用调和油”，最后也虎头蛇尾，不了了之了。原本业界期待的鱼油和藻油的精彩大战还未开始，就已草草收场。

我们看到，金龙鱼在中国食用油市场的竞争模式，主要是在低端产品拼价格，中端产品拼广告，高端产品拼技术。2010年，益海嘉里的金龙鱼和胡姬花品牌，在玉米油、稻米油、调和油和花生油等多个领域展开了凶猛的营销攻势，电视上充斥着益海嘉里各个食用油新品的广告片，包括：金龙鱼植物甾醇玉米油的“胆固醇、我不怕”，金龙鱼谷维多稻米油的“还原稻米精华、3重对抗亚健康”，金龙鱼深海鱼油调和油的“深一层营养、多一层平衡”与胡姬花古法小榨花生油的“只可传承、不可超越”，让人目不暇接、眼花缭乱。面对金龙鱼发起的这场小包装油营销战，鲁花、福临门、多力、西王和长寿花等多个品牌积极参战。至此，中国食用油市场品牌基本形成2∶5的对峙局面。

第十三章 发改委不准"油它去"

补贴为王，引虎出山

2007 年 10 月，发改委和商务部出台新修订的《外商投资产业指导目录》，不再将"蛋白饲料的开发、生产"列入鼓励外商投资产业目录，明确要求"大豆、油菜籽食用油脂加工"必须由中方控股。

2008 年 9 月，发改委出台《促进大豆加工业健康发展的指导意见》，提醒"大豆油脂加工项目按照《外商投资产业指导目录》执行"，并强调"外商兼并、重组国内油脂加工企业，严格按照国家有关外商投资的法律法规及外商投资产业政策办理。"为防止垄断，"单个大豆油脂加工企业（集团），实际大豆年加工量达到全国总量 15% 以上，原则上不再准予其新建和扩建大豆油脂加工项目。"这条规定背后的含义很有意思。它说明，大豆压榨行业是个分散型的行业，排名第一的企业，市场份额也从来没有超过 15%。

不过，当时益海嘉里已经完成了全国工厂布局，上述政策对它的影响不大。中国香港来宝集团也"在大门再次关闭"之前，在重庆、山东、广西和江苏南通等地抢购了一批大豆压榨厂。但嘉吉、邦吉和路易达孚等外资粮商的扩张就此受到了很大的限制。

2008 年，外资在中国油料加工能力上占比为 29%，到 2014 年下降到了 23%。这说明发改委的政策发挥了一定效力。

发改委一手紧急按住了外资，另一手则对国产油料及粮食央企进行大力扶持。

一个国家要解决粮食问题，无非是国内自给、战略储备和稳定进口三条路子。在这三个方面，中国政府分别放出三个大招。在这里，我们先讲两个大招。

第一招，补贴为王，支持大豆、油菜籽、花生和油茶籽等国产油料的发展。

2008 年初，国务院决定将东北三省和内蒙古种植高油大豆的良种补贴规模扩大为 2007 年的 4 倍，补贴资金增加到 4 亿元，补贴面积增加到 4000 万亩，占全国大豆播种面积的三成。不过，一亩 10 元的良种补贴作用很有限，中国大豆产量仍在持续下降。

8 月份，菜油价格暴跌，国家首次启动油菜籽托市收购政策，并连续执行了 7 年。先是由中国储备粮管理集团有限公司（以下简称“中储粮”）委托油脂加工企业，按照国家规定的价格收购油菜籽，并加工成菜籽油充实中央储备。为了减少储备压力，次年政策调整为，油企按照国家定价收购油菜籽，加工成菜油后自行销售，自负盈亏，中央财政给予 200 元/吨加工费用补贴①。这份可享受补贴的 100 多家企业的名录里没有一家外资企业。

2009 年 6 月，温家宝视察山东。孙孟全向总理提议，通过良种补贴，让老百姓每亩花生增产 100 公斤，能帮助农民增加不少收入。温总理当即

① 2009 年 5 月 27 日，发改委下发《关于做好 2009 年油菜籽收购工作的通知》（发改经贸［2009］1362 号）。

给予答复：“不给花生农民补贴是不公平的，今年来不及的话，明年一定要给花生农民补贴。”随后，财政部、农业部成立联合调研组，多次到鲁花进行实地调研，认真听取鲁花的建议，为国家出台花生补贴提供了决策依据。次年1月，“实施花生良种补贴试点”“大力发展油料生产，加快优质花生生产基地县建设”等与花生相关的强农惠农政策首次列入中央一号文件。

国家最重视的还是茶油。油茶可以种在山上，不与粮食争地，还能改善生态环境。当时，中国油茶面积约有4500万亩，年产茶油约26万吨。2009年11月，国家发改委等三部委首次下发《全国油茶产业发展规划》，制定了一个宏伟的茶油产业总体发展目标，拟通过新造油茶林及改造现有低产油茶林，到2020年，力争使中国油茶种植总规模达到7018万亩，茶油产量达到250万吨。

与2008年相比，2015年中国大豆、油菜籽、花生和油茶籽的产量增长分别是－24%、23%、15%和118%。除油茶籽外，都没有国产粮食24%的整体增长率高。而且，这几个国产油料的年增长率呈下降趋势，说明增产潜力日益减少。

油茶籽的产量虽然增长了一倍多，但离目标还相去甚远。中国山茶油与南欧橄榄油同样是高端木本植物油，前者的品质还要胜过后者，但发展势头却远远不如后者。究其原因还在于山茶油的成本太高，是橄榄油的两倍。

橄榄树大都是种在平原上（记得我在西班牙安达卢西亚旅游时，感叹车窗外连绵不绝的橄榄树，几个小时都看不到橄榄林的尽头。）因此可以实现机械化养护，而摘果时，车子在橄榄林中穿行，很快就把大量的橄榄果扫进车厢。而中国的耕地比南欧国家紧缺，茶树都是种在山上，什么都得靠人工，效率提不上去、成本降不下来。更重要的是，山茶油的产量太低，一亩高产油茶林每年仅能产茶油100斤，而到了丰产期的橄榄林，一亩能产橄榄油600斤！产量相差如此悬殊，这是山茶油卖不过橄榄油的根本原因。

一招不灵，发改委还有第二招：引虎出山。

2000 年才成立的中储粮，其所肩负的使命，是受国务院委托，具体负责中央储备粮油的经营管理，同时接受国家委托执行粮油购销调存等调控任务。中储粮于 2006 年在东莞建大豆压榨厂，开始涉足粮油加工业务。至 2007 年的镇江厂营业后，一共拥有了 400 万吨左右的年大豆压榨能力。

虽然，国家对粮食进行了大量的储备，但仅仅储备原粮并不能够迅速调节市场价格。于是，发改委有了扶持成品粮及大众消费品牌的想法。

2012 年 1 月，中储粮油脂有限公司高调推出“金鼎”牌小包装食用油，并宣称年内将在华东、华北区域建成 5 万家销售网点，实现 20 万吨的销量目标。金鼎食用油在未来五年产能将达到 100 万吨，销售额 100 亿元，占有 10% 的市场份额。

敢夸下如此海口，自有其背后的实力支撑。金鼎可以从中储粮拿到最低价格的大豆原料。中储粮油脂有限公司副总经理兼营销公司总经理王庆荣称：“中储粮的优势主要在于加工成本可以比益海嘉里与中粮减少 6%。”“金鼎品牌会采取跟随战略，总体价格上我们将会比中粮和益海嘉里低 3% ~5%。”

市场普遍认为，中储粮推出“金鼎”，背后是国资委对小包装食用油的市场价格进行宏观调控。中储粮的高层也称，涉足小包装食用油市场是为了帮助发改委稳定终端价格。

发改委的《促进大豆加工业健康发展的指导意见》，还“鼓励内资企业通过兼并、重组，促进资源整合，培育具有较强竞争力的大豆油脂加工企业（集团）”。

谁也没想到，这项政策任务落在了中纺头上。发改委之所以看中中纺，因其海外贸易能力。大豆的上游采购一直是中国油脂企业的短板。而从 2008 年开始，中纺成了中国最大的大豆进口贸易商，进口大豆数量占全国大豆进口市场份额的 10% 左右。

2008年底，中纺迅速并购了9家大豆压榨和精炼企业，包括东莞盈丰油粕、沈阳金豆、福建金石、大连连王、湛江华农和湛江富虹等，并以租赁和委托加工的形式获得另外两家具有加工能力的油脂企业。其大豆压榨能力很快就超过九三，让业内人士为之瞠目。中纺随即被列为4家中央直属粮食企业之一，实现了粮油与纺织两大主业并重。

中纺想打通从大豆贸易、压榨，到终端品牌推广的整个食用油产业链。于是，中纺的"金石"等小包装食用油品牌在辽宁、四川、福建等区域市场开始铺货。

可惜老百姓并不买账，低价策略并没有带来预期的成功。根据某经销商的说法，尽管金鼎价格上更便宜，但顾客觉得金鼎和金龙鱼、福临门并不是同一等级的产品。

中粮也闻风而动。2009年3月，中粮斥资40亿元，在天津打造中国北方最大的粮油加工基地。中粮的大豆压榨产能，至此超过了每年1000万吨大关。

另外，中粮也开始要在大米业务上发力，不敢让益海嘉里在中国大米市场上独美。2013年，中粮击败中储粮，收购中国华粮物流集团公司。中粮、中谷、华粮3家粮食央企"三粮合一"，让中粮也成为国内最大的粮油贸易商，实现了粮食内贸、外贸、物流业务的统一。

至此，中国政府扶持了中储粮、中纺和中粮三大央企粮油巨头，一块参与粮油市场的竞争。而政府和央企粮油巨头对市场的调控能力，在2010年就迎来了一次检验。

突尼斯的水果小贩

石油价格在2009年初最低曾跌到每桶40多美元的水平，随后又开始一步步上扬。2011年初，石油价格又超过了100美元。与以往的石油危机不同，如今的高油价似乎将成为常态。

石油价格居高不下，再次大大刺激了生物燃料的发展。与2008年相比，2012年美国的生物柴油产量翻了一倍，达到38亿升；燃料乙醇产量增长了80%，达到537亿升，接近全球产量的6成。美国燃料乙醇工厂达到204家，产能利用率高达96%，可谓全负荷开工。燃料乙醇在美国汽油产量中的占比达到了25%，使得美国石油的进口依赖从超过60%降到了50%以下。

为什么要通过石油农业把“石油变成粮食”？因为粮食越多就越符合美国的国家利益。为什么又要通过生物燃料产业把“粮食变成石油”？因为提高石油自给率也符合美国的国家利益。总之，粮食是既不能减产、也不能有库存的，必须尽量多生产、尽量多消耗，在生产和消耗的过程中让公司获取尽量多的利润，这才符合资本主义的逻辑。

所以，除非用非粮作物生产生物燃料的技术取得突破性进展，否则，要说生物燃料能解决得了石油问题，那一定是个天大的谎言。在这个“石油变粮食、粮食变石油”的游戏中，少数与粮食、石油和金融相关的利益集团获得了巨额利润，国家和人民并未因此而受益，反而承担了远远超过企业利润的成本。

那些需要进口粮食的国家，也因为这个游戏而受到盘剥。受苦最深的，是全世界那些因粮食涨价而饥肠辘辘的穷人。表面上看，这是一场车主与穷人之争。“世界8亿机动车主将和20亿贫困人口大规模竞争粮食，机动车主想让车动起来，贫困人口仅仅想吃口饭活下去。”（美国经济学家布朗）实际上，这场粮食危机是那些为了将自身利润最大化的利益集团，人为制造出来的。

生物燃料在2012年消耗了约2.5亿吨的粮食，世界粮食储备已从2010年的1.75亿吨下降到2012年的1亿吨，仅够全球半个月所需。美国当年生产的3.28亿吨玉米，有高达40%的比例用于生产乙醇，仅此一项，就相当于消耗了4亿人的口粮。全球所有生物燃料消耗的粮食，可以养活8亿人口。

“饥饿是许多原因造成的，缺乏食物不再是其中的原因。”地球上再生产更多的粮食，只要穷人买不起，就仍然会挨饿。在资本主义的逻辑下，粮食增产与减少饥饿一点儿关系都没有。如果没有利润，公司宁可把粮食拿去喂禽畜、“喂”汽车、喂宠物，也不会给穷人吃。禽畜、燃料和宠物，都能为公司贡献利润，而穷人不行。所以动物和汽车都有粮食吃，而穷人没有粮食吃。

饥饿不关公司的事，饥饿只与国家有关。国家要负责二次分配，让穷人吃饱肚子。国家有义务让自己的人民免于饥饿，而人民也应享有免于饥饿的权力。但是，一个不曾工业化，或去工业化了的国家，往往是没有能力让所有人民吃饱肚子的。如果发展中国家没有能力，或者没有意愿解决贫困人口的问题，而发达国家有施舍的权力、没有援助的义务，甚至像美国这样不怀好意地将粮食作为控制世界的工具，那么，全球粮食生产得再多，这世界上也会有人挨饿。

在2010年底，突尼斯一个卖水果的小贩，穆罕默德·布瓦吉吉，觉得自己要活不下去了。

布瓦吉吉三岁丧父，十二岁开始就担负起奉养母亲和养育5个弟妹的重任。2010年12月17日的这一天，26岁的他在西迪布吉德街头贩卖水果。几个警察拿走了他的几箱水果和秤，并用警棍把他打倒在地。一个女警察当众扇了他耳光。这对一个穆斯林男人来说，可是奇耻大辱。布瓦吉吉去向政府投诉，但没有人理睬他。警察敲诈无证小贩，在当地是家常便饭。从布瓦吉吉还是孩子起，警察就几乎每天都欺负他。6个月前，还曾给他开出过400第纳尔（约人民币1900元）的罚款——相当于他要用两个月才能赚来的钱。不过，这一次，布瓦吉吉不再打掉牙齿和血吞，他来到市政大楼前自焚抗议，并于两周后不治身亡。

这一事件引发了突尼斯全国范围内的大规模社会骚乱，许多抗议者在与军队的冲突中丧生。骚乱很快漫延到其他阿拉伯国家，包括埃及革命、利比亚战争、也门起义、巴林示威、叙利亚内战等。大体来说，穷国革命但富国稳定，各阿拉伯石油国家开闸撒币，受到的影响相对较小。阿拉伯之春引发的政治动荡到2012年初基本结束。这些事件造成140多万人死亡，1500多万人沦为难民，基础设施损失达到9000亿美元。

不无巧合的是，这段时间正好是全球食品涨价的高潮阶段。食品大涨价是阿拉伯之春的导火索。粮食危机造成饥饿，饥饿造成革命。物价大涨、社会不稳，全球许多国家都陷入动荡不安，如希腊和吉尔吉斯发生反政府示威，甚至连英国伦敦都发生骚乱。

全球物价发烧，中国也跟着打喷嚏。老百姓颇有怨言，“油它去”“蒜你狠”“豆你玩”“姜你军”“苹什么”“糖高宗”等成为那些年的流行词。

周立波曾经抛出“大蒜咖啡论”，称南方人听的海派是咖啡，北方人听相声是吃大蒜。网民提醒周立波说，大蒜贵过咖啡了。

放龙入海

2011年1月26日，春节前夕，一份标有“特急”的红头文件下发到了中储粮、中粮、益海嘉里、九三粮油、中纺和三河汇福粮油等几家企业。文件是由国家发改委、粮食局和财政部联合下发的，标题为《关于下达国家临时存储食用油和大豆定向销售出库计划等有关问题的通知》。《通知》决定向指定骨干企业定向销售国家临存菜籽油45万吨、大豆33.5万吨。这些原料将按照菜籽油8900元/吨、大豆3500元/吨的价格销售给各个企业，而当时大豆的市场价格已经高达4300元/吨左右，中间有约800元每吨的价差。

该文件还要求，在3月底前，各指定企业小包装食用油出厂价格、重点市场批发价格和直供超市零售价格均不得上调，各品种的出厂价格也均不得高于相应最高限价水平。以豆油为例，最高限价为9400元/吨。这一限价比市场价格每吨至少要低2100元。

具体分配数量引发多数企业的不满。一是杯水车薪，远远不够市场所需。二是亲疏有别，并未按照市场份额公平分配。三是大家都希望尽量多拿大豆。

其实，限价早在2010年12月就已经开始。2011年1月，许多中小油厂停厂，益海嘉里的小包装油销售“被增长”，同比销量提高了一倍多，亏损不低于9亿元。限价只限小包装油、不限散油。严重的价格倒挂让市场上出现了一个滑稽的现象。有人从批发市场、超市等终端大量购进小包装大豆油，直接去掉包装桶，倒进散装油桶，当散油卖掉，这样就能赚取散油和小包装之间高达2100元/吨的差价。整个行业被限价政策给搞乱了。

同期，发改委、国家粮食局等部门向中粮、五得利等15家面粉企业定向销售小麦原料，价格要比市场价每吨优惠100元左右，而条件同样是要求这些企业的产品短期内不得涨价。

2012年7月24日，新一轮的食用油涨价潮一触即发之际，国家发改委二度“约谈”中粮和益海嘉里，希望两大巨头能够保持国内食用油价格的稳定。此前，鲁花花生油在北京地区提价了15%，益海嘉里旗下金龙鱼花生油与中粮旗下的福临门花生油也各有8%～10%不等的涨价。最终，政府还是通过给企业一些补贴的方式，让企业稳住食用油的价格，度过这次涨价风波。

市场表现说明此前的努力未达预期效果，中国政府又放出了第三个大招：放龙入海。“鼓励和引导企业走出去，开拓国际资源”。让中粮海外并购，拓展粮源。

在2014年3～4月，中粮连续对荷兰尼德拉（Nidera）[①] 和中国香港来

---

① 尼德拉于1920年成立于荷兰鹿特丹，其优势在于对一手粮源的掌控和南美市场领先的种子业务。通过提供种子、化肥和农药换取 HYPERLINK“http://finance.sina.com.cn/money/future/quote.html? code = A0” \ t“http://finance.si2/_blank” 小麦、玉米的易货贸易模式，尼德拉在巴西、阿根廷与农民和当地合作社建立了良好的关系从而锁定了粮食供应，2012年实现产地收购量超过1100万吨。尼德拉拥有全球范围内独立经营的种子资源库。目前，尼德拉在18个国家设有办事机构，产品销往全球60多个国家。

宝农业（Noble）[①] 进行大并购。在一个月之内，中粮分别掏出 12 亿和 16.4 亿美元，买下尼德拉和来宝农业各 51% 的股份，创下了中国粮油业有史以来海外并购之最。并购后，中粮对这两家公司所实现控股的总资产价值约为 110 亿美元，使中粮在巴西、阿根廷、黑海地区、印尼等世界粮油核心产区拥有了优质资产。这是宁高宁真正的大手笔。

通过尼德拉和来宝农业遍布全球粮食主产区的贸易网络和经营能力，中粮在全球最大的粮食原产地和拥有全球最大粮食需求增量的亚洲新兴市场之间建立起了一个稳定的粮食走廊，再与中粮在国内的港口码头、加工物流、品牌渠道相结合，全球的粮食产地到中国消费者的餐桌之间变得天涯咫尺。

2015 年 12 月，中粮再斥资 7.5 亿美元，低价收购了宝农业剩余 49% 的股份。中粮来宝农业被更名为中粮农业。

对于金龙鱼来说，市场地位已经稳固，不必担心与鲁花、多力等小包装油品牌的竞争。政府的价格行政干预，也只是短期行为，不会让金龙鱼伤筋动骨。真正能让金龙鱼害怕的，是那看不见、摸不着的网络谣言。

2010 年，在金龙鱼深海鱼油调和油刚刚上市，上海世博会还未结束，全球新一轮粮食危机的高潮即将到来之际，一个广告人在电脑前操纵鼠标，点下屏幕上的一个“发帖”小按钮，一篇标题带有“金龙鱼”三个字的长贴瞬间被发送到某个论坛上。这篇帖子所带来的巨大冲击，连始作俑者当时也可能没有预料到。

① 来宝农业前身为来宝集团农业板块，成立于 1998 年。来宝农业在 2002 年通过收购全球谷物贸易公司 Andre&Co 亚洲业务起家。过去几年，来宝农业通过集中新建和收购，在以南美、黑海为代表的粮源产地和以亚洲为代表的终端市场均布有油脂压榨厂和精炼厂，全球粮油加工能力有较强基础。来宝农业的大豆、糖、咖啡等产品在南美和全球市场有一定份额。目前，来宝农业在全球 60 多个国家和地区设有办事机构。

第十四章 伸向金龙鱼的网络黑手

义愤填膺的策划总监

在2010年5月底，一场公关大战悄然揭幕。

5月28日，光明网和新民网刊登转载自《东方早报》的文章：《藻油DHA优于鱼油的N个理由——“专家谈福临门‘护脑’调和油中的智慧元素”》。

6月2日，各大网站转载一篇《现代妈妈育儿经：科学选购奶粉》，引导消费者购买含有藻油而非鱼油的奶粉。

7月13日，《生命时报》刊登《深海鱼油市场鱼龙混杂，所含EPA存在巨大隐忧》的文章，文章无人署名。两天后，《东方早报》等平面媒体及新浪、网易、搜狐等各大网站转载。网络转载除全文照登外，还添加了一句话：“添加深海鱼油的产品有伊利QQ星、金龙鱼、安利深海鱼油胶囊”。被点了名的伊利深感不安，开始公关行动，要求各网络媒体删帖。

7月21日，各种育儿论坛、天涯、猫扑、各大门户论坛开始转载此前的新闻，并且出现攻击伊利的帖子。例如，《抵制伊利集结号，用我们的行动救救孩子》《伊利 QQ 星深陷鱼油门，罪有应得的结果》等。百度知道、天涯问答、搜搜问问等维基类论坛也开始有指向伊利 QQ 星含有 EPA 的问答。

7 月 30 日，伊利正式报警。网上出现了伊利反击的帖子，意图引导用户认为藻油 DHA 才会对儿童和婴儿身体不利。

10 月 20 日，与 × 牛乳业合作的某公关公司创始人杨某某被警方带走调查。伊利在其网站上登出了《伊利集团就“竞争企业恶意攻击事件”的说明》，声称 × 牛恶意损害其产品和品牌。

10 月 22 日，内蒙古呼和浩特市公安局宣布，涉案的四名犯罪嫌疑人，× 牛乳业儿童奶负责人安某、北京某公关顾问有限公司赵某、郝某某和马某已被检察机关批准逮捕，北京某网络营销顾问有限公司李某某、张某 2 人在逃。警方称，安勇等涉嫌损害商业信誉、商品声誉罪一案正式破获，目前没有查出证据证明此案存在更深层次的背景，而仅是 × 牛乳业个别员工串通公关公司的个人行为。随后，× 牛乳业发表声明，除去“深表歉意”，他们强调，此事和公司无关，相关人员安某已被除名。耐人寻味的是，× 牛乳业的声明中提到，近年来，× 牛乳业也曾多次遭遇类似的诽谤事件。

这场公关大战让金龙鱼心惊肉跳。但事件最终证明，伊利和 × 牛等相关乳品企业才是主角。金龙鱼只是因为深海鱼油调和油产品而“被站到了”鱼油阵营，不幸躺枪。

与此同时，另一起直接针对金龙鱼品牌的恶意网络攻击开始启动。

2010 年 9 月中旬，天涯、搜狐等网站的论坛出现了一篇题为《金龙鱼，一条祸国殃民的鱼!》的文章。该文称金龙鱼食用油利用“有害的”转基因大豆，“毒害”国人的身体健康，呼吁网民抵制金龙鱼。短短一个多月时间，该文章的浏览、跟帖、回复次数达 80 万之多。更可怕的是，这篇文章在各个 QQ 群中以疯狂的速度传播。网络发帖可以通过公关手段删掉，但 QQ 群里的自发传播则完全失控，没法制止。

益海嘉里通过南海油脂于10月11日向深圳南山公安分局报案。

南山公安分局认定这起事件是利用网络散布谣言损害企业商业信誉案，并很快锁定撰写网帖的犯罪嫌疑人——北京一家公关公司的策划总监郭某。10月23日，郭某在北京被抓获。11月30日，郭某因涉嫌损害商品声誉罪被南山区检察院批捕。

2011年6月3日，南山区人民法院开庭审理此案。被告人郭某当庭否认指控，称自己发帖是为了警醒网民注意转基因食品的潜在危害，呼吁政府部门停止转基因商业化步伐，是为公众利益呼吁。对于将矛头指向金龙鱼的原因，郭某称这是因为金龙鱼是国内大转基因食用油生产商之一。

作为金龙鱼一方的法律代理人，北京市德恒（深圳）律师事务所的黎律师表示，文章中对转基因的描述并未根据科研成果，而是自行表述了数项错误事实，包括不能生育、“断子绝孙”等结论性陈述。文章结尾还反问：“你还买金龙鱼调和油吗？你还敢吃吗？”此外，文中还指责金龙鱼大豆油在生产中产生铅汞残余和反式脂肪酸，二者属于强烈致癌物质。黎律师表示，在庭审中检方已出示证据，证明金龙鱼产品历年来未检出汞和反式脂肪酸，铅含量始终低于国家限制标准。

“840字的文章，其中14次提及金龙鱼。帖子分为多个自然段，每个自然段均以金龙鱼开头。”据此，黎律师认为，“全文是把金龙鱼作为宣告危害结论的目标。”

郭某的辩解未被法院采纳。7月14日，南山区人民法院做出一审判决，认为郭某捏造并散布虚假事实，损害他人商品声誉，情节严重，已构成损害商品声誉罪，判处其有期徒刑一年，并处罚金1万元。法院在判决书中称，深圳市计量质量检测研究院出具的检验报告证实，南海油脂生产的金龙鱼二代食用调和油等产品合格。

郭某到底为什么要发布这篇博文？

根据深圳南山区人民检察院提起的公诉显示，2010年8月，郭某所在的北京赞×营销管理咨询有限公司（简称“赞公司”）与×花公司（简称

“花公司”）签订《营销策划咨询协议》，花公司支付 180 万元委托赞公司提供“×花坚果调和油营销整合服务”，赞公司指派郭某负责此项目。接手项目后，郭某带领项目团队根据花公司的介绍，提炼出其主要竞争对手金龙鱼的很多“缺点”，于是撰写那篇题为《金龙鱼，一条祸国殃民的鱼!》的文章，于各大论坛及自己的 QQ 博客上发表。

在本案中，花公司的角色有些微妙。尽管不在被诉之列，但其与赞公司的合作是不争的事实。花公司是否是攻击金龙鱼的幕后推手？对此，郭某的说法前后不一。有消息称郭某此前曾承认自己发帖时与花公司方面有过交流沟通，但之后又否认了。郭某最后辩称，赞公司与花公司之间签订的协议和他没有关系。他作为公司总监，与任何项目都不挂钩。他虽然与花公司有工作关系，但绝不是因为经济利益帮助花公司打击竞争对手。发帖是出于社会公益的个人行为，完全基于事实，不是捏造。而从法院的判决来看，花公司和赞公司也似乎逃脱了干系。

在一份案件的受害方南海油脂向办案公安机关（南山分局招商派出所）的建议书中明确提出，花公司与金龙鱼在食用油市场是最直接竞争者，花公司相关工作人员也有涉案嫌疑，希望警方能查清花公司相关人员和赞公司董事长路某在事件中的作用和责任，并希望由此证实花公司与赞公司之间“存在共同犯意”。郭某的辩护律师也称，在公安机关原本的起诉意见书中，曾经有追究路某刑事责任的内容。

黎律师则透露，办案期间，路某也一度被羁押约一个月，后被取保候审，但在第 2 次补充侦查中，警方未将其列入起诉被告名单。最终，路某出现在证人名单中，赞公司和花公司也未被起诉，被告只剩下郭某一人。

这一幕似曾相识。在去年轰动全国的×牛恶性公关案件中，六名来自×牛和公关公司的当事人获刑。不少法律界人士认为，×牛一案中当事人的行为显然属于职务行为，但两家涉案公司最终躲过一劫。

虽然涉案人员已受到应有的处罚，但该事件对金龙鱼品牌形象造成的损失是不可挽回的。而且，即使当事人已被抓获和判刑，帖子的内容被法院认定为谣言，但这篇帖子就像已经失去控制的病毒一样，自己能够寻找宿主，不断复制繁衍，在各个 QQ 群中辗转游荡，阴魂不散。在微信时代来临之后，这篇帖子又被转移到各个微信群中继续流传。只要有读者相信其内容，这篇帖子就不断地自我复制和流传，对金龙鱼品牌产生持续的伤害。据估计，这篇文章至少获得了数千万的转发量和过亿次的浏览量，给益海嘉里造成了数亿元的经济损失。

许多网络谣言，在网上流传过一段时间后就自行烟消云灭。为什么这篇文章能有如此强大的生命力？这是因为，这些年，关于转基因的争论一直没有平息，一直没有定论。在这个大背景下，作为最大的“转基因食品生产商”，即使金龙鱼产品中不可能被检出任何转基因成分，仍然注定要被一次次地放在聚光灯下进行拷问。

71位律师“为民请命”

2014 年 5 月 14 日，人民网重磅发布题为《地沟油去哪儿了？起底京畿地沟油黑色产业链》的报道。该报道称，记者经过历时一个多月的暗访，发现大量经过提炼加工的地沟油，从河北石家庄深泽县耿各庄，经过专门的运输车辆，运到了金龙鱼在天津保税区津滨大道的生产基地——嘉里粮油（天津）有限公司（以下简称天津嘉里粮油）。而该公司隶属于益海嘉里集团。记者已将上述信息向北京、河北、天津的公安机关及工商部门进行举报。该报道一石激起千层浪，“金龙鱼使用地沟油”的负面消息广为流传。

在“金龙鱼使用地沟油”的报道出来后，天津港保税区管理委员会、食品药品监督局、工商局、质量技术监督局和公安分局等部门立即展开了调查。5 月 16 日下午，各相关部门联合召开记者发布会宣布：“相关媒体报道有误，将‘嘉里油脂化学’与‘嘉里粮油’混为一谈。”

在发布会上，天津港保税区卫生监督管理服务中心主任介绍，“地沟油”的报道称有地沟油加工厂运油车辆于3月19日16点左右从河北运油进入天津嘉里粮油厂区，油罐车牌号为“津B－8520”，车上标有“金正阳物流”字样，车载油罐上标有“食用油”字样。执法人员调阅了相关的资质证明、原料采购、生产、销售和库存记录、入灌检验报告和相关制度规程等，报道车辆运输的油品，是嘉里油脂化学工业（天津）有限公司（以下简称嘉里油脂化学）从石家庄市鑫海油脂有限公司购入的牛羊油。

天津滨海新区食药保税分局也对此事件进行说明。天津嘉里粮油和嘉里油脂化学都隶属于益海嘉里集团，前者主要生产食用植物油，后者主要以废弃油脂为原料生产皂粒、脂肪酸等产品。两家公司是完全独立的企业法人，前者位于天津港保税区津滨大道158号，后者则是95号。储存地沟油的嘉里油脂化学T92001油罐专门用于存储化工生产使用的牛羊油原料，与其生产车间采用封闭管道相连接，其设备不具备转移生产食用油品的可能性。

对此，深陷“地沟油”报道困扰的益海嘉里表示，其已向人民网及人民网的主办单位人民网股份有限公司发出了正式的律师函，明确要求人民网应当立即纠正错误报道，并向社会公众说明真相，避免事态进一步扩大。否则，将向人民法院提起诉讼，以维护自身的合法利益。益海嘉里的诉讼请求，除要求道歉之外，还提出了一个亿的名誉权损失索赔。

5月20日，人民网在其首页刊登《更正》，采访记者承认此前报道涉及嘉里粮油（天津）的内容有误，并向金龙鱼母公司益海嘉里集团道歉。

在这一起记者搞错了工厂大门的乌龙事件得到圆满的解决之后，刚歇了口气的金龙鱼，又得应对一大波来袭的关于转基因标识的诉讼。

2014年8月，因为质疑金龙鱼在转基因食用油标识上做得不够清晰醒目，损害了消费者的知情权，某律师向福建福州仓山区法院提起诉讼。

她在《民事起诉状》中叙述了诉讼理由：“原告前往第一被告处购买食用油……许多商家生产的食用油都在商品标签的显要位置标注了醒目的‘非转基因’标识，有的还在油瓶的瓶颈处加挂了一个‘非转基因’的特别标识，于是观察了同一商家生产的同样品牌但未标注‘非转基因’标识的食用油，发现这些食用油多为转基因产品，但未像‘非转基因’产品那样，在显著位置以醒目的文字标注‘转基因’标识，只是在产品配方中标明含有转基因成分。”

该律师认为，金龙鱼生产商在转基因食用油的产品标签上以不醒目的文字标注“转基因”成分，不仅是在刻意隐藏产品原料为转基因大豆、菜籽的事实真相，让消费者难以发现其是转基因食品从而选择购买，同时也是欺骗有关部门的检查和躲避公众的舆论。而销售商明知涉诉转基因食用油对“转基因”标识的标注不符合规定，但仍加以采购和销售。

她要求判决“确认金龙鱼牌黄金比例食用调和油商品标签上标注的转基因标识不显著，应重新标注后方可销售。”

她强调发起诉讼的初衷，“此举也是为了保障消费者的知情权和选择权。”

另一位提起类似诉讼的律师称，“不在乎官司的输赢，也不在乎是否被公众误解为吸引眼球，只是希望能借此引起公众对‘转基因’食品的注意，免受转基因的对身体的危害。”

一时间，全国一共有 71 名同样“不在乎是否被公众误解为吸引眼球”的律师纷纷提起诉讼，免费为了“保障消费者的知情权和选择权”打官司，要求确认商家“欺诈”。

9 月，另一个聪明的许律师，把箭头对准金龙鱼的形象代言人，“羽坛侠侣”林丹与谢杏芳夫妇。利用明星效应，或许更能激起媒体和公众的兴趣?

林丹，来自福建龙岩，羽毛球运动历史上第一位集奥运会冠军、世锦赛冠军、世界杯冠军及多座世界羽联超级系列赛冠军于一身的全满贯球员，被誉为“中国羽球一哥”。谢杏芳也曾经在世界羽毛球女单上排名第一。2012 年底，林丹夫妇一同代言金龙鱼，口号是“冠军家庭的选择”。

许律师声称，“林丹谢杏芳夫妇作为国家级运动员，根据相关规定是不能食用转基因食品的，特别是参赛期间禁止食用。但是二人作为产品代言人，明明不食用金龙鱼转基因食用油，却宣称该产品是他们‘冠军家庭的选择’，这涉嫌向消费者进行虚假宣传和推荐。”

其实，根本就没有什么“相关规定”。金龙鱼作为北京奥运的供应商，其含转基因原料豆油和菜籽油配方的1∶1∶1调和油，顺顺当当地进入了奥运村的食堂，一点儿不影响奥运健儿们在赛场上的出色表现。在奥运会期间，金龙鱼累计向200多个国家和地区，超过10708位北京奥运会选手，提供513000多份北京奥运会健康餐的烹饪用油。

林丹就此事件表示，代言金龙鱼的广告并不存在虚假宣传问题，“我在代言产品之前会谨慎选择品牌，据我了解，金龙鱼是中国食用油行业的第一品牌，曾是中国女子排球队主赞助商、2008年北京奥运会和2011年深圳世界大学生运动会粮油独家供应商，我信赖并且选择金龙鱼”。

林丹透露：“我和家人一直都在使用金龙鱼的食用油，同时还用金龙鱼其他粮油产品，其中也包括转基因原料的。”

最终结果应该是这71个律师始料未及的，中国政府不仅没有支持“醒目标识转基因”，反而禁止“不当标识非转基因”。

中国政府意识到了社会上对转基因的偏见和不当宣传。中国自己也在大力发展转基因技术和推广转基因农产品的种植，并且允许转基因大豆等大量转基因农产品的进口。如果说转基因产品是不安全的，那岂不是在说中国政府不负责任?

2015年1月，农业部科技教育司下发《关于指导做好涉转基因广告管理工作的通知》(农科（执法）函〔2015〕第18号)，通知称：

近年来，转基因食品安全性问题备受关注。在这样的舆论环境中，有的企业利用部分消费者对转基因技术的认知欠缺和焦虑心理，为追求自身利益而不顾市场规则，把“非转基因”作为卖点加以炒作，有的在广告词中使用比较性语言，暗示非转基因更安全。这种做法不仅违背《中华人民共和国广告法》等相关法规，导致行业无序竞争，更加剧了公众对转基因的恐慌情绪。事实上，通过安全评价的转基因产品与非转基因产品同样安全。

《中华人民共和国广告法》第四条规定，“广告不得含有虚假内容，不得欺骗和误导消费者”。第十条规定，“广告使用……引用语、应当真实、准确，并表明出处”。《中华人民共和国反不正当竞争法》第五条规定，“经营者不得采用下列不正当手段从事市场交易，损害竞争对手：……对商品质量作引人误解的虚假表示”。第九条规定，“经营者不得利用广告或者其他办法，对商品的质量、制作成分、性能等作引人误解的虚假宣传”。

为防止误导消费者，为转基因产品与非转基因产品营造公平的竞争环境，引导公众科学理性认识转基因，各省农业行政主管部门要与当地工商、食药等部门积极协调配合，依法加强对涉及转基因广告的监督管理工作。对我国未批准进口用做加工原料、未批准在国内进行商业化种植，市场上并不存在该转基因作物及其加工品的，禁止使用非转基因广告词；对我国已批准进口用做加工原料或在国内已经商业化种植，市场上确实存在该种转基因作物和非转基因作物及其加工品的，可以标明非转基因但禁止使用更健康、更安全等误导性广告词。

目前，使用转基因原料生产的食用油，其实只有豆油、菜籽油和玉米油三种。花生油、葵花籽油等是没有转基因原料的。然而，此前多数花生油和葵花籽油产品都在标签上写着大大的“非转基因”。在农业部发文整肃市场之后，这一现象被遏止。但是，只要关于转基因的争论不停歇，社会对转基因的偏见就不会有根本的改变。

地沟油乌龙事件再起波澜

2017 年 5 月 6 日，一段题为《地沟油被金龙鱼回收，转发出去传播正能量》的视频在各大社交网站上发布。该视频迅速在一些视频网站和新闻客户端发酵，通过微博、微信和朋友圈疯传，给金龙鱼造成非常恶劣的社会影响，同时也给消费者造成极大的安全焦虑，严重扰乱了市场秩序。

该视频其实为上文谈到的人民网《地沟油去哪儿了？起底京畿地沟油黑色产业链》旧闻翻新，假借人民网权威，用新的社交媒体传播渠道，“有图有真相”，激起消费者趋利避害的本能反应，别有用心地制造了这起恐慌。

对此，金龙鱼在官方微博中发布声明。

就最近网络上流传的金龙鱼涉嫌地沟油的视频，我公司声明如下：

（1）该视频是2014年5月14日人民网制作的视频，视频中将运送化工原料的货车误认为是装载食用油的货车。经政府部门2014年5月最终调查确认，该视频中所说的金龙鱼涉嫌地沟油一事纯属子虚乌有，视频的制作记者也在人民网首页就该错误公开道歉。

（2）在该事件真相大白三年后，一些别有用心的人以该视频为基础制造谣言在网络上大肆传播，此种行为已经严重侵犯了金龙鱼品牌的声誉，必将承担严重侵权的责任并已涉嫌刑事犯罪。

（3）我司正告非法制作、传播该谣言的不法分子，我司已经采取法律行动追究你们的违法行为，你们应当立即停止违法行为并向政府机关自首。同时，我司希望广大消费者不要轻信和散播谣言，我司也将一如既往地为广大消费者提供优质健康的产品和更好的服务。

益海嘉里食品营销有限公司 2017年5月13日

5月15日，天津嘉里粮油以有人涉嫌侵害金龙鱼品牌商品声誉罪一案向天津保税区公安分局报案。相关监管部门高度重视、重拳出击，先后赴河南、山东、安徽等地全力开展侦查工作，全力追捕幕后造谣传谣者。

5月24日，中国食品辟谣联盟“亮剑网络食品谣言”暨金龙鱼亮剑计划启动新闻发布会在京举行。针对该视频，金龙鱼方面表示，失实报道源于2014年一则不实报道，已向公安机关报案，并已经证实为网络谣言，央视、人民网、新华网等已发布相关报道进行澄清。“作为行业领军企业，我们非常珍惜消费者的信任，并将始终维护中国食品在国际市场的声誉。”为反击网络谣言，金龙鱼悬赏1000万追讨“地沟油被金龙鱼回收”的网络谣言黑手，并出资3000万设立专项打击网络谣言基金。此举得到国家互联网信息办公室、国家食品药品监督管理总局新闻宣传司及相关协会、企业的积极呼应。

7月3日16点，天津市滨海新区公安局官方微博宣称：关于造谣传谣“地沟油被金龙鱼回收”案件已破获，嫌疑人王某、李某因涉嫌损害商业信誉、商品声誉犯罪，已被刑事拘留，案件正在进一步审理中。

从现实的角度说，像金龙鱼这样的大厂家染指地沟油，完全不具备经济可行性。

首先，地沟油的数量并没有想象的那么多。2010年3月份，有媒体报道称国人一年吃掉300万吨地沟油。按此比例推算，中国人每吃10顿饭，就会碰到1餐地沟油。这引起国人极大的恐慌。不过，这不是真的。只要做一个简单的推算就可以估计出中国地沟油的规模。2010年，中国大概消费了2300吨的包装食用植物油。其中，中包装餐饮用油占1/3。要知道，餐饮用油的大部分都被消费者吃掉了，餐余垃圾里顶多只剩10%的油。而餐余垃圾有很大一部分又被正规厂家回收，因此转做地沟油的不会超过半数。由此，可以估算出一年顶多只能出品38万吨的地沟油（2300万吨×1/3餐饮用油比例×10%餐余垃圾×1/2回收比例=38万吨），就算餐余垃圾中油的比例是20%，总量也只有76万吨，远远没有媒体称的200万~300万吨那么多。

其次，地沟油有地沟油的提炼工艺，食用植物油有食用植物油的提炼工艺。因工艺不同，设备也是不同的。无论压榨还是浸出，食用油生产的前半段工艺都跟地沟油不一样。金龙鱼也好、其他大品牌也好，都是年产几十万吨级别的大规模工业化生产。用同一套生产线，生产食用油的同时还生产地沟油，技术上是做不到的。38 万吨的地沟油分到 34 个省市，平均每个省市只有 1 万多吨。你觉得这些大企业会单独为这点量设计一条生产线吗？没有规模效应的生产，只适合地下黑作坊或不法小厂。

所以，稍微冷静地推理思考下，就会发现金龙鱼用地沟油生产食用油是件不可能的事。但为什么大家会相信这样的谣言呢？一来，这是因为我们社会的整体公信力在下降，人们不知道还有什么东西是可以相信的。二来，在这个快节奏的时代中，人们缺乏冷静思考的时间和习惯，容易被一些伪科学的东西所迷惑。从人造鸡蛋、塑料大米到橡胶面条，这么多神奇的食物都能被想象出来并成为谣言被传播，更何况是技术含量一点都不高的地沟油呢？

作为一个外资品牌的金龙鱼，看起来已经如此强大，但其实它比我们想象的要更容易受到各种非市场因素的伤害。前文中说过，在大豆油等食用油产品的国家标准制定上，已经给金龙鱼带来了转基因标识和浸出标识等困扰。而另一个更重要的调和油国家标准，已经绵延了十多年的纷争，至今未见结束。

第十五章
调和油国标的13年之争

东台工商局的处罚

2012年2月21日，江苏盐城东台市工商局行政执法人员对一家千家惠超市进行检查时发现，金龙鱼橄榄原香食用调和油未标示橄榄油的添加量。该产品名称为“橄榄原香食用调和油”，其标签上有“橄榄”二字，配有橄榄图形，标签侧面标示“配料：菜籽油、大豆油、橄榄油”等内容，吊牌上写明：“金龙鱼橄榄原香食用调和油，添加了来自意大利的100%特级初榨橄榄油，洋溢着淡淡的橄榄果清香。除富含多种维生素、单不饱和脂肪酸等健康物质外，其橄榄原生精华含有多本酚等天然抗氧化成分，满足自然健康的高品质生活追求。”

东台工商局认定该标签不符合《食品安全法》的规定，属于食品标签上特别强调添加某种有价值、有特性配料而未标示添加量的情形，依照《中华人民共和国行政处罚法》和《食品安全法》的规定，对该产品的经销商做出责令改正、没收违法所得2836.9元和罚款57163.1元，合计罚没款6万元的行政处罚。

工商局的处罚逻辑是，你卖的是红烧牛肉面（橄榄原香食用调和油），就该标出到底含了几克几厘的牛肉。

经销商不服，只是牛肉风味（橄榄原香），风味这种东西，既不可能、也不需要标出多少的含量。

工商局称包装上的牛肉（橄榄）画得太大太显眼，还多处用文字强调了的，就得标出含量是多少，否则就是误导。

在随后的行政复议和法院上诉中，盐城市工商行政管理局、东台市人民法院和盐城市中级人民法院先后做出判决，维持该处罚决定。

这份处罚决定在小包装油行业掀起了轩然大波。

食用油本是一种同质化很高的产品。但是，如果将两种、三种乃至更多种食用油调和在一块时，就能变化出无数种的调和油产品出来。这就意味着可以有无数种产品概念，形成差异化的诉求，尽量避免价格竞争。比如，我家卖 1∶1∶1 调和油，你家卖坚果调和油，而他家卖谷物调和油，各自都有自己的生存空间，不必互相死掐。所以，调和油品类极大地拓展了食用油行业的营销空间。

一直以来，市场上的调和油产品，都只在瓶身包装上标注原料成分，但不标注各成分所占比例，因此叫同样名字的产品，其实际配方可能相差巨大。比如花生油含量是 1% 或 15% 的调和油，都可以叫作花生香型调和油。如果未标示花生油的添加量，消费者是无法从产品标签上就看出其差别的。这些随意勾兑、标识混乱、名称繁杂的标签问题，让调和油产品成为被投诉的重灾区。而这一次，并非打假人的投诉，而是工商局的处罚再加上中级人民法院的终审判决。这让其他类似的诉讼有了很重分量的参考依据。

有了这份判决结果，职业打假人如获至宝、奔走相告。一时间，全国各地风起云涌，诉讼不断，一般都是采购了几千元的调和油，再要求 10 倍赔偿。

据不完全统计，在东台工商局处罚案之后，至少出现 8 起因调和油原料成分标识引发的投诉案件，涉及多个知名品牌，企业无一例外全部败诉，共计被罚没、赔偿消费者金额56万元。

2014年，龙×花生浓香食用油因包装强调“花生浓香”，但未在配料表中标注花生油添加量，涉事经销商被处以24万元罚款。

2015年5月，多×橄榄葵花油以较大的字体标示“橄榄葵花油”，但未注明橄榄油含量比例，被法院判决违法且构成欺诈。

2016年9月，长××橄榄玉米调和油强调其橄榄油为西班牙特级初榨，但未标志配料含量，被法院判决违法且构成欺诈，需10倍赔偿消费者……

为了避免诉讼风险，让消费者明白消费，一些企业选择了公开调和油产品的配方。

中储粮旗下的金鼎，于2012年8月公布了新推出的食用调和油配方，包括大豆油、菜籽油、花生油、玉米油、葵花籽油、芝麻油、橄榄油、茶叶籽油八种食用油，配比分别为47.5%、41.4%、6.0%、2.5%、1.0%、0.4%、0.6%、0.6%。不过，金鼎是调和油市场的新来者，市场影响力有限，并未掀起多大的行业波澜。

而鲁花加入公布配方的阵营，影响力就不一样了。鲁花是仅次于金龙鱼、福临门的第三大食用油品牌，渠道覆盖全国市场。2014年年底，鲁花集团大力向市场传播其菜籽调和油、大豆调和油和玉米调和油等三款产品公布配方比的消息。以玉米调和油为例，其产品配方为玉米油56%，葵花仁油36%、花生油6%，芝麻香油2%。其打着“满足消费者知情权”的大旗公布产品配方的举动，在行业与社会上引起不小的反响。

值得注意的是，鲁花有一款坚果调和油，原本在市场上卖得很好，不过也因未标坚果油含量，而深受消费者投诉的困扰。坚果油的成本太高，没法做到高含量，为此鲁花果断将市场已达十数亿规模的坚果调和油产品退市。鲁花此后推出的调和油，都是以含量最大的油种进行冠名，如玉米调和油中的玉米油含量在56%，排在各原料中的第一位。鲁花希望通过自己的行动，来影响调和油国家标准的制定，推动国家标准出台如下规定：调和油只能用含量最大的那个油种来进行冠名，调和油应当注明各种食用植物油的比例。

而金龙鱼则对标签内容进行了修正，以尽可能地避免诉讼风险。比如，将“香”一律改成“香型”，如“橄榄原香调和油”改成了“橄榄原香型调和油”，以强调“橄榄”仅仅是对产品物理属性的客观描述。另外，还将“橄榄”的图案和文字适当缩小甚至去掉，并修改相关文案，以避免被认为是“对某种配料的特别强调”而需要“标明含量”。

还有的企业，在应对调和油标签诉讼时辩称：“根据食品油行业现状，我国尚没有强制性的食用调和油的国家标准，现在尚无法律明确规定要标注食用调和油配料的添加量或含量。”不公开调和油的配方比例，是“符合油品行业公认的通行做法。”

于是，问题最后集中到了食用调和油国家标准的制定上。调和油市场乱象丛生，与国家标准制定工作的滞后有很大的关系。

目前，食用调和油使用的是1998年出台的行业标准（SB/T10292－1998），该标准的一些内容已经过时或不具操作可行性。比如，标准中规定调和油有三个产品质量等级，调和油、调和高级烹调油、调和色拉油。而事实上，市场早已不再这样分类。也就是说，这个行业标准早已不适用了。

自从2003年实施葵花籽油、玉米油等五项新的食用油国家标准之后，食用调和油国家标准制定就开始提上日程。2005年，国家粮食局下属的全国粮油标准技术委员会开始编制调和油国家标准。2008年完成讨论稿，并于2012年8月获得审定通过。万事俱备，最后就等国家标准化管理委员会的批准了。一些中国粮油学会权威人士预计在2013年上半年就能出台。

然而在2013年，我国食品行业的行政监管体制发生了重大变化。3月17日，国家卫生部摘牌，国家卫生和计划生育委员会成立①。这一年，

① 2018年3月，国家卫生和计划生育委员会再次更名为国家卫生健康委员会。

《食品安全法》被重新修订，国家开展食品标准清理工作，调和油国标的制定工作被转到国家卫计委。国家卫计委下属的国家食品安全风险评估中心，合并《食用植物油》和《食用植物调和油》两项标准，拟订了《食品安全国家标准——食用植物油》(征求意见稿)，向社会公开征求意见。

征求意见稿中《标签标识的规定》:

4.1 标签标识为单一品种的食用植物油中不得掺有其他油脂。

4.2 由转基因生物原料加工而成的食用植物油，其标签标识应符合国家有关规定。

4.3 食用植物调和油产品应以“食用植物调和油”命名。

4.4 食用植物调和油的标签标识应当注明各种食用植物油的比例。

不过，关于调和油国标何时出台，再无明确官方消息。

调和油国标之所以迟迟难以出台，原因在于，关于标准的具体条款，行业内根本就达不成共识。是否要标注成分比例，以及如何冠名，各家食用油企业观点大相径庭。

行业内基本形成两大阵营。一方是以金龙鱼为代表的以调和油为产品主线的厂家。另一方是以鲁花为代表的以纯油为产品主线的厂家。后者希望将调和油的配方进行彻底公布，不仅要公布所强调配料的含量，其他所有配料也都要公布。而且，调和油必须以含量最大的油种进行冠名。但是，在前者看来，在整个食品饮料行业就没有哪个品类会被要求公布产品配方的。一是涉及商业秘密，可口可乐坚守了百年的神秘配方，在进入中国市场时虽然也不得不公布配料，但并没有公布每种配料的占比。二来不具有可操作性，再以红烧牛肉面为例，你可以要求公布牛肉的含量，但你不可能做到把葱花的含量都标出来吧? 调和油中的一些小油种，比如用于调味的芝麻油，用量很少，实际灌装时很难把控精确含量。而在产品命名上，难道因为面多牛肉少，就该把产品叫作“面红烧牛肉”?

当然，即便调和油国标出台，也不会对1∶1∶1产生太大的影响，因为1∶1∶1调和油并未以哪个油种冠名。但是金龙鱼的调和油系列产品是个庞大的家族，还有很多其他调和油产品会受到国标的冲击。作为金龙鱼安身立命之本，调和油国家标准是金龙鱼不能退让的底线。

益海嘉里认为，许多食用油的脂肪酸配比是很接近的，因此调和油的油种配方检测是业内公认的难题，正所谓“油掺油，神仙愁”，但各种脂肪酸占比是准确进行定量的检测的。也就是说，一桶油，虽然测不出是葵花籽油还是玉米油，却容易测出它的饱和脂肪酸、单不饱和脂肪酸和多不饱和脂肪酸的含量是多少。食用油对人体的价值主要就是提供脂肪酸，因此要求各企业将产品所含脂肪酸的比例标示出来，更为合理。不过，这一建议显然对宣传1∶1∶1脂肪酸平衡的金龙鱼调和油产品更有利，故遭到其他企业的反对。

之前，益海嘉里已经因为对国家标准制定的参与度不够而屡吃大亏，比如“浸出”工艺被国标强制要求标识在食用油产品的标签上。再比如，2007年出台的《营养强化维生素A食用油》（GB/T21123－2007），该标准的9.2条《包装物和包装材料》规定：“包装材料应采用符合食品卫生和安全要求的不透明材料。”以此标准执行的话，金龙鱼旗下所有强化维生素A食用油产品都是不合格的，因为它们采用的都是抗紫外线收缩膜透明包装。所幸这个国家标准只是推荐性的，并未强制企业必须执行。作为中国最大的强化维生素A食用油生产商，益海嘉里居然事先对这一标准的出台毫不知情，更不要说参与制定。而生产和销售福临门强化维A食用油产品的北海粮油工业（天津）有限公司和中粮食品营销有限公司赫然列名于标准起草单位之中。福临门的强化维A食用油当时还在用不透明的PE材料做包装。

很明显，各方对调和油的意见存在着巨大的分歧，而在分歧背后是巨大的利益之争，这是食用调和油国家标准难以出台的根本原因。

卫计委官员曾表示，国标制订是相互妥协的过程，底线是保证安全。

仍在审评中的食用植物油国标，若要求企业公布配方比例，或许不排除以脂肪酸含量为准，但一切都还是未知数。

最高人民法院指导案例

2016 年，食品安全管理工作骤然紧张。

2016 年 1 月 28 日，中共中央总书记、国家主席、中央军委主席习近平对食品安全工作做出重要指示强调：确保食品安全是民生工程、民心工程，是各级党委、政府义不容辞之责。当前，我国食品安全形势依然严峻。2016 年是“十三五”开局之年，要牢固树立以人民为中心的发展理念，坚持党政同责、标本兼治，加强统筹协调，加快完善统一权威的监管体制和制度，落实“四个最严”的要求，切实保障人民群众“舌尖上的安全”。

2016 年 4 月 12 日，中共中央政治局常委、全国人大常委会委员长张德江主持召开全国人大常委会食品安全法执法检查组第一次全体会议，正式启动 2016 年度全国人大常委会执法检查。检查组兵分 5 路，深入湖北、内蒙古、天津等 10 个省、自治区、直辖市。这次执法检查是在食品安全法修订实施半年多的时候开展的，也是自 2009 年食品安全法施行以来全国人大常委会开展的第三次执法检查。委员长亲自担任组长并带队赴地方检查，四位副委员长担任副组长，体现了全国人大常委会对该法实施情况的高度重视。

5 月 30 日，最高人民法院发布第 12 批指导性案例。其中的第 60 号，内容为 2012 年东台工商局处罚金龙鱼橄榄原香食用调和油一案。该案例的裁判要点是：

（1）食品经营者在食品标签、食品说明书上特别强调添加、含有一种或多种有价值、有特性的配料、成分，应标示所强调配料、成分的添加量或含量，未标示的，属于违反《中华人民共和国食品安全法》的行为，工商行政管理部门依法对其实施行政处罚的，人民法院应予支持。

（2）所谓“强调”，是指通过名称、色差、字体、字号、图形、排列顺序、文字说明、同一内容反复出现或多个内容都指向同一事物等形式进行着重标识。所谓“有价值、有特性的配料”，是指不同于一般配料的特殊配料，对人体有较高的营养作用，其市场价格、营养成分往往高于其他配料。

客观地说，最高人民法院第60号指导性案例是公正的。它既不允许调和油领域成为法外之地，以“行业通行做法”作护身符，不按《食品安全法》的要求“标示所强调配料、成分的添加量或含量”，也没有严格到要求把每一种配料都标识出来的程度。

在这一指导性案例发布后，各地职业打假人对调和油的诉讼案件掀起了一个新高潮。各食用油厂家则迅速修改调和油产品的标签，明确标识产品所强调的配料的含量。例如，金龙鱼橄榄原香型食用调和油标识其产品含10%的特级初榨橄榄油。调和油市场经历了这次极大力度的整顿和规范，关于调和油的诉讼案件也随之大幅度下降。

关于职业打假人，有的确实是维护正义，出于公益，发挥了积极的作用。但也有不少变了味，专盯住一些无关产品内在质量的问题，如发现产品标注不规范，就在多地购买同一种产品，然后大额索赔，为个人牟利。最高人民法院明确表示：“可以考虑在除购买食品、药品之外的情形，逐步限制职业打假人的牟利性打假行为。”①

在这一形势下，业内普遍认为，调和油国家标准在2016年内必定会出台，而且很可能会按照最严格的标准，也就是鲁花调和油的企业标准，来

① 《最高人民法院办公厅对十二届全国人大五次会议第5990号建议的答复意见》（法办函【2017】181号）。

“强制”而不是“推荐”执行。

调和油市场风声鹤唳，紧张万分。调和油国家标准的出台，必定会导致中国调和油市场经历一场暴风骤雨式的大洗牌。

嗅觉灵敏的企业提前着手布局。在高端调和油领域，特别是配料只有两种的调和油产品，普遍都公布了产品配方。比如金龙鱼“添加10%特级初榨橄榄油”食用调和油，10%特级初榨橄榄油+90%葵花籽油。刀唛“葵花籽橄榄油”食用调和油，5%橄榄油+95%葵花籽油。多力“橄榄葵花”食用调和油，20%特级初榨橄榄油+80%葵花籽油。各品牌的产品品质差异一目了然。但是，在中低端调和油领域，特别是由多种油料配成的调和油产品，公布配方的还不多。

值得注意的是，产品命名方式上的一些玄妙之处。假如调和油国标真的要求调和油产品只能按照配料中最大的一个油种进行冠名，那么上述三种橄榄+葵花的调和油都必须更名为“葵花籽调和油”，不得出现“橄榄”二字，橄榄调和油品类也从此成为历史。实际上，花生调和油、茶籽调和油等以高端食用油为主打卖点的调和油产品也将全军覆没。这就好比方便面一律只能叫作方便面，从此不再有红烧牛肉面、老坛酸菜牛肉面了。

但为了避免这一风险，金龙鱼还是把原来的“橄榄原香型调和油”更名为“食用调和油”，另加上“添加10%特级初榨橄榄油”的产品卖点说明文字，从而规避调和油国标可能实施所带来的冲击。

连金龙鱼都开始改弦更张，这说明这次调和油国家标准真要出台了。然而，2016年过去了，2017年又过去了，什么都没有发生，其中原因，不得而知。而调和油国标自2005年第一稿的问世，至今已过13年。

2017年12月，中粮也加入了公开调和油配方的阵营。福临门新上市的“营养家”食用调和油，高调公开配方比例：37%玉米油、35%菜籽油、13%稻米油、10%花生油、5%亚麻籽油。

卫计委行事向来慎重，已有先例。从2000年开始，中国粮食行业协会小麦分会理事长王瑞元（兼中国粮油学会油脂分会会长）在各种粮油会议上呼吁企业禁用面粉增白剂。2007 年初，国家质量监督检验检疫总局、农业部、国家工商管理总局和国家食品药品监督管理局四部委均以正式文件明确表态要禁用面粉增白剂。益海嘉里旗下的金龙鱼、香满园等品牌的面粉，自 2008 年起就从不添加面粉增白剂。但卫生部一直到 2011 年 2 月才终于发文，要求自 5 月 1 日起，禁止在面粉生产中添加过氧化苯甲酰、过氧化钙等增白剂。

调和油国家标准，就像一次次错误的天气预报，原本说好的了狂风暴雨，结果却云开风霁，让食用油厂商们心里的石头始终无法落地。

然而，该来的终于还是来了。

三部委联合发文

2018 年 6 月 21 日，国家市场监督管理总局、农业农村部和国家卫生健康委员会三部委联合发布《关于加强食用植物油标识管理的公告》，公告称：

食用植物油的名称应当反映食用植物油的真实属性。单一品种食用植物油应当使用该种食用植物油的规范名称，不得掺有其他品种油脂。采用两种或两种以上食用植物油调配制成的食用油脂，产品名称应当依据《食品安全国家标准植物油》（GB2716—2018）的规定，标注为“食用植物调和油”，并在标签上注明各种食用植物油的比例。

公告内容，基本就是 2013 年国家卫计委《食品安全国家标准——食用植物油》（征求意见稿）中《标签标识的规定》内容的翻版。历经多年的调和油标识之争，自此尘埃落定。

但是，同一份公告中，还列上了这么一句话：“转基因食用植物油应当按照规定在标签、说明书上显著标示。”这意味着，不含转基因成分的食用油，仍然被打上转基因的标签。

时至今日，转基因原料食用油在和非转基因原料食用油的竞争中节节败退。市场已经完成了分化：转基因原料食用油承担“吃饱”这个第一基本属性的功能，解决低收入人群的温饱问题。非转基因原料食用油承担“吃好”这个第二基本属性的功能，解决中、高收入人群吃得更美味和更健康的需求。金龙鱼的痛苦就在于，它已经在转基因原料食用油上投入了巨额的广告并取得过巨大的成功。作为转基因原料食用油销量最大的品牌，这个历史包袱实在太大，是继续背着，还是把它卸下，真是一个难以做出的决定。金龙鱼陷入了进退两难的局面。

2017年，调和油占小包装油市场的比重约25%，相比2012年40%的比重有了大幅度的下降，但小包装油在市场上仍然是仅次于大豆油的第二大品类。

迫于市场压力，2017年1月，金龙鱼推出了金装非转基因版本的1∶1∶1调和油产品。但是这个产品的上市，让金龙鱼面临一个尴尬的问题。现在推这个产品，似乎就等于在向消费者承认，原先1∶1∶1转基因版本的调和油是个不够好的产品。而这让最高峰时一年贡献100多万吨销量的1∶1∶1转基因原料调和油情何以堪呢？历史越辉煌，转型越困难，因为沉没成本太高。

尽管受到网络谣言、调和油国家标准、转基因标识等问题的困扰，金龙鱼仍然长年稳居中国小包装油销量排行榜的第一名，成为中国快消品市场上最广为人知的品牌之一。金龙鱼的成功，首先要归功于它是市场的开拓者，率先将小包装油产品铺向全国，占了先发优势。其次，金龙鱼有着遍布全国的工厂布局，和强大的经销商网络。第三，金龙鱼常年保持在央视等媒介投入巨额广告。最后，金龙鱼坚持以“健康”为核心的品牌定位，并在研发与营销上为此定位提供了强大的支持。

英国著名品牌评估机构“Brand Finance”发布“2017全球食品集团综合品牌价值十强”排行榜，丰益国际以综合品牌价值83亿美元被列入十强榜单，成为亚洲唯一入榜的食品集团。金龙鱼品牌无疑在其中居功至伟。

金龙鱼本已足够强大，再加上胡姬花、香满园和口福等品牌，益海嘉里稳稳占据了中国小包装油市场45%左右的份额。

当前，益海嘉里、中粮和鲁花等几个巨头掌控了中国小包装油70%以上的市场份额，加上多力葵花籽油、西王和长寿花玉米油等，中国小包装油市场基本已被瓜分完毕。

不过，小包装油是一个充分竞争的市场，消费者有着充分的自由。金龙鱼、鲁花等品牌虽然已如此强大，但是，只要是完全竞争、不存在行政垄断的市场，就一定存在新来者的机会。国家发改委都认为，在中国的食用油市场上，“没有企业能够操控食用油市场价格，国内食用油加工能力是过剩的，食用油品牌较多，消费者有足够的选择空间。”况且，食用油市场从来不缺乏以低价甚至跌破成本价参与竞争的品牌，其价格竞争没有底线，只有更低、没有最低。消费者不用担心除了金龙鱼就没有别的油吃，或者吃不到足够物美价廉的食用油产品。

领导品牌一定是销量大才成为领导品牌。然而，销量一大就很难逃脱沦落于中低端品牌的宿命。以金龙鱼为例，其所销售的产品往往都不是最贵的，比如花生油低过鲁花，葵花籽油低过多力。

虽然益海嘉里的体量占到了丰益国际的一半，但业务开拓还并不算全面。有许多业务，如棕榈种植、榨糖炼糖、生物柴油和化肥制造等，都并未在中国开展或分量很小。接下来，让我们打开视野，一起去看看丰益国际在全球扩张的精彩历程。

第十六章 纵横亚欧非

印尼烟霾与美国页岩油革命

目前，丰益国际已在全球33个国家建设了超过850家工厂，销售网络遍及50多个国家，产品销售至150多个国家。来自不同国家的超过9万名员工效力于丰益国际。

在丰益国际的全球各项业务中，其赖以起家的棕榈油相关业务，仍然占有最重要的分量。

丰益国际占据了全世界棕榈油40%的市场份额，是全球最大的棕榈油加工和出口企业，棕榈油销售网络遍及全球50多个国家。它也是世界上最大的棕榈种植园主之一，种植园面积高达24万公顷，其中近7成在印尼。

在丰益国际忙着把棕榈油卖到全世界的时候，不曾想，后院却“起火”了。

2013年10月，绿色和平组织发布报告《丰益国际印尼毁林实录》。该报告历经长达一年的调查，揭露了丰益国际供应商在印尼的毁林行为，引发严重的雨林危机，大面积土地被开辟出来种植油棕榈，大量的热带雨林被明刀暗枪地滥砍滥烧。森林燃烧产生的烟霾，一度影响到邻国马来西亚和新加坡的空气质量，连印尼总统也不得不出面表示歉意。

截至2012年，印尼的雨林面积已消失一半，濒危动物苏门答腊虎和红猩猩最重要的栖息地遭到严重破坏。之后的4年，印尼有124万公顷的雨林被毁掉，其中1/4的毁林面积直接与油棕榈种植相关。油棕种植肆意的扩张导致苏门答腊岛的热带雨林仍在以每年25万公顷的速度消失（相当于5600多个天安门广场的面积）。联合国环境规划署研究显示，“如果不规范和不可持续的种植业扩张所导致的毁林行为得不到有效的制止，到2022年，印尼几乎所有的低地雨林将永久消失。”

其实，丰益国际早在2008年就基本完成了棕榈种植园的布局。此后6年，丰益国际在印尼只增加了2万公顷种植面积，仅占同期印尼被破坏的雨林面积的1.6%。但是，《丰益国际印尼毁林实录》指出：“虽然丰益国际针对自己经营的特许经营林地上制定了相应措施，保护高保护价值森林和泥炭地，但这些林区的供应量在丰益国际交易和炼制的棕榈油总量中仅占不到4%，其余96%都来自第三方供应商。缺乏针对供应链的监督政策，丰益国际没有要求它的第三方供应商对生产和运营过程中的疏忽造成的后果承担责任，这种漠视毁林行为的背后是为了追求收益而罔顾供应链的合法性和环保性。”

迫于绿色和平组织的压力，丰益国际于2013年12月公布一项新政策，该集团将立即停止任何跟毁林相关的经营行为，实现其棕榈油来源的100%可追溯性。

绿色和平森林项目主任杨婕表示，“丰益国际作为最有能力改变整个全球棕榈油供应链的企业，这份政策若能真正得以实施，对于拯救印尼危在旦夕的雨林会起到非常积极的作用。但要真正杜绝雨林破坏的行为，仅仅只有棕榈油生产和贸易商的承诺是不够的。我们呼吁，作为丰益国际及其中国子公司益海嘉里的主要客户，立白、纳爱斯、上海家化和宝洁等大型棕榈油消费企业，也立即制定‘零毁林’采购政策，实现整个供应链的可追溯性，以确保企业所采购的棕榈油及其衍生品不涉及对森林的破坏。"

2015 年，全球棕榈油产量达到峰值的 6163 万吨后开始下滑。这是因为，生物柴油的发展势头，在 2014 年戏剧性地戛然而止。

美国发展出了可经济性开采页岩油的技术，引发一场石油开采的新革命。

在一般的油田里，石油以液体的形式存在，一个井打下去，可以很容易抽出，甚至会自己喷出来，之后周围的油又会不断地慢慢流向被抽过的空间。而大量的页岩油储藏在多孔、多缝隙的页岩层里，不会流动。岩层深度可能在地下几千米，散布又广，挖坑采石非常不经济。

美国发展出来的技术，能正确地勘探到页岩油的位置和范围，然后打个竖井到适当位置，四处横钻至分布区，再以聚能炸药将横井周围的岩石炸碎。再往石堆里充满钻探液，再将电极打入其中，通电加热至数百度，让页岩油溶入热液中，最后抽出提炼。整个加热时间可能需要半年至 2 年不等。

使用这种方法开采的页岩油，成本约在 50 美元一桶，低过生物柴油的生产成本。从国际石油价格走势图可以看到，2006 年以后，石油价格连续 9 年超过 60 美元/桶。这段时间也是生物柴油发展的黄金时期。2014 年以后，生物柴油无利可图。

美国的页岩油储量世界第一，超过沙特的石油储量。中国页岩油储量估计世界第四。美国在 2014 年开始逐步大量开采其储量庞大的页岩油，使得国际石油价格大降。沙特为了维持自己的利益，利用其自身约 30 美元一桶的低石油开采成本，全力开工生产，促使国际石油价格猛跌，企图逼使刚起步的美国页岩油开采工业倒闭。于是，世界石油价格连续下跌。2014 年初油价 102 美元，年末跌到 61 美元，到 2016 年 1 月最低时只有 30 美元一桶。

石油价格的暴跌，对美国页岩油行业造成重大打击，主要页岩油生产商被迫缩减投资规模，但也被逼得不断提高生产效率。据美国能源署的信息，美国石油产量稳步增长，2017 年 2 月日产量超过 900 万桶，预计 2018 年将增加到 990 万桶。

页岩油革命让美国在短短几年内从石油进口国转变为世界上最大的石油出口国之一。美国于 2015 年底正式解除了长达 40 年之久的石油出口禁令，2016 年和 2017 年平均每天出口石油分别是 52 万桶和 110 万桶，预计 2020 年将增加到每天 225 万桶，将超过大部分石油输出国组织（OPEC）成员——2016 年科威特每天出口 210 万桶石油，尼日利亚 170 万桶。

在可预计的未来，石油的供应是不愁的。但是，石油的生产成本也在提高，仍然存在汽车和人抢油吃的可能。2017 年 12 月，石油价格再次突破了每桶 60 美元。

国际石油价格走势与马来西亚棕榈油价格走势高度相关，如图 16－1 所示，2014 年后，欧佩克国家的日子不好过了，而丰益国际的利润率也在下滑。丰益国际的股价在 2009 年前后曾经冲到每股约 7 新币的高位，此后总体向下，最低曾跌至 2 新币多。最近三年，股价基本则在 3 新币上下震荡。

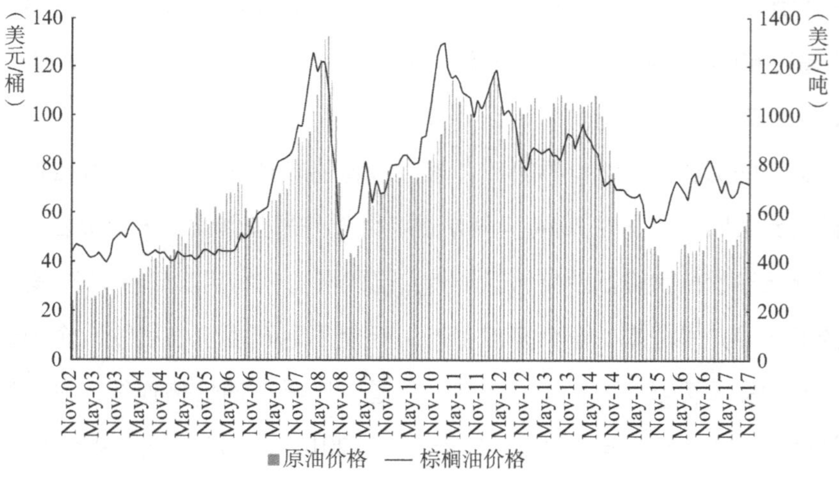

图 16－1 石油和马来西亚棕榈油价格走势

（数据来源：联合国粮农组织及 www. indexmundi. com）

2016年第二季度，丰益国际亏损2.2亿美元。这是该公司首次出现季度业绩亏损。郭孔丰站出来给大家打气："尽管出现了亏损，我们将坚持以往的战略，注重农产品下游的发展，将重心放在亚洲和非洲的市场拓展上。我们在越南和印度建立的合资企业所取得的进展，表明这些市场具有长远的发展前景。"

这一讲话表明，越南、印度和非洲市场对丰益国际的未来的重要性。

越南"海皇"与印度"财富"

越南，一直被视为二三十年前的中国的翻版。

在东南亚林立的佛教或伊斯兰教国家中，越南是唯一崇尚儒教传统和处于汉字文化圈的国家。今天的越南，政局稳定，改革开放，重视教育，人口年轻，地理位置优越，经济快速增长，农村人口大量向城市迁移……

益海嘉里经历了中国经济快速发展的30年，抓住了中国经济腾飞的机会，成长为中国粮油行业的领军企业。而今天的越南，正处于往日中国曾经历过的快速发展的阶段。很自然，丰益国际要在越南复制在中国市场的成功经验。

早在1988年，在南海油脂成立的同时，郭氏粮油在越南与Vocarimex合资建设的第一家食用油精炼厂也开始运作。在丰益国际并购郭氏粮油时，该合资公司CaiLan油脂工业有限公司拥有的两家炼油厂和一家稻米油加工厂也都划归丰益国际。

中国GDP增长率近年有放缓的趋势，越南则在加快，从2012年的5.2%，一路提高至2015年的6.5%。越南民众可支配收入大幅增加，这使越南成为亚洲增长最快的食用油市场。

目前，丰益国际在越南是第一大食用油生产商，在越南的业务包括食用油精炼、稻米油提取、专用油脂、面粉加工等。郭氏粮油最早在中国和越南卖的是海皇牌棕榈油。棕榈油在中国冬季易冻结，主要是在餐饮渠道销售。越南气温大大高于中国，棕榈油终年都不凝固，可进入大众消费渠道。所以，海皇在中国是嘉里粮油餐饮用油的主打品牌，在越南却是小包装油主打品牌。如果在越南看见海皇牌小包装油的“1:1:1”电视广告，你可不要觉得惊讶哦。

2015 年，丰益国际与越南最大的连锁超市公司 Saigon Union 设立合资公司，生产调味品和酱料，开始涉足零售终端业务。

2016 年 7 月，邦吉将其在越南农业综合控股有限公司（Vietnam Agri-business Holdings Pte. Ltd）拥有的一半股权出售给丰益国际。该公司的股权架构变为丰益国际、邦吉各持有 45% 的股权，另一家越南公司 Quang Dung 持有剩余 10% 的股份。Quang Dung 的主要业务是销售豆粕，在越南的市场份额位居前列。这家公司还控制了越南一家饲料企业 Green Feed 的多数股权。

在越南，邦吉擅长大豆压榨，丰益国际在油脂精炼和小包装粮油业务上具有专长，Green Feed 强于饲料加工和销售。三方合资的企业打通了从加工到销售的整个大豆产业链。

中国和越南的经济增长已经够快了，但还是比不上印度 GDP 的增长，自 2001 年以来年年超过 7%（据说牛羊粪也被计入）。印度预计将在 2025 年超过中国，成为世界人口第一大国。印度虽然劳动人口比例高达三分之二，但作为一个农业国家，无法提供足够的就业机会，庞大的人口是负担而非红利。

印度那才叫勒紧裤带干革命。印度尽管耕地多、气候好，但农业生产水平低下，所产粮食还不到中国产粮的一半。中国要大量进口粮食，而拥有 2 亿饥饿人口的印度，每年却能出口 1000 万吨的大米。低收入严重制约了购买力，加上几乎不吃肉的消费习惯，使得印度人均粮食消耗量大大低于中国。不过，印度的大米和小麦等主粮可以出口，食用油就得严重依赖进口了。

印度食物烹调也喜欢用油，但食用油的消费量仅有 2000 多万吨，约为中国的60%。印度耕地和中国一样紧缺，油料同样不能与主粮争地。毕竟少吃点油只是影响烹饪口感，少吃点饭可是要饿肚子的。而且，油料也不像主粮一样容易得到国家政策的支持，这使得油料的种植效益相对较差，农民也越来越不愿意种植油料。印度本土主要产菜籽油、棉籽油和花生油，本土油料产量远远不能满足国内消费者的需求，印度是世界头号食用油进口大国，70%以上的食用油消费依赖进口，这一比例还要高过中国。印度主要进口棕榈油、大豆油和葵花籽油。印度是全球棕榈油和葵花籽油的第一进口大国，每年需进口量分别约1000万吨和170万吨。

中国舆论总是把食用油进口依赖的原因归结到中国大豆打不过转基因大豆上，这个观点不能说错，但并非问题实质。与印度进行比较就可以看出，印度不存在本土大豆与转基因大豆之争的问题，但印度同样要大量进口食用油。人多地少的大国，即使保证得了主粮的自给自足，也保证不了油料的充足供应，注定了是要大量进口油料或食用油的。

印度食用油消费量的增长快过中国。预计未来印度每年仍将增长100万吨左右的食用油消费，增速不低于4%。印度正在成长中的城市中产阶级，也越来越注重品牌和品质。但印度中产阶级人数不过4千万，相比其13.4亿的总人口数来说比例极低，不是市场的主流。印度食用油市场还将长期保持为一个以低端食用油消费为主的市场。

中国、印度和印尼是丰益国际最重要的三个市场。这三个国家也分别是世界人口第一、第二和第四的大国。占据人口如此庞大的市场，是丰益国际能够叫板ABCD的重要资本。

1993年（之前说过，这年是郭孔丰的幸运年），丰益贸易就与印度的阿达尼（Adani）集团组建了一个合资公司，在孟加拉国生产小包装食用油和大米。阿达尼集团年收入约110亿美元，业务包括矿业、贸易、天然气、可再生能源和农业五大块，规模位列印度500强企业的第22位。

1999年，丰益国际与阿达尼进一步合作，在印度建立了各占50%股份的阿达尼丰益公司（Adani Wilmar）。丰益从此进入印度市场。如今，阿达尼丰益公司在印度8个地区经营着45家食用油加工厂，拥有印度小包装油市场超过20%的市场份额。

阿达尼丰益公司拥有印度包装油第一品牌“Fortune”，翻译成中文是“财富”的意思。Fortune和中国的金龙鱼品牌算是亲戚，在印度包装油市场的地位也和金龙鱼在中国差不多。

不过，打开Fortune的官网，排在最前面位置的是一个小品类食用油——稻米油。所以如此，是因为印度是世界最大的稻米油生产国。虽然印度只是紧随中国之后的第二大稻米生产国，但其稻米油的年产量达95万吨，超过中国的85万吨。而且，印度的稻米油精炼加工技术在世界也处于领先水平。

2016年2月，阿达尼丰益公司隆重推出了一个创新性产品——“Fortune Vivo”，印度第一款糖尿病护理油，主要针对印度6000多万糖尿病患者，以及那些希望采取预防措施避免患病的人们。据称可帮助控制II型糖尿病并降低/维持血糖水平，还能有效帮助降低高血压和高胆固醇。Vivo声称该产品进行了60天的临床试验，样本量为300户。

具体来说，这款油是用20%未精制的抗氧化木脂素丰富的芝麻油和80%部分精制的含有谷维素的稻米油混合制成的，定价在每升125~150卢比，5L装相当于人民币59~74元（1卢比≈0.1元人民币），与一桶金龙鱼葵花籽油价格差不多，不算贵。

讽刺的是，丰益国际看中了印度白糖市场的发展潜力而在印度大力发展糖业，其中包括与印度领先的糖业公司仨惹奴卡公司（Shree Renuka sugar Limited）合作。而吃糖太多正是患糖尿病的重要原因之一。

仨惹奴卡公司在国际糖价暴涨的时候，头脑发热，到巴西买了两家公司，控制了4个榨糖厂。随后就经历了2011年以后持续多年的食糖和乙醇跌价，陷入财务困境。2014年2月，丰益国际向亏损严重的仨惹奴卡公司注资1.45亿美元，获得28%的股份，与该公司创始人拥有的股权相当。2018年3月，丰益国际又注资1.2亿美元，将股份持有比例提高到了

39%，成为最大的股东。

欧洲葵田和非洲棕榈园

葵花籽油在世界范围内的消费量，排在棕榈油、豆油和菜油之后，在所有植物油中居第四位。中国是仅次于印度的世界第二大葵花籽油进口国。葵花籽油，已经成为继大豆油、菜籽油之后，中国又一个严重依赖进口的食用油产品。2009 年，中国进口了 15 万吨的葵花籽油，2013 年增加到 44 万吨，开始超过国产数量。2016 年，葵花籽油的进口数量竟然高达 96 万吨。

葵花原产于美洲，十六世纪被西班牙人作为一种观赏植物送往欧洲。葵花昂着硕大的花盘，努力地扭动细长的脖颈，随太阳东升西落而转动。日复一日，年复一年，就像是对太阳永久地膜拜。为了装饰自己的花园，彼得大帝将葵花从荷兰带回了俄罗斯。葵花深受粗犷不羁的俄罗斯人民的喜爱，金色的海洋在俄罗斯辽阔的草原上四处流淌。今天，葵花成为俄罗斯的国花。

1828 年，一个叫 Bokarev 的俄国农奴尝试用榨亚麻籽的方法去榨葵花籽，葵花籽油就这样传奇地在俄罗斯诞生了。如今，俄罗斯及乌克兰成为葵花籽油最重要的出产国。其中，2016 年，乌克兰生产葵花籽油 576 万吨，占世界产量的 1/3，其中高达 85% 的比例用于出口。

中国葵花的种植面积连年增长，葵花籽产量屡创新高，但葵花籽油的产量却在 2008 年达到 50 万吨的峰值后，就开始大幅下滑，2016 年仅有 25 万吨。

中国葵花籽的主产区是内蒙古和新疆，为了保护当地少数民族葵农的利益，政府会出台葵花籽油收储或其他托市政策，这使得中国葵花籽油成本居高不下，无法与进口葵花籽油竞争。而且，与其他国家的葵花籽主要用来榨油不同，中国有六成以上的葵花籽做成炒货直接食用，这也抬高了中国葵花籽的收购价格。

2005 年，丰益在乌克兰的尤兹尼合资建设了第一个炼油厂项目。如今，丰益国际已在乌克兰和俄罗斯投资建设了 4 家工厂，供应能力达 50 万吨/年。其中的尤兹尼工厂是乌克兰最大的油脂精炼和特种油脂厂。敖德萨 Delta Wilmar 工厂曾被评为“欧洲葵花籽油最佳原产地生产商”，生产过程全程机械化，从葵花籽进厂到原油生产不经人手，然后再通过 2 千米长的输油管道，直接送到港口装船。

丰益国际在欧洲不仅从事葵花籽油的生产，还与阿丹米合作进行棕榈油及其他食用油产品的加工和销售。

丰益国际与阿丹米在 2012 年就通过荷兰的“欧了勒个斯”公司（Olenex）合作经营欧洲的油脂销售业务。2016 年 11 月，双方将合作关系战略升级，把该公司扩张成一家综合性的合资企业。欧了勒个斯公司原来的经营期限是 5 年，只在欧洲经济区（EEA）和瑞士开展业务，没有工厂等实体资产，甚至没有资金和专职团队。而新公司无经营期限限制，可在除中国外的全球开展业务，有自己的资金，以及 200 名工厂员工和 300 名管理员工（包括采购、市场、销售等）的独立运营团队。

菲律宾是椰子油最大的生产国和出口国，西欧和美国是椰子油的主要消费市场。郭氏粮油很早就在德国布拉克和荷兰鹿特丹经营有两个热带油精炼厂。这两个厂被并入丰益国际后，与丰益国际在菲律宾等地的椰子压榨及椰子油精炼业务形成了一条完整的产业链。椰子油是中链脂肪酸最丰富的食用油品种，其他大多数食用油都是长链脂肪酸。母乳所含的脂肪酸就是中链脂肪酸。不像长链脂肪酸会被人体存储起来从而导致发胖，中链脂肪酸营养丰富，可在肝脏中迅速燃烧，转化成能量，被广泛应用于医药、婴儿食品、运动食品及化妆品的开发中。

丰益国际的这两个欧洲热带油精炼厂、阿丹米在德国汉堡的特种油脂和棕榈油精炼厂都注入了欧了勒个斯公司。另外，它还可以销售阿丹米的捷克、德国、荷兰、波兰和英国工厂生产的精炼油脂。

在新公司，丰益国际的占股从原来的50%增加到62.5%，阿丹米的股份则相应缩减。丰益国际和阿丹米将按比例行使其投票权，并将以简单多数投票的方式采取行动。某些战略决策则需要两者的一致同意，其中包括对总经理和审计人员的任命和免职。

欧盟是全球仅次于印度和中国的第三大棕榈油市场。欧了勒个斯公司成为欧洲领先的热带油精炼厂，为丰益国际占领欧洲棕榈油市场奠定了基础。

丰益国际除了将棕榈油输往欧洲和亚洲外，还输往非洲。

维多利亚湖是非洲的心脏。它地处东非高原中部，是非洲最大的湖泊，也是世界第一长河尼罗河的源头。维多利亚湖的夕照被认为是世界上最美的风景之一。丝丝凉风拂过波光粼粼的湖水，说班图语的当地人划着小船，黝黑的脸庞被夕阳的金光打得发亮。维多利亚湖沿岸养育了乌干达、坦桑尼亚与肯尼亚三国的数百万人口，但湖水却未受到一点儿污染。因为当地没有工业，生活也都是完全的自然态，烧柴做饭，以香蕉，米饭和鱼作为主食，吃着当地产的棕榈油……

非洲是棕榈的原产地，又是棕榈油的主要消费市场之一。棕榈油占非洲食用油消费量的70%以上。目前，非洲每年生产棕榈毛油约220万吨，但不能自给，一半以上的棕榈油需求要靠进口来满足。

作为全球棕榈油行业的老大，丰益自然不会放过非洲这个既是产地又是消费市场的地方。早在1998年，得到世界银行和国际农业发展基金提供的技术和资金支持，丰益与乌干达Bidco有限公司合作，在锡斯（ssese）群岛上开辟了不少油棕榈种植园。这里被称为世界上景色最美的油棕榈种植园，可以俯瞰整个维多利亚湖。

丰益国际在非洲自有2万公顷的油棕榈种植园，另外还与科特迪瓦的SIFCA SA、尼日利亚的PZCussons等公司建立合资企业，管理着由小农户和合作者拥有的15万公顷的油棕榈种植园。除了油棕榈，丰益国际在非洲还经营橡胶和甘蔗的种植。

如今，丰益国际是非洲市场最大的小包装油生产企业，在尼日利亚、南非等国共经营七个食用油精炼厂，产能超过160万吨/年，销售网络覆盖西非和南非的多个国家。丰益国际还在乌干达、坦桑尼亚、赞比亚和津巴布韦设有肥皂和洗涤剂的生产工厂。

2014年7月，丰益国际与从事肥皂和洗涤剂制造的Repi公司在埃塞俄比亚成立了各占50%股份的合资公司Repi Wilmar。第一个油脂加工厂于一年后开始建设，建成后将一边精炼来自东南亚的毛棕榈油，一边为该国自己新建的油棕榈种植园服务。其年产量预计达到42万吨棕榈油，可覆盖该国80%的食用油需求。该国总理哈利姆里亚姆与郭孔丰一块为该厂奠基。埃塞俄比亚的人口数量，在非洲仅次于尼日利亚和埃及。埃塞俄比亚也是世界最不发达国家之一，至今仍有数百万民众需要国际粮食援助。

截至2016年年底，丰益国际累计在非洲14个国家开展业务，投资超过8亿美元。丰益国际在非洲的投资有两个与其他地区不同的特点，一是较偏重种植；二是较偏重日化用品，这块业务的利润比食用油要高，而且在非洲没有什么竞争。

在丰益国际的全球性扩张中，糖业是仅次于棕榈油和大豆压榨的第三大业务板块。丰益国际在糖业上起步的时间最晚，为了在短时间内迅速上规模，并购成为丰益国际进军糖业的主要手段。孰料到，来自中国的两家公司也看中了糖业这块大蛋糕。

一场并购争夺大戏，即将在世界产糖大国——澳大利亚上演。

第十七章 澳糖并购风云

西斯尔糖业争夺战

操作粮油生意十多年，尤其是在中国经历了两次食用油涨价的行政干预，郭孔丰深感粮油生意利润低、政策风险大。那么，还有什么生意好做点呢？郭孔丰看到，亚洲国家市场将成为带动全球糖消费增长的主要动力。中国和印尼是全世界进口糖最多的国家，印度则是食糖生产第二大国和消费第一大国。糖，或许就是更合适的生意。

耐人寻味的是，就在这时候，郭鹤年卖掉了大马糖业，却没有卖给郭孔丰。

2009 年 4 月，马来西亚迎来了第六任总理纳吉。在纳吉上台仅半年的时候，郭鹤年突然宣布，以 14.5 亿马币的价格，脱售一天能炼糖 3000 吨的马来亚制糖有限公司，6000 公顷甘蔗园及相关糖业公司给联邦土地发展控股旗下子公司——联邦全球创投控股，全面退出大马糖业。马来亚糖厂是郭鹤年所建的第一家工厂，已垄断大马糖市 45 年，累计获利约 30 亿马币。

一代亚洲糖王至此画上句号。

此前的2005年，为了配合国民投资机构的强制性收购计划，郭鹤年卖掉了在主营地产的彩虹公司最后5%的股权。郭鹤年早已举家定居中国香港，此后再也没有回过马来西亚。当然，这不代表郭鹤年抛却了马来西亚。2013年，郭鹤年还捐赠一亿马币给厦门大学马来西亚分校。郭氏家族也继续在马来西亚投资，例如，丰益国际就至少新增了1个棕榈油精炼厂、2个油化厂和1个生物柴油厂。不像白糖和地产主要在国内经营，油脂相关业务面对的是国际市场的竞争，所以不必担心有人觊觎。

不过，郭家新一代的糖王即将崛起。2010年初，郭孔丰决定进入糖业。他听说，澳洲最大、全球出口第二的糖企西斯尔正在寻求出售。

澳大利亚的糖产量不算高，一年只有四五百万吨，排在全球第十名，还不如巴基斯坦和俄罗斯。但是澳大利亚人口稀少，所产的糖四分之三都用于出口，是世界上仅次于巴西和泰国的第三大蔗糖出口国。昆士兰州的原糖产量占到全国的94%。全澳27家榨糖厂，有23家位于昆士兰州。

澳大利亚糖业的管理水平高。甘蔗全部实现了机械化收割，90%以上甘蔗可通过长达4190千米的专用窄轨铁路运输到糖厂。许多糖厂连甘蔗和原糖的仓库都没有，通过电子化信息的周密安排，甘蔗进厂后立即压榨，原糖出厂即送到港口码头入库，交昆士兰糖业有限公司（Queensland Sugar Limited）统一安排出口。昆士兰糖业不依靠中间商，将糖全部直接销售到进口国，到岸价交货。销售利润大致按蔗农2/3、糖厂1/3的比例分配。澳糖由于质量优等、交货准时，在国际市场上享有很高声誉，对远东食糖进口国更有运费上的优势。

澳大利亚西斯尔公司（CSR）是澳糖当之无愧的霸主。其成立于1855年，以提炼进口原糖起家，在昆士兰州拥有7家榨糖厂，生产的原糖约占全国的一半（210万吨），并占有国际原糖贸易量的4%。西斯尔品牌的白糖分别占了澳大利亚和新西兰60%和80%的市场份额。

全球糖市从2008年开始，连续两年供不应求，糖价不断创出新高。2009年6月，西斯尔计划将糖业（含糖基乙醇可再生能源业务）分拆上市，此时其糖业估值为12亿澳元。下半年，国际糖价继续大涨60%左右，西斯尔的糖业也升值了不少。按理说，西斯尔数钱都数不过来，为什么要把糖业卖掉?

实际上，糖业早已不是西斯尔的主业。经过150多年的发展，西斯尔还涉足了建筑材料、铝业、物业等领域，都是与房地产有着很大关系的产业。2009年，受美国金融危机影响，全球房地产市场大跌，让这家老牌公司陷入了大麻烦。于是，不得不卖“糖”求存。

2010年1月，来自中国上海的光明集团（集团）有限公司（简称光明集团）向西斯尔表达了15亿澳元收购其糖业的意向。

在光明集团意欲并购澳糖的后面，是中国食糖长期不能自给的现状。

权威数据表明，中国人平均每天吃糖34克，只有世界平均水平65克的一半，甚至低于孟加拉国和菲律宾这些国家。

欧洲人和美洲人普遍吃糖多。欧洲在很长时期里，除了蜂蜜，无糖可吃。第一个发生工业革命的英国，直到16世纪，糖仍然是昂贵的进口货，主要用作香料或药物。直到在美洲殖民地依靠黑奴的血汗开始大规模种植甘蔗和供应食糖后，欧洲人才有了充足糖的供应，价格变得低廉，可以不受节制地消费。今天的欧盟，平均日食糖101克。美洲人作为欧洲人的后裔，也继承了嗜糖的癖好。美国人每天要吃92克的糖，巴西甚至高达144克。

东方世界从来就不缺糖。印度和中国自古就是产糖大国。红糖、麦芽糖等一直都是中国常见的食物。所以东方人吃糖不像西方人那么吓人。亚洲热带国家，印度、印尼、越南、巴基斯坦和菲律宾平均每天的吃糖量都在60克左右。日本和韩国分别是45克和82克。

按照加入世界贸易组织的承诺，我国2000年的食糖进口关税配额为160万吨，以后逐年上升，2004年起为194.5万吨。配额内关税税率15%，配额外关税税率50%。国有贸易在配额中占比70%，由三四家国企瓜分。受进口配额和高关税限制，2001—2009年，中国食糖进口量保持在70万吨~140万吨。

受困于甘蔗和甜菜种植面积无法扩大、单产提高无力，中国的食糖缺口越来越大。光明集团不得不走出国门，开拓原料市场，以满足每年以3%～5%的速度增长的中国食糖市场。

吃定了中国人对食糖的饥渴，西斯尔可不想将糖业轻易放手。

糖业是棵摇钱树，能够顺利上市当然最好。老谋深算的西斯尔虽然拒绝了光明集团的报价，但给出的理由却是嘉吉也有收购的意向，言下之意是如果价格合适，就还可以再谈。不管是上市还是出售，都先得把糖业部门分拆出来。西斯尔一边和光明集团就价格问题谈判，一边新成立了“苏可乐囧”公司（Sucrogen Australia Pty Ltd），让糖业部门开始独立运作。

2010年4月，西斯尔的坏消息接踵而来。苏可乐囧上市计划被澳大利亚联邦法院阻止，理由是西斯尔在建材业务上负债太高。万一西斯尔破产，难免给投资人带来损失。此时，全球食糖产量大增，市场价格开始转头下跌。西斯尔不动声色，放出风声，称正在与日本某财团洽谈，出售价格是17.5亿澳元。这个价格比光明集团的报价提高了17%。光明集团一紧张，接受了这一价格，签下了意向性协议。西斯尔笑逐颜开，光明集团收购成功几无悬念。

6月23日，光明集团与澳大利亚新州政府签署了谅解备忘录，共同就农业项目进行投资合作，此举被认为是光明集团已扫清了地方政府批准的最后障碍。光明集团副总裁葛俊杰也曾透露，7月初将与西斯尔签订最终交易协议。不料，之后却陡生变故。

光明集团综合多家咨询机构，对糖价未来走势及对苏可乐囧资产进行重新审查后，觉得自己的价格出高了。此时的国际糖价已经跌到0.36美元/公斤，与去年6月份持平。光明集团心生悔意，将原先的收购报价17.5亿澳元下调至16.8亿澳元。毕竟这宗收购案的金额高达到116亿人民币，是中国食品行业当时最大宗的一笔海外收购，作为国企的光明集团承受着很大的压力。西斯尔老大不高兴，但表面上没有半点儿显露，私下里与正好想要进军糖业的丰益国际眉来眼去。丰益国际财大气粗，郭孔丰拍板接受了西斯尔给光明集团的报价。

7 月 5 日，西斯尔没有告知光明集团，单方面宣布，已经和丰益国际达成出售苏可乐囧的协议，协议交易价格为 17.5 亿澳元。

原以为交易已板上钉钉的光明集团意外出局。对此，葛俊杰称："我们不后悔临时改报价而失去澳糖，企业在进行海外并购时应该理性面对，我们认为之前的 17.5 亿澳元不合适。"事实上，这样高的价格也仅有丰益国际一家愿出，没有其他公司来竞争。光明集团放弃苏可乐囧，其实体现了上海人的精明和务实。4 个月后，光明集团以 4 亿元并购了新西兰的新莱特乳业。新莱特当年扭亏，3 年后上市，光明集团所拥有的新莱特股权升值了 3 倍。

西斯尔把原先估值 12 亿澳元的糖业卖出了 17.5 亿澳元的高价，当然乐开了怀。西斯尔更应该庆幸出手得早，如果拖到 2011 年，苏可乐囧将大大贬值。

不过，丰益国际也是大有斩获。可以说，对苏可乐囧的收购奠定了丰益国际糖业板块的基石。苏可乐囧对甘蔗也是"吃干榨尽"。甘蔗在压榨后，生产出原糖及副产品糖蜜。原糖精炼成白糖，糖蜜可用作牲畜饲料添加剂和生产乙醇，生产乙醇后的废液还能做肥料。甘蔗渣燃烧发电，工厂用不完的电力可卖给当地的电网。这套技术将被丰益国际应用到其他国家的糖厂去。苏可乐囧于 2015 年更名为丰益糖业（Wilmar sugar）。

在拿下苏可乐囧之后的第二天，心情愉快的丰益国际宣布，计划未来五年，在印尼的伊里安查亚（Irian Jaya）一块面积达 20 万公顷的土地上种植甘蔗，发展蔗糖业务。苏可乐囧的业务骨干，随即整理行囊，动身前往印尼。

印尼自苏希洛总统 2004 年执政后，积极采取措施吸引外资，进行基础设施建设，整顿金融体系与扶持中小企业发展，经济增长一直保持在 5% 以上。2010 年之前几年，印尼的糖产量维持在 200 多万吨，需求却在 500 万吨以上。印尼甘蔗种植面积少，糖厂由国有企业主导，经营效率低下。

印尼政府希望实现食糖自给自足，为此出台了划拨甘蔗种植土地和更新现有工厂设施的政策，并提供优惠政策来吸引投资者，包括对糖业生产资本的进口免征增值税，允许在投资的头6年内逐年付清5%的所得税等。

丰益国际分别于2010年10月和2011年8月收购了两家位于西爪哇芝格丁港附近的炼糖厂，生产能力合计70万吨/年，成为印尼三大糖业巨头之一。

中粮翻盘塔利糖业

2010年开始，全球糖市迎来长达5年的供应过剩期。按理说，市场供过于求，食糖价格应该持续下行。但这时石油价格大涨，带动了对糖基乙醇的需求和全球食品价格大涨，如图17－1所示。结果，下半年，国际糖价开始暴涨，2011年初，达到有史以来的最高点——0.65美元/公斤。中国糖价从2009年的不到5000元/吨涨至最高7600元/吨，白糖被老百姓戏称为“糖高宗”。谁也没想到，这是全球糖市最后的疯狂。

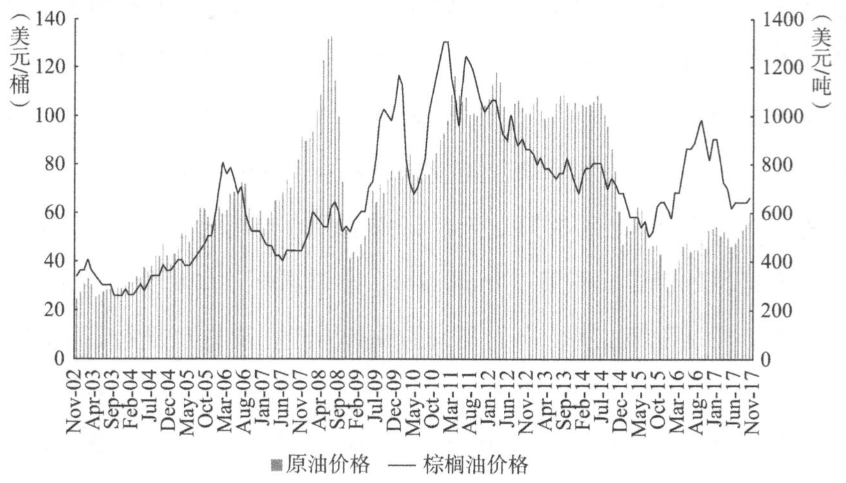

图17－1 国际食糖与石油价格走势比较

（数据来源：www.indexmundi.com）

2011 年，全球食糖过剩达到了最高峰的 1275 万吨。也就是说，当年所产的糖有高达 7.4% 的比例都卖不出去。此后，糖价虽然还有不小的波动，但整体上是一泻千里。全球食糖行业都经受了严峻的考验，从澳洲、巴西、中国到印度，世界产糖大国均有大量糖企经营困难甚至破产倒闭。

丰益国际入市抄底，正逢其时。想当年，丰益就是借中国大豆压榨行业产能过剩又遭遇大豆价格风波之机，以较低的成本完成内地的生产布局。不过，行情不好，丰益国际抄底行为很是小心谨慎，择机入货，其并购目标仍是澳糖。

2011 年，昆士兰州遭遇洪灾和飓风等极端天气，甘蔗大幅减产，预计产量将创 20 年最低值。昆士兰州又有两个糖厂，塔利糖业（Tully Sugar Limited）和普罗瑟派恩公司（Proserpine Cooperative Sugar Milling Association Ltd），无力继续经营，被迫出售。这两个糖厂均是澳大利亚排名前 5 名左右的大厂，年产原糖均不低于 25 万吨，而且是昆士兰州最后两个由甘蔗种植农场主自己拥有的糖厂。

参与竞购塔利糖业的有：中粮，邦吉和昆士兰州本土的麦凯糖业（Mackay Sugar Limited）。

中粮旗下的中粮糖业（原名中粮屯河），是中国最大的食糖生产商之一，也是中国最大的食糖贸易商，年经营量超过 200 万吨，具有 150 万吨/年的港口炼糖产能，而其自营及代理进口量约占中国进口总量的 50%。中国食糖进口配额还分 A 类和 B 类，只有 A 类可以在国内销售，B 类必须加工后再出口。中粮能在 A 类配额中占到 50 万吨。所以，对中粮来说，经营食糖进口是门稳赚不赔、利润丰厚的生意。

糖业是邦吉业务中与农业、食品和化肥并列的四大板块之一。邦吉糖业于 2007 年才起步，通过自建、收购和合资，在巴西拥有了 8 家糖厂，销售额在 50 亿美元左右。

麦凯糖业也非等闲之辈。它是澳洲仅次于苏可乐冏的第二大糖业公司，拥有 5 个榨糖厂，而且得到国际食糖贸易排名前五的巨头、也是四大粮商之一的路易达孚的公开支持。另外，麦凯糖业的背后还隐藏着一个巨人：丰益国际。

早在1998年，麦凯糖业就与西斯尔合作成立糖澳公司（Sugar Australia Pty Ltd）。糖澳公司拥有2家白糖精炼厂，1艘散糖装运货船，5个港口的仓库等码头设施和西斯尔牌白糖零售业务。麦凯糖业还和西斯尔合资经营切尔西糖业（Chelsea Sugar），该公司在新西兰经营一家炼糖厂，自1884年以来就一直为新西兰的食品行业提供精制糖，并出口到亚太地区。之前，西斯尔在糖澳占有的75%股份被苏可乐囧继承，也就等于丰益国际通过麦凯糖业间接参与了此次竞购角逐。

塔利糖业的公司之前章程规定：禁止一人或一个实体企业持有公司20%以上的股权。直到2011年5月18日，这一规定才由塔利糖业的股东大会予以废除。在此之前，塔利糖业第一大股东——昆士兰糖业拥有的股份是19.93%。中粮于4月14日以每股41澳元的价格向塔利糖业协议收购的股份，比例也是控制在19.9%。

与中粮一样，邦吉最初的报价也是41澳元。而在5月18日，塔利糖业股东大会当天，邦吉将每股报价提高到42澳元。

而麦凯糖业大打民族感情牌。该公司主席安德鲁·卡佩罗在致塔利糖业股东大会的信中充满感情地称，“麦凯糖业将把塔利糖业留在澳大利亚蔗农的手中”。目前昆士兰超过60%的糖厂被外资控制，当地所创造的财富被外资攫取。麦凯所为是将蔗农控制的糖厂合并，成立一个大型的糖业巨头，来保护股东的利益，以及供应商、雇员及社区的利益。

中粮志在必得，于5月23日将收购价提高到每股43澳元。而邦吉5月24日宣布也将收购报价提高到每股43澳元，其累计收购的股份比例达到了6.91%。由于中粮的国企身份，其收购计划迟至5月29日才获得澳大利亚外商投资审核委员会批准。

麦凯糖业本来就是塔利糖业的股东，拥有9.9%的股份。它也是昆士兰糖业的股东之一。一家人好说话，5月30日，它以每股43澳元的价格收购了昆士兰糖业持有的塔利糖业股份，使得总股份数达到29.83%，大大超过了中粮。不过，故事还在继续。

6月的第1周，中粮集团总裁于旭波率团赴澳大利亚考察。于旭波此行不仅拜会了澳大利亚农业部部长、西澳农业部部长，还包括昆州经济创新与发展局副局长、昆士兰州联邦议员、全国甘蔗种植者协会主席，为推进收购塔利糖业的成功而努力。

于旭波出访后，中粮的此次收购发生戏剧性的转折。塔利糖业董事会原来是向股东推荐邦吉的收购要约，现在改为推荐中粮的要约。功夫不负有心人，中粮终于笑到了最后，拿到了塔利糖业54.3%的股权。

中粮之所以能够反转剧情，关键在于赢得了蔗农们的欢心。塔利糖业的股东包括了200多个蔗农。蔗农最担心的是，塔利糖业将和麦凯糖业一样，通过路益达孚而不是昆士兰糖业出口原糖，让蔗农的利益难以得到保证。是否要保护民族产业，他们倒不放在心上。对此，中粮承诺不改变塔利糖业现行的甘蔗供应协议和与昆士兰糖业的原糖销售安排，在塔利糖业的8个董事席位中给蔗农保留3个，以及一点小小的实惠：6月3日把收购价格提高到每股44澳元。另外，中粮也打起了感情牌，还挨家挨户去拜访蔗农，与蔗农在酒吧称兄道弟，一同喟叹现在的年轻人怎么了，都不想种甘蔗，云云。最终，朴实的蔗农们力挺中粮，甚至质问竞购对手：“为什么要拒绝中国人?”

之后，邦吉和麦凯糖业，先后将各自持有的6.91%与29.83%的股份转让给了中粮。于是，中粮在7月19日最终以1.36亿澳元的代价，相当于人民币9亿多元，获得塔利糖业99%的股份。

中粮拿下塔利糖业后，意欲再下一城，买下普罗瑟派恩公司。这一回，中粮将与丰益国际正面交锋。

再战普罗瑟派恩糖业

2011年6月份，丰益国际通过苏可乐冏向普罗瑟派恩公司发出收购要约，报价 1.15 亿澳元。为了防止他人觊觎，丰益国际要求普罗瑟派恩公司提前签订排他性协议，规定在一定时间段内，只能由丰益国际和普罗瑟派恩公司洽谈收购事宜。收购失败或者超出规定时间外，其他企业才能提出收购要求。这样做可以避免被普罗瑟派恩公司当作抬价工具，白白为别人做了嫁衣。前一年，光明集团在收购苏可乐囧的最后时刻被人横刀夺爱，就是前车之鉴。

普罗瑟派恩公司董事会同意了丰益国际的收购报价，并给予了丰益国际排他性邀约。收购案原定于 8 月底提交股东大会审批。普罗瑟派恩公司的股东由 214 位蔗农组成，按照公司章程，收购案必须至少获得 75% 有效投票的支持才能通过。

不料，在股东大会召开之前，刚被中粮收购的塔利糖业半路杀出。8 月 24 日，塔利糖业报出 1.2 亿澳元的收购价格，并承诺将向普罗瑟派恩公司提供 1 亿澳元的再融资。

8 月 26 日，中粮的收购要约顺利获得澳大利亚外商投资审核委员会的通过，扫平政策障碍。

普罗瑟派恩公司的蔗农们得知苏可乐囧的报价竟然比塔利糖业低了 500 万澳元，让每个蔗农少收入了 2.3 万澳元。蔗农很生气，后果很严重。8 月 29 日，超过 30% 的蔗农投了反对票，苏可乐囧的收购案被股东大会拒绝。

表面上看，这是两家澳糖企业在争夺第三家澳糖企业。实际上，竞购双方的背后却是一家华人企业和一家中国企业。丰益国际和中粮把战火从中国烧到了澳大利亚。

丰益国际的要约被否，其他收购主体的排他性限制也被消除，中粮机会大增。不过，9 月 12 日，普罗瑟派恩公司董事会拒绝了来自塔利糖业的要约收购，并辩称，“对中粮的收购要约了解得不够充分”。其实，普罗瑟派恩公司董事会力挺丰益国际事出有因。由于当年甘蔗压榨季糟糕的天气和洪水影响，普罗瑟派恩公司拖欠苏可乐囧担保的 1500 万澳元贷款。此外，中粮的国企身份及文化差异，也是普罗瑟派恩公司所顾及的因素。

不久，苏可乐囧又发出第二份收购要约，将报价提高到 1.18 亿澳元，并将在 10 月 1 日第二次提交股东大会审批。对此，中粮表示不会放弃，塔利糖业准备再做一次竞标。丰益国际与中粮的竞争升级，越演越烈。

鉴于丰益国际获得普罗瑟派恩公司董事会的鼎力支持，中粮则再次发动广大群众，与农民老大哥结盟，获得甘蔗农股东们的支持。中粮参与竞标已经让普罗瑟派恩公司股东内部产生很大分歧，过半股东未支持丰益国际。如果丰益国际拿不出有竞争力的报价，支持中粮参与收购的甘蔗农股东们将施压要求董事会接受中粮的收购要约。

在收购塔利糖业时，中粮最初也不被看好。最后中粮击败邦吉等竞争对手，让人大跌眼镜。此次收购普罗瑟派恩公司，中粮能否再次上演翻盘大戏?

丰益国际的报价仍比中粮低 200 万澳元。10 月底，股东大会再次否决苏可乐囧的收购案。但是，普罗瑟派恩公司董事会也再次拒绝了中粮的收购要约，这回的理由换成了中粮“没有充足的资金支持”。这个理由对于素来以财大气粗著称的中粮来说，就是一个明白的拒绝借口。

普罗瑟派恩公司的财务状况比塔利糖业更糟，已负债累累，无资金支持公司运转。拿中粮的群众路线没办法的普罗瑟派恩公司董事会，决定“曲线救国”，进入自愿破产托管程序。11 月 6 日，普罗瑟派恩公司被托管给破产管理人柯尔达门萨（Korda Mentha)，一家专营资产重组的投资咨询公司。

为了显示收购诚意，11 月 7 日，中粮将收购报价提高到 1.22 亿澳元，并保证之前的“收购要约承诺内容依然有效”。

11 月 16 日，丰益国际宣布，苏可乐囧已经和柯尔达门萨达成协议，“将以 1.2 亿澳元收购普罗瑟派恩公司”。根据双方的协议，苏可乐囧还将“对普罗瑟派恩公司提供临时资金支持，帮助提供 1500 万澳元的商业贷款额度，以支持普罗瑟派恩公司的运营和经营开支，直到本榨季原糖销售完成”。

对于该协议，中粮方面感觉很意外，因为中粮目前仍在与柯尔达门萨洽谈收购协议。11 月 17 日，中粮再次提高报价，将要约收购价提高到 1.28 亿澳元，但柯尔达门萨以已经签订销售合约为由，拒绝考虑。

由于糖厂破产托管后，其资产的拍卖只要获得债权人超过 50% 的简单多数票，即可获通过，而苏可乐囧本身就是该糖厂的债权人之一，这使得这场资产竞购结果急剧向苏可乐囧倾斜。加上收购过程久拖不决，已经影响糖厂日常运营，以及为下榨季的准备工作，原先一直支持中粮收购的股东们也开始改变态度，只求早日有一个结果，因而对于中粮方案也不再给予支持。

昆士兰州最高法院 12 月 7 日裁定，澳大利亚西太平洋银行公司可以将所持普罗瑟派恩公司的 6500 万澳元债权转让给苏可乐囧，加上后者原先持有的 1500 万澳元债权，已经超过普罗瑟派恩公司负债的半数。12 月 9 日，苏可乐囧收购普罗瑟派恩公司的计划，获得债权人多数支持票。其实，这个表决只是走一个必要的法律过程而已。

在这场收购战中，丰益国际击败中粮，获得了最终的胜利。

中国市场为何没有金龙鱼白糖

从丰益国际历年的财报数据来看，应该说，白糖业务达到了郭孔丰的预期。

从 2011 年到 2014 年，丰益国际在澳大利亚、新西兰、印尼和缅甸拥有 10 个甘蔗压榨厂和 5 个白糖精炼厂，在巴西、印度和摩洛哥合资了 18 个甘蔗压榨厂和 3 个白糖精炼厂，一共控制了 4600 万吨的甘蔗压榨产能和 500 万吨的白糖精炼产能。2016 年，丰益国际销售了 1354 万吨食糖，超过了中国的糖产量，占当年全球食糖产量 1.7 亿吨的 8%。糖业累计税前利润率达到 3.5%，超过了棕榈油的 3.4%，消费品的 2.5% 和油籽加工与谷物的 2.0%。

从规模上看，郭孔丰已远远超过了当年的亚洲糖王郭鹤年。而且，郭鹤年的蔗糖生意，不管是生产还是贸易，都受益于政界的关系，享受垄断的利润。郭孔丰的成功，则完全依靠的是研发技术投入、提高生产效率等市场竞争能力。丰益国际不可能指望受到某个政府的优待，反而渴望不被歧视，能享受与本土企业一样的国民待遇。在笔者看来，这才是新糖王真正胜过老糖王的地方。

有意思的是，中国成为世界进口食糖第一大国，但丰益国际并未能分享到中国糖市的大餐。

2011 年，国际廉价食糖开始汹涌冲击中国，中国食糖进口首次超出关税配额，达到 292 万吨。2012 年进口量进一步上升，达到 375 万吨。2015 年达到最高峰的 485 万吨，占中国食糖总产量的 47%，超出进口配额 290 万吨。

受进口糖的冲击影响，国内糖价一跌再跌，2014 年跌到每吨 4000 元左右。而国内产糖成本约在每吨 4300 元 ~ 4800 元。2013 年中国糖业全行业亏损 30 多亿元，2014 年亏损扩大至 100 亿元。

2017 年，国际糖价再次大跌，中国政府采取了前所未有的严厉措施，将配额外食糖进口许可削减至 100 万吨，并对配额外食糖进口征收保障措施关税，期限 3 年，税率依次为 45%、40% 和 35%。也就是说，关税最高可达 95%（配额外关税 50% + 保障措施关税 45%）。当年中国食糖进口控制在 229 万吨，为近年来的最低水平。

高关税意味着走私糖的高暴利。据推测，2011 年以来，每年都有几十万到两百多万吨数量不等的走私糖进入中国。最主要的走私渠道，是印度糖、泰国糖和缅甸糖从中缅和中越边境进入中国。当地边民就像中国香港水客一样，将食糖以蚂蚁搬家的方式背入境。

与食用油不同的是，食糖的大众消费比例很小，主要是食品饮料行业使用。厂商客户低价为王，这就使得各种低价糖甚至糖的替代品大行其道，比如，糖精的使用变得更泛滥。1998 年，中国食品工业用糖精量约为 11220 吨，而糖精的甜度可是白糖的 500 倍。1999 年末，中国曾大力限制糖精生产，关掉了 9 家糖精企业，只保留 5 家，将内销量限制在 3000 吨，多数用于牙膏等非食品工业。不过，此后糖精生产又有所抬头。2004 年超计划销量达到 1141 吨。

中国糖市，受进口糖、走私糖、国储糖乃至淀粉糖、化学合成甜味剂等各种因素的影响，市场混乱不堪，价格起落诡异，被业内人士称为“妖糖”。

高关税不仅造成了走私糖和代用糖的繁荣，还让中国的甘蔗种植业和糖企缺乏竞争力。

国外一台大型甘蔗收割机，能顶 150 个拿着砍刀的中国农民。一户巴西蔗农能种上 600 亩的甘蔗田，与 150 户广西蔗农相当。澳大利亚的甘蔗种植成本才 114 元/吨，而中国产糖第一大市的广西崇左，甘蔗成本 436 元/吨。仅人工采收一项就要 120 元/吨。中国糖协认为，只有对进口食糖征收 156% 的关税，才能让国产糖的有竞争力。

糖业经营维艰，不少中国糖企被迫多元化经营，有的去盖房，有的去开矿，八仙过海、各显神通。其中，与国际同行相比，中国糖业有个独具特色的现象，那就是国际糖企都是把甘蔗渣拿去燃烧发电，中国糖企却纷纷利用甘蔗渣来造纸。

贵糖股份的 2016 年财报显示，造纸收入占总收入的 32%，略低于制糖收入的 36%。造纸的毛利比制糖高了 4 个百分点。贵糖抱怨，“近几年广西区内一些糖业集团投资制浆造纸行业，加剧了市场竞争”。贵糖 75% 的甘蔗渣需要外购，原本每吨 300 元的甘蔗渣，居然最高被炒到每吨 500 元以上。

每吨 500 元是什么概念？一吨甘蔗的收购价也往往到不了 500 元。甘蔗渣贵过了甘蔗价。2016 年/2017 年榨季，中国产蔗糖 824 万吨。以一吨糖两吨渣计算，可产甘蔗渣 1648 万吨。每吨即使平均卖 400 元，也有 66

个亿。中国糖每吨成本大概比国外高 1000 元，824 万吨糖就是 82 亿。因此，算下来，卖甘蔗渣的销售收入差不多可以填平这个成本差。

这么好的甘蔗渣，国外怎么都拿去烧了发电？发电能卖几个钱？但像丰益国际糖业做得这么大，旗下居然没有一家纸厂。为什么呢？原因很简单，因为造纸业是水污染的大户。而中国前 10 大的糖企，其中 7 家有造纸业务。

益海嘉里在国内拿不到低成本的甘蔗，又不会造纸，从国外进口食糖又面临高关税的拦截，以及与走私糖的竞争。看起来，短时间内我们是吃不到金龙鱼牌的白糖了。

丰益国际的全球性扩张，主要立足于以中国、印度和印尼为代表的亚洲发展中国家和新兴市场，以及澳洲和非洲，避开 ABCD 四大粮商盘踞已久的美洲和欧洲市场。如今，丰益国际已经成长为可与 ABCD 四大粮商比肩的巨人。丰益国际的功力在世界各大粮商中能排到什么位置呢？让我们也来一次华山论剑吧。

第十八章 世界七大粮商重排江湖座次

嘉吉左手粮食，右手金融

如今的世界粮市，早已不是ABCD独霸天下的局面，传统的国际4大粮商被改写成了7大粮商。中粮通过对来宝和尼德拉的并购，日本丸红株式会社（Marubeni）通过对美国高鸿控股的收购，也都华丽转身成为全球排名前列的大粮商。三个新崛起的亚洲公司，丸红、中粮和丰益国际，已能与老牌的欧美粮油巨头同台唱戏。

对于世界7大粮商来说，2007—2008年、2010—2011年的两轮世界粮食危机，是个千载难逢的发展机遇。粮食因紧缺而大涨价，让卖粮食的7大粮商赚得盆满钵满。兜里揣满了大把的钞票，它们首先想到的当然不是怎么给股东分红，而是如何拿这些钱去并购，把公司的规模进一步扩大。公司扩张的野心，永远没有止步的时候。

前文中，我们已经讲了丰益国际与中粮是如何扩张的。事实上，其他5大粮商也都在忙着狼吞虎咽。一般来说，被收购的公司或多或少都会有些问题，可能经营不善，也可能资金周转不灵。完成并购之后，母公司多半都会被子公司拖累业绩，或者利润率下降，或者现金减少，更糟糕的是，两种情况同时出现。如果你发现某个公司收入猛增、利润暴跌，基本就可以断定这个公司正在进行并购。能否尽快将子公司扭亏为盈，为母公司贡献现金，这是非常考验母公司管理能力的。

然而，随着美国的页岩油革命的爆发，全球石油供不应求的局面被打破，石油价格的大幅下跌，与之紧密关联的世界粮食市场也进入了一个长达五年的熊市。而那些因大并购而耗尽现金的各大粮商们，能否度过这场严峻的考验？如图 18－1、图 18－2 所示。

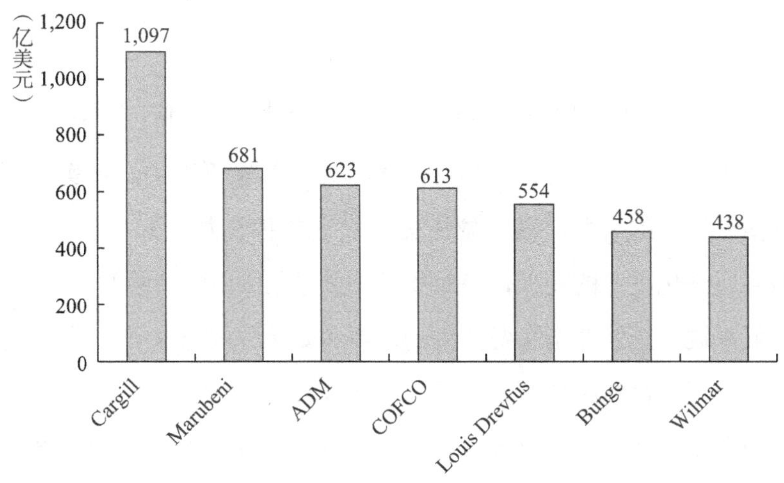

图 18－1 2017 年世界 7 大粮商收入排名（单位：亿美元）

我们先来看看江湖大哥——嘉吉的表现。

世界 7 大粮商的规模大致可分成三个层次：超千亿美元、超 600 亿美元和超 400 亿美元。嘉吉是唯一超千亿美元规模的粮商，而且是 7 大粮商中唯一的非上市公司。由于未上市，嘉吉不被列入世界 500 强企业的排行榜。不过，按照它在 2017 年的收入，可以在世界 500 强中排到 54 位，大概在中国移动和中国铁路工程总公司之间。

细心的读者会发现，嘉吉的身影在这本书中已被提及过许多次。不管是在中国大豆压榨厂的破产潮时，还是在澳洲西斯尔出售糖产品时，以及

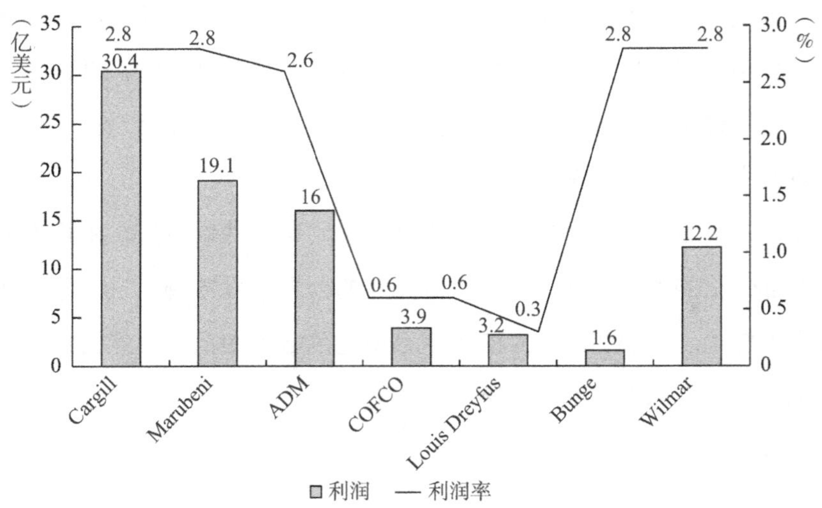

图 18－2　2017 年世界 7 大粮商利润和利润率排名（单位：亿美元）

印度卢奇大豆公司破产时，它都有过强烈关注并择机下手。事实上，嘉吉是一家擅长抄底的公司。嘉吉依托美国发达的粮食加工和出口贸易起家，但要做到超千亿美元的规模，绝对离不开全球范围内的持续并购。

一般来说，企业并购有两个目的，或者是为了扩张业务，或者是为了利润收益。两个目的都能同时达到当然最好，但鱼与熊掌往往不可兼得。大多数公司都是为了扩张业务而并购，收购价格往往偏高，使得母公司的经营业绩受到拖累。只有少数公司，主要是为了利润收益而并购，更重视投资回报，反而因经营风格的稳健而逐步将企业规模扩张到惊人的程度。嘉吉就是这样的一家公司。

作为一个私人公司，嘉吉不能像上市公司一样，直接从股民那里筹钱，必须保持良好的现金流来获得银行的信任。嘉吉自 1938 年至今竟保持了 80 年连续赢利的纪录，这既是被要求漂亮财务报表的银行所迫，也是嘉吉自身谨慎经营风格的结果。嘉吉不见兔子不撒鹰，不是十足的便宜货绝对不去捡。由于嘉吉未上市，就不必受制于短期业绩的巨大压力，得以实施那些先苦后甜、着眼于长远利益的决策。因此，一旦抄底并购成功，嘉吉还会通过长期的培育，让新业务实现盈利，而不是通过对新公司裁员与包装，然后出售，以求迅速赚钱。

在掌握了从情报分析、风险管理、金融服务到业务经营这一条并购产业链之后，嘉吉逐渐转型成为一家擅长并购的金融公司。所以，我们看到，嘉吉自信满满地进入一些八竿子打不着的行业，如收购法国的啤酒厂、澳大利亚的盐业、新西兰的煤炭公司、美国的罗宾逊钢材公司，甚至是石油和天然气、制药等行业。当然，嘉吉的并购也并非无的放矢，它还是偏重于大宗商品贸易和与食品相关的产业，以充分发挥出它的供应链管理优势或与其粮食主业形成协同效应。嘉吉的金融业务和粮食业务形成了很好的互补，前者高风险、高利润，后者则正好相反。总之，嘉吉表面上是个粮商，但实际上是一个金融巨头。这是嘉吉能够控制并购风险，完成一次次跳跃式增长，直至成为全球粮油行业老大的终极秘密。

2012 年，嘉吉的收入比上年跃增 134 亿美元，首次突破 1300 亿美元大关。随着全球粮市进入低迷期，嘉吉的收入不断下跌，利润率也连续 5 年徘徊在一个多百分点的低水平上。直到 2017 年，嘉吉才走出颓势，拿出高达 30 亿美元利润的漂亮业绩。

嘉吉在中国的业务，主要在食品供应链、动物蛋白、鸡肉、食品添加剂、食用油和动物营养等领域。其中，规模最大的应属饲料业务。由于大豆压榨业务在很长一段时间内受政策限制，无法扩张，嘉吉只好在中国大力发展饲料业务，在中国各地建设了三十多家饲料厂，承接各大豆压榨厂的豆粕下游业务。

益海嘉里在中国走过的路，嘉吉也跟着走了一遍，比如公关。2008 年之前，嘉吉中国区几乎从不面对媒体。在饱受中国舆论对跨国粮商控制中国食用油行业的质疑，以及中国政府颁发限制外资进入粮食加工领域的各种政策后，嘉吉中国设置了公关总监一职，以便更好地和外界沟通。2008 年 1 月，嘉吉排名全球前 35 位的总裁全部来到中国，分别拜访发改委、农业部和各重要农业省、市领导。

还有研发。2016 年 12 月，嘉吉创新中心 Cargill ONE 在上海成立。

Cargill ONE 的创新目标主要聚焦在三个领域：食材风味、食品营养成分及创新菜单研究。近50名科学家、研究人员、营养学家及星级大厨组成的强大研发团队，整合嘉吉在动物营养和食品添加剂等领域的优势资源，以期为中国客户发掘独特风味、开发创新食品，如桂花酒酿风味饮用型酸奶——在酸奶中引入江南传统的桂花酒酿风味。另外，Cargill ONE 还扮演综合教育平台的角色，为公众普及食品安全及营养知识。

2017 年，中国放开政策，外资进入大豆压榨和玉米深加工行业不再受限，嘉吉随即紧锣密鼓地开始新一轮投资。2017 年 4 月，嘉吉与新希望集团合资的河北黄骅港 4400 吨/日项目投入运营。新希望的董事长刘永好曾公开向嘉吉“致敬”：“我们正在学习嘉吉，要把新希望打造成‘中国嘉吉’。”这个项目刚好让新希望得到了一个向嘉吉贴身学习的机会。嘉吉的大豆压榨产能至此达到 2 万吨/日。不过这还远远比不上中粮或益海嘉里，这两家公司的产能均超过了 5 万吨/日。6 月份，嘉吉又启动了松原生化的 200 万吨玉米深加工扩能项目。松原生化是亚洲最大、嘉吉全球第三大的单体玉米深加工厂。目前，嘉吉在中国已有 45 家工厂和 1 万多员工，并且还在不断加大在中国的投资。

阿丹米：下一个千亿美元级别的粮商

让人意外的是，规模仅次于嘉吉的跨国粮商，是日本公司丸红。

2013 年，丸红出资 27 亿美元收购了美国第三大谷物及能源交易商高鸿控股（Gavilon Holdings）除能源外的全部业务，使其谷物经营量跃增至 5500 万吨。如果不算并购，丸红当年经销的大豆和玉米等谷物也高达 2500 万吨，规模位居日本综合商社之首，世界第六。

对高鸿控股的并购，让丸红的收入首次突破 700 亿美元大关，但利润率同时也开始下跌，2015 年最低时跌破了 1%。从 2016 年开始，丸红的收入和利润实现双增长，开始走出了低谷。

丸红在海外投资的重点是美国和巴西。在美国，丸红通过高鸿控股与哥伦比亚谷物公司进行的谷物收储，以及 Pacificor 公司的整船出口装运设备，向日本及全世界其他市场出口美国谷物。丸红在巴西的 Terlogs 公司，于圣卡塔琳娜州南圣弗朗西斯科港，拥有谷物存储及整船装运设备，向中国及东南亚等新兴国家出口巴西的谷物。

通过海外投资和并购，丸红不仅为日本国内提供稳定的谷物供应，还积极参与全球粮食贸易。中国从美洲进口大豆，最高的时候，两成的份额需经过丸红之手。

丸红是广东省的“省长顾问”企业，在中国也有不少的投资，但都与粮油无关，所以在中国粮油圈并不知名。

但是，下一个进入千亿美元俱乐部的跨国粮商，很可能不是丸红，而是阿丹米。

阿丹米在 2012 年和 2013 年的收入直逼 900 亿美元大关，在当时遥遥领先于丸红。但阿丹米在那两年的利润率也是最低的，仅有 1.4% 和 1.5%。为了改善经营业绩，从 2014 年开始，阿丹米大幅收缩业务，收入也直降到 600 多亿美元，不过这让阿丹米的利润率又重回两个多百分点的水平。

随着现金流的改善，阿丹米并购扩张的野心又复苏了。2014 年，阿丹米以 30 亿美元收购了天然香精成分生产商威尔德（Wild Flavors），是该公司迄今最大的并购交易。从 2015 年开始，阿丹米耗资 8 亿左右的美元，陆续增持丰益国际的股份。

与并购四大粮商 ABCD 中的 B——邦吉相比，上述这些并购都是小儿科。阿丹米收购邦吉的并购案，金额可能高达 160 亿美元。如果这一交易成功，将是世界粮食行业有史以来最大的一笔并购案。

在 ABCD 中，阿丹米和邦吉的业务有很强的互补性。阿丹米最擅技术，但相对不擅贸易。邦吉可弥补阿丹米在贸易上的短板。阿丹米的业务主要在美国，在南美的势力相对较弱，在阿根廷甚至还没有大豆压榨厂。

而南美是邦吉的大本营，邦吉在阿根廷圣马丁将军港 6 号码头的合资厂，产能高达 2 万吨/日，是全球最大的大豆压榨厂，一个工厂就抵上邦吉在中国 5 个工厂的全部产能。

阿丹米和邦吉都是美国公司，收购起来无国界障碍，只需经过美国政府的反垄断审批。如果成功收购邦吉，阿丹米将超越嘉吉，成为阿根廷和巴西的最大粮食出口商。阿丹米的总销售额也将与嘉吉比肩，成为全球第二家年销售过千亿美元的巨无霸粮油企业。

邦吉最初于 1818 年成立，到 2018 年正好 200 岁。如此庞大的一家公司，并已经历了 2 个世纪的风风雨雨，为何如今就扛不下去了?

邦吉虽然把家搬到了纽约，但它的许多高管还是拉美人，在企业经营上有着浓重的拉美风格。什么是拉美风格? 说得好听点是“激情奔放”，说得难听点是“比较莽撞”。无论是在中国大豆压榨和饲料市场的扩张，还是食糖业务在短时间内的突飚猛进，都让人觉得，邦吉像是拿着一块红布在公牛面前晃动。

早在 2013 年，邦吉开始筹划，要在东莞打造一个集植物油加工、仓储、码头等多位一体的世界级工厂。该项目一期（大豆与菜籽双线压榨，短期压榨菜籽为主）于 2017 年 4 月左右投产，这使邦吉在中国大豆和菜籽（油脂）压榨版图中的势力得到增强。不过，这个东莞项目很可能也是邦吉在中国的最后一个新开工项目。因为邦吉除了力保压榨业务外，已经开始收缩在中国的非重点业务。

2011 年左右，邦吉对中国市场的饲料业务板块有个庞大的规划，计划 5 年左右时间组建 30 ~ 40 个饲料企业。实际上，邦吉这几年仅在中国投建了 4 个饲料厂，其中南京邦基和唐山邦基为独资，另外还与玖瑞在山东合作组建了两个合资企业。然而，进入 2018 年，南京邦基和唐山邦基都卖给了澳华，与玖瑞的两个合资厂也都卖给了玖瑞，全面退出中国饲料市场。

从全球范围来看，邦吉也从扩张转向收缩。例如，邦吉糖业于 2011 年还参与对澳洲塔利糖厂的收购，但到了 2016 年，邦吉将其在越南的大豆压榨厂的一半股权卖给了丰益国际。

邦吉何以在短短几年时间内由盛转衰?

2010 年，邦吉将巴西化肥业务出售，大赚 24 亿美元。财大气粗的邦吉开始大肆扩张，在全球范围内进行了一系列收购，其中的重点是花了 10 亿美元在巴西豪购 5 个糖厂。邦吉 2011 年的收入增长 29%，达到 587 亿美元。2012 年再增长 8%，达到最高峰的 635 亿美元。不过，2012 年的利润却跌到仅有 6 千万美元，利润率暴跌至千分之一。利润下降的主要原因是邦吉在糖业上计提了 5 亿美元的商誉减值，这意味着邦吉所购糖业资产已大幅贬值。

事实上，各大粮商这几年在糖业上均栽了跟头。阿丹米在 2015 年就把全球糖相关业务全部卖掉了。丰益国际 2017 年在糖业上亏损 2460 万美元。路易达孚的巴西糖业也承受了多年的亏损。这个时候，只有谁笑得最开心? 嘉吉。嘉吉该出手时就出手，2014 年，它与巴西 Copersucar 公司合作，组建了全球最大的糖业交易商艾尔维公司（Alvean)。

邦吉此后几年的经营有所好转，年利润从 3 亿美元上升至 7 亿多美元。不过，2017 年 9 月，邦吉孤注一掷，用掉所有的信用额度，发行了 10 亿美元债券，用来收购马来西亚的 IOI Loders Croklaan 公司 70% 的股份。IOI 是世界排名前列的棕榈油加工企业。不过此次收购不被市场看好，穆迪将邦吉的前景下调为“消极”，并警告说，如果没有大幅改善盈利，将把邦吉的信用评级降至仅高于“垃圾”一级。邦吉股价闻声大跌 5.2%。

邦吉 2017 年度的利润再度大幅度下跌，仅有 1.6 亿美元，利润率不过千分之三。2018 年第一财季则报亏 2100 万美元。亏损的原因之一是花了 1900 万美元的“特别费用”，其中 1400 万美元是遣散费。这说明邦吉在大幅裁员。

邦吉已平安经营了 200 年，却在公司发展达到巅峰时迅速走向末路，真是让人感慨万分。有钱的时候能够不乱花，往往比能赚到钱还不容易。不管对人、还是对公司，都是一样。

中粮瘦身记

中粮，和丸红、阿丹米同处在年销售规模600多亿美元这一层次上，已拥有中粮地产、中粮控股、蒙牛、中国食品等8个直系上市平台。

自2016年1月起，中粮迎来了赵双连时代。赵双连原为中储粮的董事长。为了跻身跨国粮商前列，中粮继续大规模并购，迅速扩张。

7月，经国务院批准，中纺整体并入中粮，成为其全资子企业。国资委积极支持中粮中纺重组，认为“重组有利于资源整合和专业化、集约化经营，加快打造中国自己的国际化大粮商，增强服务国家粮食安全的能力。”

中粮、中纺同处农粮行业，粮油业务国内市场规模分列第一和第三。在收购来宝、收编中纺后，中粮在全国拥有36个工厂（中粮20家+中纺11家+来宝5家），1800万吨的大豆压榨年产能，整体份额提升至14%，已经超过了益海嘉里的1600万吨，成为国内第一。加上其他油料的加工能力，中粮总的年油料加工能力达到2200万吨，位居全球油脂加工企业产能前列。中粮重组后的棉花业务，也占据全球近10%的市场份额。此外，中粮的年产糖总量也达到200万吨，年国际食糖贸易能力300万吨。

中粮、九三和中储粮，三家国企在中国大豆压榨产能上占据了28%的份额，超过了外资的26%。民营的份额则缩减到了46%。正是看到中国食用油行业的内资企业已经牢牢占据了市场主导地位，而且加入世界贸易组织承诺的保护期至2016年结束，国家在2017年放开政策，不再限制外资进入油脂行业。2017年1月17日发布的《关于扩大对外开放积极利用外资若干措施的通知》提出“制造业重点取消……油脂加工等领域外资准入限制”。在《外商投资产业指导目录（2017年修订）》中，也不再限制外资进入油脂加工行业。

2017年2月，中粮再掏出7.5亿美元，收购尼德拉公司剩余的49%股份。在这一收购交易完成后，中粮成为国际领先的全球大粮商之一，也是中国独一无二的全球布局、全产业链、拥有最大市场和发展潜力的企业。以粮、油、糖、棉为核心的农业及食品加工业成为中粮的核心主业。2017年，中粮分别从阿根廷和巴西出口了1100万吨和930万吨谷物及油籽，成为这两个国家的第二和第四大粮食出口商。

宁高宁是嘉吉的忠实拥趸。宁高宁学习嘉吉的结果，是用了11年的时间，将中粮的资产从719亿扩张成了他离开中粮时的4600亿。可是，中粮的利润和利润率在世界7大粮商中都是偏低的，这说明其并购扩张的质量不是太高，或者管理未能跟上扩张的步伐。宁高宁自己也坦承："目前我们只是增长了规模，把负债比例提高了，一个瘦子变成了胖子。当然这个胖子不是通过他真正的骨骼和肌肉成长起来的，他的脂肪比较多，这是我们面临的问题。"

为了去油腻、长肌肉，2017年，中粮开始按照国有资本投资公司的模式进行改革，目的是"打造一批有核心竞争力和市场控制力的专业化企业"。

赵双连对外勾画中粮未来的模式，"中粮将按照'小总部，大产业'的原则，把资本经营与资产管理经营分开，压缩管理层级至三级，形成定位清晰且职责明确的'集团总部资本层－专业化公司资产层－生产单位执行层'三级架构。瘦身健体，优化精简集团总部，做实专业化公司（平台），总部下放资产经营调度权，直接管理专业化公司，实现集团总部向管资本的转型。"

与此同时，中粮的扩张明显减速。赵双连提出，中粮要优化资本布局，聚焦核心业务，淘汰非主业不良资产，打赢提质增效攻坚战。其中被砍的业务就包括已经有20余年历史的金帝巧克力，力度之大，震动市场。

不过，2017年8月10日，加多宝凉茶被列入中粮的最新收购名单。可以肯定，加多宝不会是中粮收购名单上的最后一个。在这一年，经过实在提质增效，中粮的资产总额还是进一步增长到了5388亿元。

路易达孚、邦吉和丰益国际，这三家公司则同处在年销售规模400多亿美元的这个层级。

路易达孚由法国人列奥波德·路易·达孚创建于1851年，总部设于法国巴黎。路易达孚现在是全球最大的棉花销售商，世界第三及法国第一粮食输出商，它控制着非洲和欧洲大部分粮食和加工品的供应。目前，路易达孚的分支机构遍布全球，重要的有布宜诺斯艾利斯、伦敦、巴黎、圣保罗、美国的威尔顿和孟菲斯。路易达孚在全世界范围内从事谷物、油料、大米、糖、咖啡、棉花、乳制品、果汁、金属的贸易以及金融和海运业务，每年收购、加工并运输约8千万吨的农产品，在业务高峰季雇佣超过2.1万名员工，业务遍及100多个国家。路易达孚迟至2013年才于荷兰上市。上市4年，利润率保持在0.4%～1.0%的低水平，勉强在盈亏线上挣扎。

路易达孚虽然曾是家法国公司，但它更像是家美国企业。而美国也简直把路易达孚当成了自己的孩子。

早在1972年，美国总统尼克松访华时，路易达孚就是尼克松总统代表团中的一员，并于1973年与中国开展贸易业务，成为第一家向中国出口棉花的公司。温家宝2003年率大豆采购团访美时，路易达孚居然也是美方大豆贸易商的10个谈判代表之一。如今，在中国每年几千万吨的大豆进口中，路易达孚占15%左右的份额。但路易达孚在中国的大豆压榨产能很低，收购天津金光后，其4个中国工厂的总产能才达到1.3万吨/日。加上嘉吉和邦吉各2万吨/日的产能，ABCD四大粮商控制的产能一共仅占13%的份额，还比不上中粮或益海嘉里一个集团所占的份额高。2015年，中国大豆压榨设计产能是41.37万吨/日。

路易达孚看好中国市场，在中国保持扩张态势，并于2011年在福建漳州合资了一个糖厂，这也是各大跨国粮商除中粮外唯一在中国建设的糖厂。2017年2月，路易达孚与山东渤海签约，合作在山东青岛新建粮油加工基地。

但对其他市场的非核心业务，路易达孚也在大力收缩，比如结束了在非洲和澳洲的化肥业务，还出售了金属业务。

丰益国际的小目标

丰益国际于2008年才首次踏入世界500强俱乐部。受美国金融危机的影响，其2009年的收入下滑达18%。2012年前后，随着世界粮食价格大涨，丰益国际的收入达到455亿美元的高峰，此后就徘徊不前。

丰益国际的业务聚焦在热带油、油籽和谷物、食糖这三大板块。2017年，丰益国际加工和销售了2316万吨的热带油，3330万吨的油籽谷物（含大众消费市场销售的540万吨米面油）和1190万吨食糖，销售收入分别为180亿、198亿和51亿美元。

丰益国际的利润率在一路走低，从2008年的5.3%，降到最近三年的都不超过3%。丰益国际倚重的中国市场在走向成熟，竞争越来越激烈，一些新业务还在投入期，要想提升经营业绩，任重而道远。

不过，如果和其他粮商比较，丰益国际的利润率却是最高的，可见其发展质量不错。丰益国际师从阿丹米，也爱玩技术、开工厂，而这两个公司的利润率在世界7大粮商中都名列前茅，高过那些更偏好做贸易的粮商。

很多人以为，几大跨国粮商通过不断地并购和壮大，从而垄断世界粮油贸易，然后攫取超额利润。实际上，跨国粮商的利润率不比普通粮油企业高，一般也就几个百分点，利薄如纸。稍有不慎，犯下什么大错误，就可能永世不得翻身了。强大如邦吉者，近来也有沦落到沿街喊卖之虞。

粮食利润率虽低，但业务发展稳定，所以不少粮食企业都是老寿星。ABCD四大跨国粮商，最年轻的阿丹米，也有116年的历史。而丰益国际仅用了20多年时间，就从一家小小的贸易公司，成长为世界最大的粮油巨头之一，总资产达到370亿美元，负债率仅为58.5%，而净资产更是从公司刚成立时的10万新币上升到154亿美元。这是包括郭孔丰在内的任何人都没有预料到的事情。

在谈到丰益国际为何能取得如此耀眼的成绩时，郭孔丰说了这么几句话。

“从一开始，我们就非常关注棕榈油和在亚洲的农业业务。我们受益于印度尼西亚和马来西亚棕榈油产量的大幅增长，以及过去几十年亚洲经济的快速增长。我们也有一支很好的队伍。我相信在我们经营的大多数国家，我们都有最好的员工。好的合作伙伴在我们的成功中也扮演着重要的角色。如果没有我们的合作伙伴，我们在印度、斯里兰卡、俄罗斯、乌克兰和非洲等市场的增长是不可能实现的。”

这些话是不是似曾相识？是的，这正是郭鹤年的成功三要素：做生意需要胆识和眼光，把人才用好，与商业伙伴长期合作共赢。

郭孔丰是真正把郭鹤年的商业智慧学到家的人。

郭孔丰在成为“粮油大王”的同时，以 25 亿美元身家登上福布斯 2018 年新加坡富豪排行榜。郭鹤年同期在福布斯马来西亚富豪排行榜上的身家则是 132 亿美元。看来，侄儿要想赶上叔叔，还得加把劲才行。只不过，郭孔丰已不再把赚钱作为人生或企业最重要的使命。

2002 年底，郭孔丰提出要“建立国际一流粮油企业”，这十个字随后被张贴在了旗下企业的醒目位置，成为丰益的发展愿景。

在当时的粮油业内人士看来，这个目标有些不切实际。自从国际粮油市场形成以来，主导国际粮油市场的都是来自欧美的综合性粮油加工贸易集团，其中 ABCD 四大粮商更被认为是不可挑战的霸主，尚且年轻的丰益想要在其中占据一席之地，几无可能。

然而，丰益国际很快打破了 ABCD 的神话，成功跻身国际粮油企业前列，真正成为一家“国际一流粮油企业”。

但是在展望下一个 20 年时，郭孔丰却觉得有必要换一个小目标。他希望把丰益国际建设成为一家“理想的集团”。

如果说“国际一流粮油企业”主要用商业上的成功来衡量，那么“理想的集团”的评判标准应该是公司是否对社会做了有意义的贡献，以及公司行为和公司员工是否受到了社会的尊重。

但是，丰益国际发展得太快，一些工厂缺乏具有足够阅历和经验的管理人员，这使得丰益国际全球数百家工厂，每年都有几起伤亡事故发生。这显然还是不够理想的。

2010 年 3 月 26 日，江苏常熟某公司对益海阿克苏分公司酸化油车间的工艺进行部分改造施工。上午 10 时，施工人员在焊接一根通往酸化油车间的盐析油脚罐的管线时，由于管线内存有大量溶剂汽体，遇明火即刻引发起火，火焰迅速从管线内燃烧到盐析油脚罐后。当时车间内的油脚罐停机前尚存部分棉籽油油脚，致使盐析油脚罐燃烧爆炸。事故导致 3 人死亡，6 人重伤，直接损失数百万元。①

事故原因分析有这么几条：施工人员违章操作。棉籽油生产管理混乱，经常出现违章操作，导致油脚的残溶很高。溶剂挥发出来的气体滞留在盐析的油脚罐中，浓度达到了爆炸的含量。领导安全意识淡薄。施工单位的安全施工现场管理混乱。

最近三年，丰益国际每年均发生 5 起工作场所死亡事件。以 2016 年为例，当年有 4 例发生在中国的中部区域。这些不幸事故分别是：一例是意外接触有害物质，一例是不符合操作程序，一例是对牵引器安全程序的忽视，以及一例交通事故。

作为同根同脉、血浓于水的侨资企业，益海嘉里集团在创造优质、健康、安全的产品服务社会，持续推动产业发展的同时，始终将履行企业社会公民责任作为一项重要使命。

2004 年 1 月，嘉里粮油与中国青少年发展基金会合作，设立了总额为 5000 万元人民币的“嘉里粮油中国公益基金”，并正式启动“希望工程——金龙鱼农民工子女助学项目”。

---

① 引自安全管理网，《益海阿克苏分公司厂区酸化油车间油罐发生爆炸事故案例》。

2013年2月，益海嘉里捐资3000万元，设立金龙鱼慈善公益基金会，并经民政部批准成立。

截至2016年年底，益海嘉里在助学工程、救灾扶贫、复明工程等方面累计捐赠、资助了3.5亿多元。在全国捐资建设了31所益海学校（包括32个助学项目），资助了2.3万多例贫困白内障手术，在13所大学的科研院所设立奖学金……

由于在慈善公益方面的贡献，益海嘉里集团在2009年和2013年分别获得第四届、第八届“中华慈善奖”。

“真正的慈善公益不一定都是轰轰烈烈的，”郭孔丰曾经这样说过，“简单低调中同样孕育着力量。”

丰益国际的发展也并非总是一帆风顺。如前文所述，2016年第二季度，丰益国际上市以来首次出现季度亏损。这令外界惊诧不已。在这样的危急时刻，阿丹米的首席执行官Juan Luciano站出来说，丰益国际的风险控制流程与以往并没有发生改变，这次亏损绝对是意外。

漂亮话谁都会说，阿丹米不只说了漂亮话，还把支持变成了真金白银投入的实际行动。2015年9月至今，阿丹米连连出手，大量购入丰益国际股票，铁了心地支持丰益国际。至2017年11月从吴笙福手中购买4000万股为止，阿丹米累计增持3亿股，耗资约51亿元人民币，平均每股成本3.48新币。不到两年，阿丹米在丰益国际的持股比例提高到25%，增加了约5个百分点。

2016年，阿丹米在丰益国际的股权投资上亏损了4800万美元，但这并不影响它对丰益国际的信心。全球粮食供过于求，连续5年不景气。在阿丹米看来，却是逢低吸纳的好时机。

与阿丹米对丰益国际的长期战略性持股相比，当年中粮放弃丰益的股份，令人遗憾。阿丹米在丰益国际拥有1/4的股权和一个董事席位，应该说，这不仅仅是阿丹米一个公司的投资收益的事情，还关系到美国对世界粮食市场的影响力。如果中粮像阿丹米一样保持或增持在丰益国际拥有的股份，对中国的粮食安全，只有好处，没有坏处。

阿丹米的支持对丰益国际的业务拓展大有好处。一是进口美洲大豆有了稳定而可靠的来源。二是有阿丹米的协助，丰益国际更好被西方文化接纳，容易进入欧洲、美洲和澳洲的市场。三是因中国与一些邻国在历史上有领土纠纷，或可缓解东南亚一些国家对华人有排斥心理。但这些国家无一例外都与美国关系融洽，相当于阿丹米为丰益国际的利益保证做了背书。总之，与阿丹米的合作，让丰益国际在东方与西方之间左右逢源，大有裨益。

世界七大粮商兴起的历史，也是它们不断并购和全球扩张的历史。跨国公司通过并购，不断减少竞争对手，规模越来越大、势力越来越强。在数量巨大的农民和数量更为巨大的消费者之间，这些跨国公司处在细细的瓶颈位置。这不能不让人担心，在中国的粮食安全问题上，它们将扮演什么样的角色?

第十九章 中国人的饭碗

大国寡粮

阿来的小说《尘埃落定》，讲的是川西一群土司的故事。

麦其土司是第一个种罂粟的土司，发了大财，其他土司纷纷跟进。有一年，其他所有土司都只种罂粟，麦其土司则把所有的土地都种上了粮食。来年，络绎不绝的饥民来到麦其的领地上，麦其土司的人说："每个土司都要保护自己的百姓，麦其仓库里的粮食是为自己的百姓预备的。"

粮食不是银子，也不是金子。但在饥荒的时候，粮食可以卖出银子、甚至金子的价格。这是一个傻子都知道的道理。

在人类历史上，曾经有许多大大小小的文明崩溃。表面上看，这些文明崩溃各有各的原因：战争爆发、瘟疫流行、气候剧变、水源枯竭……但是，所有原因都可以归结到一个终极原因上：粮食不够吃了。

在粮食不够吃的时候，快饿死的人不会坐以待毙，一定会去以暴力的手段掠夺别人的食物。被抢了粮食的人，只要有最后一点力气，也会去抢其他人的粮食。如此恶性循环，所有正常的社会秩序都将荡然无存。而在社会大动荡的时候，没有人能安稳地去种粮食，甚至连种子都不会保留，导致粮食状况连年持续恶化。结果，人口数量在短时间内就会断崖式地急剧下跌，一直到人口数量减少到粮食够吃为止，社会才会恢复秩序。

一个文明的兴旺需要几代、几十代人的努力，延续上百年甚至上千年。但一个文明的崩溃往往还用不了一代人，只需短短十几年甚至几年的时间。

在中国历史上，大饥荒的次数实在是太多了，而且多数与战争和亡朝相伴。

中国在西汉时有近六千万的人口，而到魏蜀吴三国时期，人口跌到七百多万，数量仅相当于现在的宁波、唐山这样中等城市的人口规模。隋末大动荡，短短三十余年，人口从四千多万锐减至一千多万。大唐盛世，安史之乱，人口损失近七成。一代天骄成吉思汗，所到之处，血流遍野。蒙古铁骑大举南下，中国人口大损九成，仅余不到九百万人。崖山之后，再无中华。清兵入关，扬州十日，嘉定三屠，中国人口从一个亿跌到一千四百万。受灾最重的天府之国，千里无人烟，百户不留一。太平天国起义，人口再损一亿。

此后，拜玉米、土豆和番薯等美洲高产农作物的引入，中国人口开始了大爆炸，民国初年已有四万万同胞，以后不再低于此数，但中国人民仍然受灾深重。民国时期，短短 38 年，就发生过 11 起大规模饥荒。美国驻华大使司徒雷登说过，1949 年以前，中国平均每年有 300 万～700 万人死于饥饿。如此推算，民国时代曾经累计饿死过上亿的人口。最近的一次大饥荒，距今也不过 50 多年，60 多岁的老人，对此都应有深刻的记忆。

翻看世界史，著名的大饥荒，除了欧洲的爱尔兰和苏联外，其余均发生在以稻米为主食的东部亚洲，如中国、印度、孟加拉、朝鲜和越南等。

非洲的大饥荒也不少。

大饥荒，从今以后就再也不会在中国发生了吗?

作为世界人口第一大国的中国，粮食安全问题让人不安。

中国自80年代初开始严格执行计划生育，人口增长数量连年下降，2010年达到最低点的626万。2011年起，中国计划生育政策开始解冻，从双独二孩、单独二孩到全面二孩。受这些政策的影响，中国的人口增长数量开始回升，2016年达到809万。新增人口每年将要增加三四百万吨的粮食消耗。

与2010年相比，2016年中国城市人口增加了1.2亿，城镇化率提高到了57.4%，人均GDP提高了80%，达到5.4万元。中国人越吃越好，对肉奶蛋的消费量快速增加。国际食物政策研究所的《2016全球粮食政策报告》显示，我国每人每年要吃掉59公斤肉类，达到世界平均数的两倍，10年时间翻了一番。其中，中国人吃掉了全世界一半的猪肉。

中国自2004年开始，实现了连续12年的农业增产，这是最近一百年来，中国粮食最长的一个连续丰产周期。但是，中国还在以每年40万公顷的速度在减少耕地。而且只靠粮食单产的提升来实现增产，总会有达到极限的一天。正如我们已经看到的，中国粮食产量的增长速度正在逐渐下降，2016年还产生了负增长。

中国粮食产得越来越多，但吃得更多。中国早已是全球粮食产量第一大国，超过美国1亿多吨。但与此同时，中国也是全球粮食进口第一大国。中国的粮食自给率跌到85%左右，三大主粮的净进口已呈常态化。中国已是全球头号大米进口国，2017年进口了403万吨的大米。此外，还进口了小麦430万吨，玉米283万吨。中国的粮食安全问题，已经到了非常严重的程度，如表19-1所示。

中国粮食进口中，最大的一项就是大豆，进口数量连创新高。2017年，中国进口了9553万吨大豆，其中含美国大豆3285万吨，占当年粮食进口总量1.3亿吨的73%。全球大豆贸易中，65%的大豆都被中国人买走了。豆油约占中国食用植物油消费的四成，豆粕则占到国内饲料工业蛋白原料的六成。

2016 年，中国进口的大豆、油菜籽和芝麻等油料，一共可榨油 1669 万吨，加上直接进口的 688 万吨的棕榈油、葵花籽油和菜籽油，两者合计 2357 万吨食用油。同期，国产油料榨油仅 1106 万吨。中国食用油的自给率跌到了 32%。最近 5 年，平均每年下跌 1.4 个百分点。如果换算成人数，这意味着如今 9.4 亿人吃的油需要依赖进口。

中国进口大豆和油菜籽榨完油后剩下的豆粕和菜粕，全都用做饲料用途。简单按照料肉比 3.5∶1 来计算，进口油料为每个中国人贡献了 14 公斤的肉食。也就是说，中国人的肉类消费，有 1/4 要依赖进口油料。

如此巨量的粮食进口确实严重威胁到了中国的粮食安全。但是，中国没有那么多的土地用来种大豆和其他粮食。大豆亩产在 300 ~ 400 斤，9553 万吨大豆足足要占用 5.5 亿亩的耕地，仅此一项就超过中国所有耕地面积的 1/4。如果减少大豆和其他粮食进口，势必会让食用油、肉类和其他食品的价格大涨，引起社会动荡。很显然，物价上涨也是中国无法承受之痛。

中国能不能减少大豆的进口？最明显的例证，就是 2018 年 4 月的中美贸易战。中国对美国大豆加征 25% 的关税，消息刚出，中国市场豆粕价格应声而涨。阿根廷和巴西都在准备从美国采购大豆后再卖给中国。美洲大豆是中国的刚需，大豆不再是能不能减少进口的问题，而是能不能保证得了充分进口供应的问题。

中国现在还可以从美国、巴西、阿根廷和乌克兰等国进口粮食。如果有一天，美国自己的粮食也不够吃，或者美国不愿出口粮食给中国，中国人怎么办？

同样的问题，也摆在日本人的面前。

表 19-1　2011—2016 年中国粮食与人口增长

年度	粮食产量（万吨）	粮产产量增长率	净进口量（万吨）	供应量（万吨）	自给率	供应量增长率	人口（亿）	人口增长率	人均粮食（公斤）	人均粮食增长率	城镇人口比例
	①		②	③=①+②	④=①/③		⑤		⑥=③/⑤/10		
2011	57121	4.5%	6103	63224	90.3%	3.5%	13.47	0.47%	469	3.0%	51.3%
2012	58957	3.2%	7751	66708	88.4%	5.5%	13.54	0.50%	493	5.0%	52.6%
2013	60194	2.1%	8402	68596	87.8%	2.8%	13.61	0.49%	504	2.3%	53.7%
2014	60703	0.8%	9834	70537	86.1%	2.8%	13.68	0.52%	516	2.3%	54.8%
2015	62144	2.4%	12313	74457	83.5%	5.6%	13.75	0.50%	542	5.0%	56.1%
2016	61624	-0.8%	10920	72544	84.9%	-2.6%	13.83	0.59%	525	-3.1%	57.4%
2017	61790	0.3%	13060	74850	82.6%	3.2%	13.90	0.53%	538	2.6%	58.5%

日本人如何解决粮食安全问题

日本有 1.27 亿人口，在全球排第 10 位，在发达国家中排名仅次于美国。与中国比较，日本的粮食安全问题简直可怕到了命悬一线的地步。

中国人均耕地 1.5 亩，已经低得可怜，可日本的人均耕地面积仅有中国的 1/3。大米是中日两国最重要的主食，日本大米亩产基本与中国相当，可见其重质量不重数量。中国粮食的自给率让人揪心，只有 85%，日本居然仅仅 40%，还不到中国的一半，是所有工业强国中最低的。韩国也跌破了 50%。但是，根据《经济学人》智库发布的《2013 年世界粮食安全指数报告》，日本和韩国分别排在第 18 位和第 24 位，大大领先于中国的第 42 位。日本是怎么做到的?

日本对粮食安全的看法，足以让我们刷新三观。在日本人看来，粮食供应的“弹性”远比“刚性”重要。也就是说，一个国家的粮食自给率

（刚性）其实与粮食安全并没有太大关系，关键还是在于国内粮食生产能力的储备及在全世界范围内抓取粮食的能力（弹性）。

1973年粮食危机，大豆价格暴涨，美国大豆库存不足。尼克松总统颁布了一条法令，禁止大豆和豆粉出口。大豆在日本饮食中扮演了非常重要的角色。大豆的英文“soya”其实源于日本的“shoyu”——由大豆发酵而制成的酱油，“shoyu”又源于大豆在中国的古称“菽”。在大豆几乎全靠进口的日本，美国的大豆出口禁令引发了“豆腐骚动”。日本人发现，美国原来是靠不住的，这个小弟是不好当的，从此在全世界范围内寻求控制粮源。

巴西有着大量日本移民，日本首先前往巴西，对与大豆产业相关的码头等基础设施、出口和加工设施进行投资。苦于经济不振的巴西政府，对此予以大力支持，巴西的大豆产业由此起飞。分布在巴西各州的日系农协组织有60多家，主要同日本开展农业贸易。而日本的丸红是巴西的第三大谷物出口商，2017年从巴西出口了1000万吨的谷物。

东南亚是另一块日本非常重视的粮源地。日本以粮食援助的方式，换取落后国家对日本未来开拓粮源的支持。以技术和资金与各国合作，共建粮食生产基地。日本在东南亚构建了非常好的国际关系，东南亚各国的普通民众均将日本视为“最可依赖的国家”。日本推动东盟和东亚的大米紧急储备机制的建立，将东南亚变为日本的粮食储备库。

农业本来就是长时间、高投入、低回报的行业，在海外进行农业投资更是风险莫测，没有政府的支持，一般企业不会轻易做这样不符合商业价值逻辑的投资。日本以民企为先锋，在海外进行加工、收储、物流等方面的投资，政府为后盾，提供资讯、金融、税收和保险等方面的服务，政府与民企一条心，共建国家粮食可靠供应的大业。

日本有五大粮企，除了丸红，还有农民协会性质的全农（全国农业协同组合联合会）、伊藤忠商事株式会社、三菱，以及曾经与郭鹤年密切合作的三井。伊藤忠、三菱和三井都比较“花心”，几乎没有不做的生意，业务庞杂，粮油业务只是其业务中较小的板块。

马尔萨斯在18世纪时就提出了食物公理：食物为人类生存所必需。“我们必须理解‘生存所必需’意味着什么，它意味着没有它你就没命了！它是不能以一般的市场价值规律去理解的。一个非常小的国家或非常小的地区还可以不太在乎食物来源的战略问题，而任何一个稍大一些的国家都必须考虑这个战略性的问题。在一个国家内部你可以自由地去设想，一个农民不卖给我食物，自然会有另外的农民卖给我。但如果一个人口大国将食物的来源绝大部分寄托于另外的国家，也就意味着把自己的命完全交到别的国家手上了。”①

作为“粮食勉强自给国”中国，需要在尽可能保证粮食自给的基础上，努力向日本之类的“富有的粮食进口国”转变。但是，由于中国的人口体量太大，一个国家的粮食进口就能吃掉近3成的全球粮食总出口量，又不可能像日本一样高度依赖粮食进口，只能走粮食进口和粮食自给并重的道路。粮食自给已经不可能实现，已不可避免地要像日本一样，踏上海外粮食进口的疆土。因此，建设海外粮食基地，势在必行。

正如郭孔丰所认为的：“中国要构筑可持续的粮食安全战略，还要更加积极地参与国际市场，推动南美、非洲、东南亚、中亚及俄罗斯远东等地区的农业发展，中国用18亿亩耕地生产了5亿多吨粮食，而这些地区尚未开发的可耕地有上百亿亩，如果能够把中国的资金、技术、人才、管理优势，跟这些国家的资源优势相结合，将会对全球粮食安全做出更大的贡献。世界上的粮食供应量越大，对中国的粮食安全越有利。”

尤其是与中国邻近的东南亚、中亚和俄罗斯远东，应该成为中国粮食布局的重点。一旦发生战争，这些地区的粮食不会因海上运输被切断而无法运到中国。

例如，被丰益国际列做投资重点的缅甸。缅甸在历史上就有亚洲谷仓

① 《生态社会人口论》，汪涛著，人民出版社，2015年6月，页112。

之称，如今即将成为亚洲的新粮仓。缅甸结束长达50年的军政独裁统治后，开始改革开放。伊洛瓦底江三角洲河道纵横，池塘密布，土地松软而肥沃，水路交通方便，是有名的鱼米之乡。缅甸年产大米1300万吨左右，排在世界第7位，但尚有1亿亩荒地待开发，发展潜力巨大。2017年出口大米260万吨，预计3年后将跃升至480万吨，位居世界第4位。目前，丰益国际已成为缅甸最大的棕榈油供应商及领先的包装油销售商，并经营榨糖相关业务。丰益国际还在缅甸新建了面粉厂和碾米厂，大量增加投资。丰益国际的合作伙伴是缅甸长城食品工业公司（Great Wall），这个名字暗示了该公司与中国的渊源。

丰益国际的中国上市之路

要在海外建设粮食基地，只有两种方式：殖民或者贸易。

过去，欧洲列强可以凭借国家暴力来占领广大殖民地，直接进行粮食掠夺，把自己国家的粮食安全建立在殖民地人民的痛苦上。像曾经的大不列颠帝国，在其统治下的印度、孟加拉和爱尔兰都发生过死亡人数上百万乃至上千万的大饥荒。在二战之后，殖民主义时代已经终结，只能通过跨国公司以投资的形式进行。日不落帝国的太阳已经落下，但对全球性的公司帝国来说，它们的天空，太阳永远高照。

跨国粮油巨头会在全球范围内寻找有粮食增长潜力的国家进行原料来源布局，然后把粮食运送到粮食不足的国家销售。在多数情况下，跨国公司会与各国寻求粮食稳定供应的意图一致。不过，公司毕竟要以盈利为目的的组织，需要为股东的投资求回报，当公司利益与国家利益产生冲突时，很可能会打自己的小算盘。除非是像中粮这样的国企，由国家投入资金，国家就是股东，其很多战略体现的就是国家的意志。

一般来说，一个公司的业务总有些核心版图，比如阿丹米至少有一半的业务在美国。而有的跨国公司，在全世界范围内游走，已经说不清楚它真正属于哪个国家。最典型的是邦吉。邦吉最初成立于荷兰阿姆斯特丹。荷兰人号称“海上的马车夫”，邦吉也一样，永远都在路上。它于1859年迁往比利时，1884年迁至阿根廷，20世纪70年代迁往巴西，深耕拉丁美洲。21世纪初又将总部迁至美国纽约，并在纽约交易所上市。其业务相当均衡地分布在欧洲、北美、南美和亚洲4大洲。它现在是栖身在纽约，如果未被阿丹米把马套住的话，保不准哪天又驾着马车上哪去了。

再比如丰益国际，虽说是新加坡上市公司，也把总部放在新加坡，但它哪有几粒粮食卖到新加坡？新加坡也没指望靠它来保证粮食供应。掌控丰益国际的郭孔丰是马来西亚华人，业务主要在中国、印尼和印度等国，把公司放在新加坡只是看中它的投资环境，就像许多公司会把总部放在百慕大群岛这样鸟不拉屎的避税天堂一样。事实上，已经很难说得清楚，丰益国际到底是哪个国家的公司。

跨国公司可以没有国籍，但跨国公司的股东肯定是有国籍的。但是，能够以跨国公司的股东身份来确定它到底效忠哪个国家吗？这好像也有很大的难度。特别是在资本市场已经非常发达的今天，一个公司的股权已经变得非常分散。比如丰益国际，它最大的股东，如玻璃市集团、阿丹米，分别是马来西亚和美国的上市公司，在玻璃市集团和阿丹米的背后，又有无数的公司或个人股东。难道因为它最大的股东是马来西亚的玻璃市集团，就能说它是被马来西亚操纵的吗？再说它的实际控制人郭鹤年，早已定居中国香港，不怎么回马来西亚，这就可以说丰益国际是一个被中国香港所控制的企业吗？

公司之间的跨国并购已成为平常事。美国的高鸿控股，昨天还是美国排名前几位的大粮商，今天就变成了一家日本公司，说不定哪天又被丸红卖了呢？

不过，私人企业之间的跨国并购，有可能会影响到一个国家的国家利益。因此许多国家对于跨国并购都有严格的限制，必须事先经过政府的审批。对于牵涉到国有企业的并购案更是需要警惕。因为国有企业的海外并购，其实就相当于国家势力的海外扩张。中粮在澳洲收购一个小小的糖厂，事先都要经过澳大利亚外商投资审核委员会的批准，就是一例。所以，国家和私人企业之间的关系是很复杂的，一方面既要小心事关国家利益的私人企业被他国收购，另一方面又要倚重私人企业来对内增强国家实力，对外进行有助于国家利益的海外扩张。

益海嘉里在中国粮油市场上的碰到的一堆麻烦事，比如，食用油的大半江山已沦陷、食品涨价中的行政干预、不靠谱的国家标准、不合理的转基因标识，以及一次次被网络谣言中伤，无不与它的外资身份有很大的关系。

假设中粮仍能保持有丰益国际或益海嘉里的股份，这一切问题可能都不会是问题。

郭孔丰的初衷，只是想做一份与土地和农业相关的、有情怀的粮油生意，他也没有想到，丰益能成长为今天这样有世界影响力的巨人。他只是一个生意人，只想着通过提高中国粮油生产的技术水平、帮助中国人改善生活品质，并赚取自己应得的利润，从来没有意图要影响到哪一个国家的粮食安全。面对中国社会的质疑，怎么办?

郭老板说，我们到中国上市去吧。

丰益 2006 年在新加坡上市，是其发展史上的一个重要转折点。如果能够在中国上市，或许是下一个转折点?

2017 年，丰益国际在中国的营收达到 224 亿美元，占集团总收入的 51%。丰益国际在全球的不动产投资，中国占 40%，高达 69 亿美元。由此可见，中国业务对丰益国际的重要性。

早在 2009 年 7 月，丰益国际就曾经谋划分拆全部中国业务在中国上市，以应对中国政策和舆论向内资粮企的倾斜，谋求“去外资化”的情势。当时，益海嘉里员工群情激动，纷纷准备现金要买金龙鱼的股票。但因为当时政策环境不好，或者是找不到足够大的壳，金龙鱼的上市风声很快就销声匿迹。

2017 年 11 月，丰益国际再次计划将旗下 20% ~30% 的中国业务通过首次公开募股（IPO）的方式在中国上市。如果上市，最有可能拆分的还是以“金龙鱼”为首的小包装食用油业务。要知道，中国政府一定要“把饭碗牢牢端在自己手中”。益海嘉里再怎么说，也是“侨企”，摆脱不了外资的干系。金龙鱼要想在中国稳健地发展，唯有在中国上市，彻底脱胎换骨，成为一家真正中国的企业。

马来西亚建国至今，华人人口比重减少了一半。马来人优先的政策，让华人及华人资本大量离开这个国家。可是，这些华人资本在中国迎来的也是狐疑的目光，真的是“爹不亲、娘不爱”。中国香港、新加坡这类自由港成了他们最好的栖身地。2018 年 2 月，美国智库 Heritage Foundation 发布《2018 年经济自由度指数》，中国香港和新加坡高居第一、第二名，中国大陆排名第 110 位。正因为经济上自由，所以包括中粮在内的许多大陆公司都纷纷到中国香港去上市，而许多印尼公司会选择去新加坡上市。这也是中国香港、新加坡之所以能够繁荣的关键所在。

如果中国大陆的投资环境能够持续改善，将来有一天，丰益国际将总部迁往中国，变成一家真正的中国公司，也未可知?

尾　声

粮食背后的大国较量

再回头看 2007 年 11 月 10 日发生在重庆家乐福的特价菜籽油抢购事件，我们可以从这样的一件小事中，看出许多不寻常的端倪。

首先，之所以抢购，是因为世界粮食危机带来的食品价格暴涨牵动了低收入人群的经济状况。而擅长菜油进口业务的嘉里与擅长超市贴牌业务的益海刚刚完成整合，得以通过全球化的运作，为家乐福供应最低成本的食用油产品，从而尽可能地满足人们的消费需求。

但如此便宜的菜油，又得益于加拿大以石油为基础的油菜种植业，以及转基因技术的应用。只是现代农业对石油的依赖，又恰恰是引发世界粮食危机的原因。

虽然反对转基因的言论甚嚣尘上，但这挡不住低收入人群的抢购廉价食用油的热情。中国营养学家断言，中国人吃下的食用油早已超过了身体健康所要求的数量，但人们仍然渴望吃掉更多的食用油，成就“舌尖上的中国”。高收入人群虽然没有在冲进重庆家乐福的队伍之列，但也难逃其背后的影响。进口油菜籽在榨出菜籽油后留下的菜粕，被作为饲料喂给工厂式养殖场里的各种禽畜。人们在享用鸡翅、牛排和猪手大餐的时候，不太可能会知道，这些看起来既营养又健康的美食其实也与转基因有着千丝万缕的关系。

其次，在重庆消费者大量抢购加拿大菜籽油的背后，是中国食用油消费对进口的高度依赖。这又引发了中国的粮食安全问题，让中国政府最高层的领导们寝食难安。

2007—2008 年和 2010—2011 年的世界粮食危机，仅仅是暂告一次中场休息。几乎可以肯定，随着地球人口的继续增长，以及地球粮食供应的逼近极限，世界粮食危机很快就会再次卷土重来。或许，一次剧烈的气候变化，一个能源危机的爆发，一场意外的擦枪走火，就会引发一场新的世界粮食危机。

不过，在全球政治与经济秩序中，粮食虽然重要，但其实还只能算是一个小角色。要不相信，拿它与石油或者货币比一比？粮食危机虽然吓人，但其实并没有石油危机或金融危机的影响深远。从粮食、石油、货币、军事、科技到软实力的种种大国实力要素中，粮食，是其中最依赖于其他实力要素支持的一环。

简言之，在一个品牌和一个公司的粮油传奇故事的背后，是一个大国不能退让的底线，以及各国之间的激烈博弈。更激烈的战事，正在从石油、货币、军事、科技到软实力等各条战线上全面展开。

以此观之，隐藏着的中国与美国之间的种种实力较量，或许即将进入白热化的阶段。

后　记

当我最初着手写这本书时，只想从自己的专业角度出发，写一本关于金龙鱼的营销书，顺带讲讲与它的母公司丰益国际相关的一些故事。然而，在写作过程中，这本书慢慢绑架了我。出于探根究底的个性，我不喜欢给这本书留下任何疑点。对于所有不合常理之处，我都会想尽办法去找出一个合理的解释。比如：郭孔丰当年为什么要离开郭氏集团，难道仅仅是因为郭鹤年在自传里所述的对年度奖金的不满？金龙鱼何以会成为中国大陆市场上唯一受抨击的“转基因食品”？中粮先后与嘉里粮油和益海粮油的两次“热恋”和“分手”，究竟是为什么？丰益国际的市值为什么会在2006年到2007年暴增？还有些问题，看起来走得很远，但是对本书内容的完善却必不可少。比如：食品价格为什么会受石油价格的影响？中国的人均吃糖量怎么会少于孟加拉国这样的低收入国家？世界七大粮商各有何成功模式？日本如何解决粮食安全问题？世界粮食危机的根源在哪里？美国如何以粮食为手段实现对全世界的控制？

为了找到这些问题的答案，我不得不像个侦探一样，尽可能地搜集所有的证据，包括中国对引进外资政策的变化、中国粮食管理政策的演变、中国转基因政策的变化、石油对世界经济的影响……感谢这个互联网的时代，让资料搜集变得非常轻松。我可以做到足不出户就能在网上取得几乎所有需要的资料，我要做的只是对资料的整理、甄别和分析，这大大加快了我的写作进程。

写作是件辛苦但是又充满乐趣的工作。春节期间至新疆旅游，当家人在快乐地滑雪时，我一个人困守宾馆亦感觉时光飞逝、快乐无穷。写作还是一项非常孤独的工作。感谢妻子刘茵能够给予我大力的支持，认真与我讨论所遇到的困惑，并分享我对每一条线索取得突破性进展时的快乐。感谢多年的老同事赵俊宏、乔明和好友邓昌麒等人对我的书稿的认真审阅，并提出非常宝贵的修改建议。感谢12岁的儿子直率地批评书中“数字太多了，看得吃力，你这本书不是针对大众普通读者的吗?”多年的公文书写，让我养成了好用数字的习惯。本人尽力做到以客观和公正的态度进行叙事，所有用到的资料都尽可能地有可靠的出处。囿于本人学识所限，书中的疏漏与错误在所难免，所有可能与事实不符的地方都应由我一人承担责任。

对于金龙鱼和丰益国际来说，它们的故事在这本书中暂告一个段落。但对于我来说，对粮食帝国的研究才刚刚开始。有兴趣阅读我最新文章，并且了解下一本新书动态的读者，敬请关注个人微信“公众号”和今日头条的“头条号”：粮食帝国。

余盛

2018年9月于深圳完成终稿

主要参考资料

【参考书籍】

《食用油营销第1书》，余盛，中华工商联合出版社，2013年5月。

《郭鹤年自传》，郭鹤年，商务印书馆（香港）有限公司，2017年12月。

《我的六十年》，林中鸣，北京时代弄潮文化发展公司，2011年5月。

《亚洲教父：中国香港、东南亚的金钱与权力》，乔·史塔威尔，复旦大学出版社，2011年7月。

《粮食战争——市场、权力和世界食物体系的隐形战争》，拉吉·帕特尔，东方出版社，2008年9月。

《粮食危机》，威廉·恩道尔，知识产权出版社，2008年9月。

《饥饿》，马丁·卡帕罗斯，人民文学出版社，2017年6月。

《贪婪的智慧——从为人不齿到受人尊敬的投机史》，查尔斯·R盖斯特，上海财经大学出版社，2006年10月。

《中国居民膳食营养素参考摄入量》，中国营养学会编著，科学出版社，2014年10月。

《贝雷：油脂化学与工艺学》，Y. H. Hui 主编，中国轻工业出版社，

2001 年 6 月。

《中国油脂工业发展史》，王瑞元主编，化学工业出版社，2005 年 10 月。

《中国居民膳食指南 2016》，中国营养学会编著，人民卫生出版社，2016 年 5 月。

【部分期刊、报纸及网络文章】

楔子：

《家乐福重庆踩踏事件》，企业观察 NO. 103，新浪财经。

http://finance.sina.com.cn/blank/jlfcqjt3093.shtml

第一章：

《对话：华商领袖郭鹤年》，2011－08－25，央视网。

http://tv.cntv.cn/video/C10316/b3ba2d957b9542787440eea558987cb8

《郭鹤年：他不仅是物质上的富豪，更是一座精神丰碑》，王世明，2016－09－19，搜狐网。

http://www.sohu.com/a/114639334_115403

《郭鹤年荣获 CCTV 中国经济年度人物终身成就奖》，郭鹤年，2012 年 12 月，《益海嘉里通讯》109 期。

第二章：

《我国粮食对外贸易政策变迁与粮食进出口贸易的发展》，刘美秀、杨艳红，《农业经济问题》（月刊），2013 年第 7 期。

第三章：

《四大粮商之 ADM－打造以农产品加工为核心的产业链闭环》，陈佳，2015－03－08，MBA 智库网。

http://doc.mbalib.com/view/eb5c3f923cc61e35d4bc72ff56202a3c.html

《20 年炼就“金龙鱼”》，李娟，2012－07－27，《经济观察报》。

《2004 大豆风波始末》，油脂工程师之家，搜狐号。

《拯救中国大豆》，曹海东、郭凤玲，《南方周末》，2006-08-10。

《中巴大豆风波系列报道之一：中国“解禁”巴西毒大豆的背后》，王凤君，《21世纪经济报道》2004-07-09。《之二：三国“红大豆”出口者欲向WTO起诉中国》，2004-07-15。《之三：国家质检总局：决不允许毒大豆进口》，2004-07-20。《之四：跨国公司操控大豆之道》，2004-07-23。

《四大粮商之嘉吉-打造“农业一体化+物流+金融风险管理”的纵横全产业模式》，陈佳，2015-03-14，MBA智库网。

http://doc.mbalib.com/view/57847f2c579f0b7b9fbb017dbf5de43a.html

第六章：

《最新数据：2017年全球转基因作物种植面积创纪录》，粮油市场报，2018-06-27。

《转基因强制标识后，美国消费者会如何反应?》，铬天青、游识猷，2016-07-27，果壳网。

https://www.guokr.com/article/441607/

《转基因标识法的尴尬》，王天元，2014-07-01，基因农业网。

http://www.agrogene.cn/info-1071.shtml

《激辩转基因标识》，崔筝、张雪丰、黄志远，《财新周刊》，2015-08-03，第30期。

《转基因标识法，别把中国套进去》，王天元，2015-08-10，基因农业网。

http://www.agrogene.cn/info-2711.shtml

第七章：

《大地新奇观：油菜花》，《中国国家地理》特别策划，2009年6月，总第584期。

第八章：

《“金龙鱼”出水通吃》，李永立、何铭宇，2011-10-14，《新财富》

杂志。

http://www.xcf.cn/sy/hjm/201110/t20111014_191867.htm

《2006年棕榈油市场回顾及展望》，程黔，《粮食与油脂》，2006年第3期。

《欧美生物燃料战略与东南亚粮食贸易困境》，陈戎杰，《东南亚研究》，2008年第6期。

第九章：

《油和米的理想》，史颖波，2013-05-14，财富中文网。

http://www.fortunechina.com/business/c/2013-05/14/content_155935.htm

《一滴稻米油折射大国崛起》，丁满，《南方周末》，2016-11-03。

《中国大米怪现状：产量世界第一加工持续亏损》，胡军华，2016-02-28，第一财经网。

http://www.yicai.com/news/4754863.html

第十章：

《大豆散油与小包装价格倒挂，政府限价还能撑多久?》，平萱，2011-02-19，中国粮油信息网。

http://www.chinagrain.cn/dadou/2011/2/19/2011219847231063.html

《最后的警告：没有石油，世界的运转是无法想象的》，Ian Sample 文，科学松鼠会曹曙婷译，《南方周末》，2008-11-20。

第十一章：

《美国〈远东经济评论〉称中国农民撼动世界市场》，《民营经济报》，2004-10-18。

第十二章：

《一个村支书，一家三兄弟，四个农民互掐30年，他们的两家企业打败了外资巨头》，胡二伙，2016-07-26，网易财经。

http://money.163.com/16/0726/08/BSSVEPIT00253B0H.html

《粮油天下：中粮郭氏"抢王位"》，《商界》，2010-01-06。

http://www.chinagrain.cn/liangyou/2010/1/6/201016839646989.html

第十三章：

《中国食用植物油加工业的现状与发展趋势》，王瑞元，《粮油食品科技》2017 年第 3 期。

《中粮 28 亿美元控股两大巨头变身国际粮商》，王先知，《华夏时报》，2014 - 04 - 04。

第十四章：

《深度公关：博思智奇如何操纵媒体攻击伊利》，昝慧昉、徐涛、刘长江，2010 - 10 - 29，第一财经周刊。

《又见网络打手案》，2011 - 06 - 13，《财新周刊》、财新网。

http://magazine.caixin.com/2011-06-11/100268382.html

《从专业角度分析：金龙鱼生产地沟油就是个笑话!》，老徐时评，2017 - 05 - 17，凤凰网。

http://wemedia.ifeng.com/15852692/wemedia.shtml

第十五章：

《质检总局局长支树平谈高质量发展：过去“保底线”，现在“拉高线”》，贺佳雯、陈珏伶，《南方周末》，2018 - 03 - 15。

《最高人民法院关于发布第 12 批指导性案例的通知》，《人民法院报》，2016 - 06 - 6。

《再等等，调和油相关国标近期恐难出台》，2016 - 10 - 25，农产品期货网。

http://finance.sina.com.cn/money/future/agri/2016-10-25/doc-ifxwzpsa8611076.shtml

《“一流的企业做标准”？你不知道的标准起草内幕》，2016 - 10 - 13，《21 世纪经济报道》。

《“金龙鱼转基因标识案”福州开庭》，魏凡、杨玲玲，2014 - 10 - 31，《长江商报》。

《发改委驳食用油价被操纵》，2009－12－15，《京华时报》。

第十六章：

《丰益国际印尼毁林实录》，2015－07－02，百度文库。

https://wenku.baidu.com/view/10ee3bf31711cc7930b71687.html?from_page=view&from_mod=download&isbtn=2

《棕榈油、毁林与气候变化－中国发展简报》，文档投稿赚钱网。

https://max.book118.com/html/2017/0305/94406812.shtm

《在印尼体验十面霾伏》，王海权、周檬，《国际先驱导报》，2013－07－18。

《印度植物油供需格局分析》，中信期货研究资讯，2018－02－02，搜狐网。

http://www.sohu.com/a/220448465_465507

《金龙鱼母公司非洲称王有三招央企可以效法》，胡军华、李一杉、马晓桐，2015－05－07，《第一财经周刊》。

《几乎是中国翻版金龙鱼母公司在印度能重演传奇吗》，胡军华，2016－05－26，《第一财经周刊》。

《同有十三亿人口同是进口大国，和中国相似的印度为何搞了这样的食用油创新?》，2017－06－30，突袭资讯网。

http://news.tuxi.com.cn/viewtt/q/20170627B01EPM00.html

《二十国角逐葵花籽油“诺贝尔”，金龙鱼问鼎全球品质金奖》，柯珂，《南方周末》，2017－07－20。

《Repi Wilmar Alleges Seven Billion Birr Investment on 14 Factories》，BY BROOK ABDU，FORTUNE STAFF WRITER，PUBLISHED ON MAY 18，2015。

https://addisfortune.net/articles/repi-wilmar-alleges-seven-billion-birr-investment-on-14-factories/

第十七章：

《沙特：对马巨额“赠款”是真的!》，陈立希，2016－04－16，新华网。

《澳大利亚制糖业基本情况以及中澳糖业合作》，李晓鸣，2010－01－14，中国论文联盟。

http://www.lwlm.com/guojijingji/201001/342021.htm

《收购澳糖的“柔性攻势”》，于旭波，《中国企业家》，2011年第19期。

《澳洲糖业巨头暂拒光明收购或进一步抬价》，2010－01－29；《光明错失澳糖企资产收购丰益国际悄然充当程咬金》，2010－07－06；《光明称17.5亿澳元收购澳糖企价偏高》，2010－07－07；《中粮提出每股43澳元竞购澳糖商》，2011－05－26；《中粮购澳糖获批太迟：外资狙击者股权反超一成》，张旭，2011－06－01。《21世纪经济报道》。

《“妖糖”的前世今生：一部厚重的中国糖业发展史》，连学智，2017－10－23，搜狐网。

http://www.sohu.com/a/199611376_117959

《中国食糖进口深度分析》，北京工商大学经济学院，2017－07－23，个人图书馆。

http://www.360doc.com/content/17/0723/18/20549456_673568475.shtml

第十八章：

《百年农企嘉吉的秘密》，陈纪英，2014－08－29，《中国新闻周刊》。

《中粮食物链：行业老大剑指全产业》，王友海，《商界评论》2010年第2期。

《郭孔丰在丰益国际25周年庆祝晚宴上的讲话》，郭孔丰，2016－04－15，丰益国际官网。

http://www.wilmar-international.com/wp-content/uploads/2012/11/Speech-by-Mr-KKH-at-Wilmars-25th-Anniversary-Dinner-Chinese.pdf

《丰益国际（金龙鱼母公司）8年后再提中国业务重组，有何深意?》，《中国经营报》，2017－05－28。

《一场5000亿的加法：粮油航母横空出世，探秘中粮中纺的前世今生》，扑克财经，2016-07-20，雪球网。

https://xueqiu.com/1212782157/72170914

《ADM为何豪掷40多亿增持金龙鱼母公司股权?》，胡军华，2016-09-09，《第一财经新商业》。

《Pressure builds on Bunge with struggle to give up sugar》，By Jonathan Saul and Clara Denina。

https://finance.yahoo.com/news/pressure-builds-bunge-struggle-sugar-160223429.html

第十九章：

《中国正在成为全球第一粮食进口大国》，魏雅华，进出口经理人网。

http://www.tradetree.cn/content/3208/4.html

《除了石油，中国大米进口量也是世界第一》，腾讯财经，2016-01-20。

http://finance.qq.com/original/MissMoney/mm0097.html

《论日本粮食安全保障政策》，周建高，《日本学刊》2016年第6期。

《日本粮食安全镜鉴》，2013-12-09，《财经》。

《潜伏30年日本粮商控制中国近两成大豆进口》，胡军华，2014-04-15，《第一财经日报》。

《构建可持续的粮食安全体系，郭孔丰总裁在2014中国粮食与食品安全战略上的讲话》，郭孔丰，2014年11月，《益海嘉里通讯》120期。

【部分上市公司年报】

新加坡交易所 http://www.sgx.com/wps/portal/sgxweb_ch/home：WILMAR INTERNATIONAL LIMITED。

上海证券交易所 http://www.sse.com.cn/：中粮屯河糖业有限公司（600737）。

深圳证券交易所 http://www.szse.cn/：西王食品股份有限公司

（000639），广西贵糖（集团）股份有限公司（000833），南宁糖业股份有限公司（000911）。

中国香港交易所 http://www.hkex.com.hk：中国食品有限公司（00506），中国粮油控股有限公司（00606），嘉里建设有限公司（00683），香格里拉（亚洲）有限公司（00069），长寿花食品股份有限公司（01006）。

美国证券交易委员会 https://www.sec.gov/：ARCHER-DANIELS-MIDLAND COMPANY

【部分公司官方网站】

新加坡　丰益国际有限公司 http://www.wilmar-international.com/

中国　益海嘉里集团 http://www.yihaikerry.net.cn/

马来西亚　玻璃市集团 http://www.ppbgroup.com

马来西亚　联邦集团 http://ffmb.com.my/

美国　阿丹米公司 https://www.adm.com/

美国　嘉吉公司 https://www.cargill.com/

美国　邦吉公司 https://www.bunge.com/

中国　嘉吉中国 https://www.cargill.com.cn/zh/

日本　丸红株式会社 https://www.marubeni.com.cn/

法国　路易达孚公司 http://www.ldc.com/global/en/

中国　路易达孚中国 http://www.ldc.com/cn/cn/

印度　阿达尼集团 https://www.adani.com/

印度　仨慈奴卡公司 http://www.renukasugars.com/en/

推荐作者得新书！

博瑞森征稿启事

亲爱的读者朋友：

感谢您选择了博瑞森图书！希望您手中的这本书能给您带来实实在在的帮助！

博瑞森一直致力于发掘好作者、好内容，希望能把您最需要的思想、方法，一字一句地交到您手中，成为管理知识与管理实践的桥梁。

但是我们也知道，有很多深入企业一线、经验丰富、乐于分享的优秀专家，或者忙于实战没时间，或者缺少专业的写作指导和便捷的出版途径，只能茫然以待……

还有很多在竞争大潮中坚守的企业，有着异常宝贵的实践经验和独特的洞察，但缺少专业的记录和整理者，无法让企业的经验和故事被更多的人了解、学习……

对读者而言，这些都太遗憾了！

博瑞森非常希望能将这些埋藏的"宝藏"发掘出来，贡献给广大读者，让更多的人从中受益。

所以，我们真心地邀请您，我们的老读者，帮我们搜寻：

推荐作者

可以是您自己或您的朋友，只要对本土管理有实践、有思考；可以是您通过网络、杂志、书籍或其他途径了解的某位专家，不管名气大小，只要他的思想和方法曾让您深受启发。

可以是管理类作品，也可以超出管理，各类优秀的社科作品或学术作品。

推荐企业

可以是您自己所在的企业，或者是您熟悉的某家企业，其创业过程、运营经历、产品研发、机制创新，等等。无论企业大小，只要乐于分享、有值得借鉴书写之处。

总之，好内容就是一切！

博瑞森绝非"自费出书"，出版费用完全由我们承担。您推荐的作者或企业案例一经采用，我们会立刻向您赠送书币 1000 元，可直接换取任何博瑞森图书的纸书或电子书。

感谢您对本土管理原创、博瑞森图书的支持！

推荐投稿邮箱：bookgood@126.com　　推荐手机：13611149991

1120本土管理实践与创新论坛

这是由100多位本土管理专家联合创立的企业管理实践学术交流组织，旨在孵化本土管理思想、促进企业管理实践、加强专家间交流与协作。

论坛每年集中力量办好两件大事：第一，**“出一本书”**，汇聚一年的思考和实践，把最原创、最前沿、最实战的内容集结成册，贡献给读者；第二，**“办一次会”**，每年11月20日本土管理专家们汇聚一堂，碰撞思想、研讨案例、交流切磋、回馈社会。

论坛理事名单（以年龄为序，以示传承之意）

首届常务理事：

彭志雄	曾 伟	施 炜	杨 涛	张学军	郭 晓	程绍珊	胡八一
王祥伍	李志华	陈立云	杨永华				

理　　事：

张再林	卢根鑫	刘文瑞	王铁仁	周荣辉	罗 珉	房西苑	曾令同
黄民兴	陆和平	孟广桥	宋杼宸	张国祥	刘承元	叶兴平	曹子祥
宋新宇	吴越舟	吴 坚	杜建君	戴欣明	仲昭川	刘春雄	刘祖轲
张茂泽	段继东	陈立胜	梁 涛	何 慕	秦国伟	贺兵一	罗海容
张小虎	陈忠建	郭 剑	余晓雷	黄中强	朱玉童	沈 坤	阎立忠
张 进	丁兴良	朱仁健	薛宝峰	史贤龙	卢 强	史幼波	黄剑黎
叶敦明	王 涛	李文才	王 强	张远凤	陈 明	廖信琳	岑立聪
方 刚	何足奇	周 俊	杨 奕	孙行健	孙嘉晖	张东利	郭富才
叶 宁	何 屹	沈 奎	王明胤	王 超	马宝琳	谭长春	杨竣雄
夏惊鸣	张 博	段传敏	李洪道	胡浪球	孙 波	唐江华	程 翔
翟玉忠	刘红明	杨鸿贵	伯建新	高可为	李 蓓	王春强	孔祥云
戴 勇	贾同领	罗宏文	张兵武	史立臣	李政权	余 盛	陈小龙
尚 锋	邢 雷	余伟辉	李小勇	苗庆显	孙 巍	陈继展	全怀周
林延君	王清华	初勇钢	陈 锐	高继中	聂志新	黄 屹	沈 拓
徐伟泽	潦 寒	谭洪华	崔自三	王玉荣	蒋 军	侯军伟	黄润霖
朱伟杰	金国华	吴 之	葛新红	周 剑	崔海鹏	李治江	陈海超
柏 龑	唐道明	刘书生	朱志明	曲宗恺	杜 忠	黄渊明	王献永
范月明	吕 林	刘文新	赵晓萌	张 伟	韩 旭	韩友诚	熊亚柱
秦海林	孙彩军	刘 雷	贺小林	王庆云	黄 娜	俞士耀	田 军
丁 昀	张小峰	黄 磊	罗晓慧	赵海永	伏泓霖	任彭枞	梁小平
鄢圣安	马方旭	乐 涛	杨晓燕	欧阳莉华	陈 慧	张 璐	

企业案例·老板传记

	书名．作者	内容/特色	读者价值
企业案例·老板传记	**你不知道的加多宝：原市场部高管讲述** 曲宗恺　牛玮娜　著	前加多宝高管解读加多宝	全景式解读，原汁原味
	借力咨询：德邦成长背后的秘密 官同良　王祥伍　著	讲述德邦是如何借助咨询公司的力量进行自身与发展的	来自德邦内部的第一线资料，真实、珍贵，令人受益匪浅
	娃哈哈区域标杆：豫北市场营销实录 罗宏文　赵晓萌　等著	本书从区域的角度来写娃哈哈河南分公司豫北市场是怎么进行区域市场营销，成为娃哈哈全国第一大市场、全国增量第一高市场的一些操作方法	参考性、指导性，一线真实资料
	六个核桃凭什么：从0过100亿 张学军　著	首部全面揭秘养元六个核桃裂变式成长的巨著	学习优秀企业的成长路径，了解其背后的理论体系
	像六个核桃一样：打造畅销品的36个简明法则 王　超　范　萍　著	本书分上下两篇：包括“六个核桃”的营销战略历程和36条畅销法则	知名企业的战略历程极具参考价值，36条法则提供操作方法
	解决方案营销实战案例 刘祖轲　著	用10个真案例讲明白什么是工业品的解决方案式营销，实战、实用	有干货、真正操作过的才能写得出来
	招招见销量的营销常识 刘文新　著	如何让每一个营销动作都直指销量	适合中小企业，看了就能用
	我们的营销真案例 联纵智达研究院　著	五芳斋粽子从区域到全国/诺贝尔瓷砖门店销量提升/利豪家具出口转内销/汤臣倍健的营销模式	选择的案例都很有代表性，实在、实操！
	中国营销战实录：令人拍案叫绝的营销真案例 联纵智达　著	51个案例，42家企业，38万字，18年，累计2000余人次参与……	最真实的营销案例，全是一线记录，开阔眼界
	双剑破局：沈坤营销策划案例集 沈　坤　著	双剑公司多年来的精选案例解析集，阐述了项目策划中每一个营销策略的诞生过程，策划角度和方法	一线真实案例，与众不同的策划角度令人拍案叫绝、受益匪浅
	宗：一位制造业企业家的思考 杨　涛　著	1993年创业，引领企业平稳发展20多年，分享独到的心得体会	难得的一本老板分享经验的书
	简单思考：AMT咨询创始人自述 孔祥云　著	著名咨询公司（AMT）的CEO创业历程中点点滴滴的经验与思考	每一位咨询人，每一位创业者和管理经营者，都值得一读
	边干边学做老板 黄中强　著	创业20多年的老板，有经验、能写、又愿意分享，这样的书很少	处处共鸣，帮助中小企业老板少走弯路
	三四线城市超市如何快速成长：解密甘雨亭 IBMG国际商业管理集团　著	国内外标杆企业的经验＋本土实践量化数据＋操作步骤、方法	通俗易懂，行业经验丰富，宝贵的行业量化数据，关键思路和步骤
	中国首家未来超市：解密安徽乐城 IBMG国际商业管理集团　著	本书深入挖掘了安徽乐城超市的试验案例，为零售企业未来的发展提供了一条可借鉴之路	通俗易懂，行业经验丰富，宝贵的行业量化数据，关键思路和步骤

互联网＋

	书名．作者	内容/特色	读者价值
互联网＋	**新营销** 刘春雄　著	新营销的新框架体系是场景是产品逻辑，IP是品牌逻辑，社群是连接逻辑，传播是营销逻辑	助力品牌商实现由传统营销到新营销的理念和行动的跨越，助力企业打赢升级转型之仗
	企业微信营销全指导 孙　巍　著	专门给企业看到的微信营销书，手把手教企业从小白到微信营销专家	企业想学微信营销现在还不晚，两眼一抹黑也不怕，有这本书就够

续表

互联网+	**企业网络营销这样做才对:B2B大宗B2C** 张　进　著	简单直白拿来就用,各种窍门信手拈来,企业网络营销不麻烦也不用再头疼,一般人不告诉他	B2B、大宗B2C企业有福了,看了就能学会网络营销
	互联网时代的银行转型 韩友诚　著	以大量案例形式为读者全面展示和分析了银行的互联网金融转型应对之道	结合本土银行转型发展案例的书籍
	正在发生的转型升级·实践 本土管理实践与创新论坛　著	企业在快速变革期所展现出的管理变革新成果、新方法、新案例	重点突出对于未来企业管理相关领域的趋势研判
	触发需求:互联网新营销样本·水产 何足奇　著	传统产业都在苦闷中挣扎前行,本书通过鲜活的案例告诉你如何以需求链整合供应链,从而把大家熟知的传统行业打碎了重构、重做一遍	全是干货,值得细读学习,并且作者的理论已经经过了他亲自操刀的实践检验,效果惊人,就在书中全景展示
	移动互联新玩法:未来商业的格局和趋势 史贤龙　著	传统商业、电商、移动互联,三个世界并存,这种新格局的玩法一定要懂	看清热点的本质,把握行业先机,一本书搞定移动互联网
	微商生意经:真实再现33个成功案例操作全程 伏泓霖　罗晓慧　著	本书为33个真实案例,分享案例主人公在做微商过程中的经验教训	案例真实,有借鉴意义
	阿里巴巴实战运营——14招玩转诚信通 聂志新　著	本书主要介绍阿里巴巴诚信通的十四个基本推广操作,从而帮助使用诚信通的用户及企业更好地提升业绩	基本操作,很多可以边学边用,简单易学
	阿里巴巴实战运营2:诚信通热卖技巧 聂嵘海　著	诚信通TOP商家赚钱的密码箱,手把手教你操作,拿来就用	图文并茂,内容齐全,直接可以对照使用
	抖音营销如何做:未来抖商 刘大贺　著	解密从0到1亿粉丝的实操路径,深度剖析抖音营销全系统策略	企业做抖音营销的第一书
	微商团队长:从入门到精通 罗品牌　著	由浅入深,涵盖微商团队长必学技能的方方面面	只要照着做,就能当好微商团队长
	互联网精准营销 蒋　军　著	怎么在互联网时代整体策划、包装品牌和产品,并在此基础上为企业设计商业模式,技术实现并运营落地	为有基础的小微企业(大企业的新项目)1年实现销售额过亿,2年对接资本,3年左右准IPO
	今后这样做品牌:移动互联时代的品牌营销策略 蒋　军　著	与移动互联紧密结合,告诉你老方法还能不能用,新方法怎么用	今后这样做品牌就对了
	互联网+"变"与"不变":本土管理实践与创新论坛集萃·2016 本土管理实践与创新论坛　著	本土管理领域正在产生自己独特的理论和模式,尤其在移动互联时代,有很多新课题需要本土专家们一起研究	帮助读者拓宽眼界、突破思维
	创造增量市场:传统企业互联网转型之道 刘红明　著	传统企业需要用互联网思维去创造增量,而不是用电子商务去转移传统业务的存量	教你怎么在"互联网+"的海洋中创造实实在在的增量
	重生战略:移动互联网和大数据时代的转型法则 沈　拓　著	在移动互联网和大数据时代,传统企业转型如同生命体打算与再造,称之为"重生战略"	帮助企业认清移动互联网环境下的变化和应对之道
	画出公司的互联网进化路线图:用互联网思维重塑产品、客户和价值 李　蓓　著	18个问题帮助企业一步步梳理出互联网转型思路	思路清晰、案例丰富,非常有启发性
	7个转变,让公司3年胜出 李　蓓　著	消费者主权时代,企业该怎么办	这就是互联网思维,老板有能这样想,肯定倒不了
	跳出同质思维,从跟随到领先 郭　剑　著	66个精彩案例剖析,帮助老板突破行业长期思维惯性	做企业竟然有这么多玩法,开眼界

续表

行业类：零售、白酒、食品/快消品、农业、医药、建材家居等			
	书名．作者	内容/特色	读者价值
零售·超市·餐饮·服装	**总部有多强大，门店就能走多远** IBMG 国际商业管理集团　著	如何把总部做强，成为门店的坚实后盾	了解总部建设的方法与经验
	超市卖场定价策略与品类管理 IBMG 国际商业管理集团　著	超市定价策略与品类管理实操案例和方法	拿来就能用的理论和工具
	连锁零售企业招聘与培训破解之道 IBMG 国际商业管理集团　著	围绕零售企业组织架构、培训体系建设等内容进行深刻探讨	破解人才发现和培养瓶颈的关键点
	中国首家未来超市：解密安徽乐城 IBMG 国际商业管理集团　著	介绍了乐城作为中国首家未来超市从无到有的传奇经历	了解新型零售超市的运作方式及管理特色
	三四线城市超市如何快速成长：解密甘雨亭 IBMG 国际商业管理集团　著	揭秘一家三四线连锁超市的经验策略	不但可以欣赏它的优点，而且可以学会它成功的方法
	新零售　新终端 迪智成咨询团队　著	梳理和提炼新零售的系统打法，将之落地在新终端建设上	让新零售这一看似形而上的商业概念有了可以落地的立足点
	新零售动作分解：建材　家居家具 盛斌子　著	第一本锁定在家居建材、家电、家装等耐用消费品领域谈新零售的书	第一本谈新零售的具体动作、策略、方法、招术的书，拿来就用
	新零售进化趋势与未来格局 李政权　著	通过业态、品类、体验、场景等，逐一呈现新零售的未来进化	就新零售未来的发展方向与进化趋势给出一个确定性的未来
	涨价也能卖到翻 村松达夫　【日】	提升客单价的 15 种实用、有效的方法	日本企业在这方面非常值得学习和借鉴
	移动互联下的超市升级 联商网专栏频道　著	深度解析超市转型升级重点	帮助零售企业把握全局、看清方向
	手把手教你做专业督导：专卖店、连锁店 熊亚柱　著	从督导的职能、作用，在工作中需要的专业技能、方法，都提供了详细的解读和训练办法，同时附有大量的表单工具	无论是店铺需要统一培训，还是个人想成为优秀的督导，有这一本就够了
	百货零售全渠道营销策略 陈继展　著	没有照本宣科、说教式的絮叨，只有笔者对行业的认知与理解，庖丁解牛式的逐项解析、展开	通俗易懂，花极少的时间快速掌握该领域的知识及趋势
	零售：把客流变成购买力 丁　昀　著	如何通过不断升级产品和体验式服务来经营客流	如何进行体验营销，国外的好经营，这方面有启发
	餐饮企业经营策略第一书 吴　坚　著	分别从产品、顾客、市场、盈利模式等几个方面，对现阶段餐饮企业的发展提出策略和思路	第一本专业的、高端的餐饮企业经营指导书
	餐饮新营销 杨　勇　程绍珊　著	在新环境下，对餐饮营销管理进行了全面深入的解读，提供了方式方法	全面性、系统性，区别于市面上的纯操作类作品
	电影院的下一个黄金十年：开发·差异化·案例 李保煜　著	对目前电影院市场存大的问题及如何解决进行了探讨与解读	多角度了解电影院运营方式及代表性案例
	赚不赚钱靠店长：从懂管理到会经营 孙彩军　著	通过生动的案例来进行剖析，注重门店管理细节方面的能力提升	帮助终端门店店长在管理门店的过程中实现经营思路的拓展与突破
耐消品	**商用车经销商运营实战** 杜建君　王朝阳　章晓青　等著	从管理到经营，从销售到服务，系统化运作全指导	为经销商经营开阔思路，掌握方法
	汽车配件这样卖：汽车后市场销售秘诀 100 条 俞士耀　著	汽配销售业务员必读，手把手教授最实用的方法，轻松得来好业绩	快速上岗，专业实效，业绩无忧

续表

耐消品	**润滑油销售:这样说这样做更有效** 张金荣　著	针对渠道、经销商、终端的超实用话术	上车看,下车用,3分钟就能学会。
	新经销:新零售时代,教你做大商 黄润霖　著	从选址、产品、促销、团队、规模阐述新经销变与不变的市场手法和操作思路	实地拜访近100位经销商在传统营销手法上的创新、新营销工具的发现
	珠宝黄金新营销 崔德乾　著	营销、品牌、产品、连接、场景、社群、服务、传播、管理及产业价值链	新营销在珠宝行业的实战应用,业内必备第一书
	跟行业老手学经销商开发与管理:家电、耐消品、建材家居 黄润霖　著	全部来源于经销商管理的一线问题,作者用丰富的经验将每一个问题落实到最便捷快速的操作方法上去	书中每一个问题都是普通营销人亲口提出的,这些问题你也会遇到,作者进行的解答则精彩实用
白酒	**酒水饮料快消品餐饮渠道营销手册** 朱伟杰　著	主要针对快消品(酒水、饮料)的餐饮渠道,提供了区域、商圈、不同业态的规划和促销安排等多种工具,并提出了经销商、批发商等相关人员的管理方法	一本酒水饮料如何在餐饮渠道销售的全能手册,内容深入翔实,可以直接照搬套用,这样的便利简直千金不换
	白酒到底如何卖 赵海永　著	以市场实战为主,多层次、全方位、多角度地阐释了白酒一线市场操作的最新模式和方法,接地气	实操性强,37个方法、6大案例帮你成功卖酒
	变局下的白酒企业重构 杨永华　著	帮助白酒企业从产业视角看清趋势,找准位置,实现弯道超车的书	行业内企业要减少90%,自己在什么位置,怎么做,都清楚了
	1. 白酒营销的第一本书(升级版) **2. 白酒经销商的第一本书** 唐江华　著	华泽集团湖南开口笑公司品牌部长,擅长酒类新品推广、新市场拓展	扎根一线,实战
	区域型白酒企业营销必胜法则 朱志明　著	为区域型白酒企业提供35条必胜法则,在竞争中赢销的葵花宝典	丰富的一线经验和深厚积累,实操实用
	10步成功运作白酒区域市场 朱志明　著	白酒区域操盘者必备,掌握区域市场运作的战略、战术、兵法	在区域市场的攻伐防守中运筹帷幄,立于不败之地
	酒业转型大时代:微酒精选2014-2015 微酒　主编	本书分为五个部分:当年大事件、那些酒业营销工具、微酒独立策划、业内大调查和十大经典案例	了解行业新动态、新观点,学习营销方法
快消品·食品	**中国快消品营销的这些年** 史贤龙　著	作者精华文章的合集,一本书浓缩了过去十五年,中国营销的实战历程与前沿思考	快消品营销行业的案例和方法都原汁原味呈现,在反映当时风貌的同时,展望与反思
	营销中国茶:2小时读懂茶叶营销 史贤龙　著	从不同视角对中国的茶营销进行了思考,内容涉及中国茶产业战略困境、茶企规模化、茶品牌崛起、茶文化、茶营销、茶消费、茶零售、茶道等	内容丰富扎实,文字流畅,浓缩的都是精华,让你2小时读懂茶叶营销
	这样打造快消品标杆市场 罗宏文　著	帮助你解决如何成功打造标杆市场和进行持续增量管理两大问题	一套系统的方法论,通俗易懂,可以直接套用
	5小时读懂快消品营销:中国快消品案例观察 陈海超　著	多年营销经验的一线老手把案例掰开了、揉碎了,从中得出的各种手段和方法给读者以帮助和启发	营销那些事儿的个中秘辛,求人还不一定告诉你,这本书里就有
	快消品招商的第一本书:从入门到精通 刘　雷　著	深入浅出,不说废话,有工具方法,通俗易懂	让零基础的招商新人快速学习书中最实用的招商技能,成长为骨干人才
	乳业营销第一书 侯军伟　著	对区域乳品企业生存发展关键性问题的梳理	唯一的区域乳业营销书,区域乳品企业一定要看

续表

快消品·食品	**金龙鱼背后的粮油帝国** 余　盛　著	讲述金龙鱼品牌及母公司丰益国际的商业冒险故事	在精彩的阅读体验中学到营销管理的方法
	食用油营销第一书 余　盛　著	10 多年油脂企业工作经验，从行业到具体实操	食用油行业第一书，当之无愧
	中国茶叶营销第一书 柏　龑　著	如何跳出茶行业“大文化小产业”的困境，作者给出了自己的观察和思考	不是传统做茶的思路，而是现在商业做茶的思路
	调味品企业八大必胜法则 张　戟　著	八大规律性的关键成功要素，背后都有本土调味品企业的成功实践	“观点阐述 + 案例描述”，行业必读
	调味品营销第一书 陈小龙　著	国内唯一一本调味品营销的书	唯一的调味品营销的书，调味品的从业者一定要看
	快消品营销人的第一本书：从入门到精通 刘　雷　伯建新　著	快消行业必读书，从入门到专业	深入细致，易学易懂
	变局下的快消品营销实战策略 杨永华　著	通胀了，成本增加，如何从被动应战变成主动的“系统战”	作者对快消品行业非常熟悉、非常实战
	快消品经销商如何快速做大 杨永华　著	本书完全从实战的角度，评述现象，解析误区，揭示原理，传授方法	为转型期的经销商提供了解决思路，指出了发展方向
	快消品营销：一位销售经理的工作心得 2 蒋　军　著	快消品、食品饮料营销的经验之谈，重点图书	来源与实战的精华总结
	快消品营销与渠道管理 谭长春　著	将快消品标杆企业渠道管理的经验和方法分享出来	可口可乐、华润的一些具体的渠道管理经验，实战
	成为优秀的快消品区域经理（升级版） 伯建新　著	用“怎么办”分析区域经理的工作关键点，增加 30% 全新内容，更贴近环境变化	可以作为区域经理的“速成催化器”
	销售轨迹：一位快消品营销总监的拼搏之路 秦国伟　著	本书讲述了一个普通销售员打拼成为跨国企业营销总监的真实奋斗历程	激励人心，给广大销售员以力量和鼓舞
	快消老手都在这样做：区域经理操盘锦囊 方　刚　著	非常接地气，全是多年沉淀下来的干货，丰富的一线经验和实操方法不可多得	在市场摸爬滚打的“老油条”，那些独家绝招妙招一般你问都是问不来的
	动销四维：全程辅导与新品上市 高继中　著	从产品、渠道、促销和新品上市详细讲解提高动销的具体方法，总结作者 18 年的快消品行业经验，方法实操	内容全面系统，方法实操
农业	**饲料营销有方法：策略　案例　工具** 陈石平　著	跳出饲料看饲料，根据饲料营销的关键成功要素（KSF）提出 7 大核心命题	紧跟农牧产业发展大势，提高饲料企业营销竞争力
	新农资如何换道超车 刘祖轲　等著	从农业产业化、互联网转型、行业营销与经营突破四个方面阐述如何让农资企业占领先机、提前布局	南方略专家告诉你如何应对资源浪费、生产效率低下、产能严重过剩、价格与价值严重扭曲等
	中国牧场管理实战：畜牧业、乳业必读 黄剑黎　著	本书不仅提供了来自一线的实际经验，还收入了丰富的工具文档与表单	填补空白的行业必读作品
	中小农业企业品牌战法 韩　旭　著	将中小农业企业品牌建设的方法，从理论讲到实践，具有指导性	全面把握品牌规划，传播推广，落地执行的具体措施
	农资营销实战全指导 张　博　著	农资如何向“深度营销”转型，从理论到实践进行系统剖析，经验资深	朴实、使用！不可多得的农资营销实战指导
	农产品营销第一书 胡浪球　著	从农业企业战略到市场开拓、营销、品牌、模式等	来源于实践中的思考，有启发
	变局下的农牧企业 9 大成长策略 彭志雄　著	食品安全、纵向延伸、横向联合、品牌建设……	唯一的农牧企业经营实操的书，农牧企业一定要看

续表

医药	**在中国，医药营销这样做：时代方略精选文集** 段继东　主编	专注于医药营销咨询15年，将医药营销方法的精华文章合编，深入全面	可谓医药营销领域的顶尖著作，医药界读者的必读书
	医药新营销：制药企业、医药商业企业营销模式转型 史立臣　著	医药生产企业和商业企业在新环境下如何做营销？老方法还有没有用？如何寻找新方法？新方法怎么用？本书给你答案	内容非常现实接地气，踏实谈问题说方法
	医药企业转型升级战略 史立臣　著	药企转型升级有5大途径，并给出落地步骤及风险控制方法	实操性强，有作者个人经验总结及分析
	新医改下的医药营销与团队管理 史立臣　著	探讨新医改对医药行业的系列影响和医药团队管理	帮助理清思路，有一个框架
	医药营销与处方药学术推广 马宝琳　著	如何用医学策划把“平民产品”变成“明星产品”	有真货、讲真话的作者，堪称处方药营销的经典！
	医药行业大洗牌与药企创新 林延君　沈　斌　著	一方面，围绕着变革，多角度阐述药企的应对之道；另一方面，紧扣实践，介绍近百家医药企业创新实践案例	医改变革10年，医药企业如何应对大洗牌？重磅出击的药企人必读书
	新医改了，药店就要这样开 尚　锋　著	药店经营、管理、营销全攻略	有很强的实战性和可操作性
	电商来了，实体药店如何突围 尚　锋　著	电商崛起，药店该如何突围？本书从促销、会员服务、专业性、客单价等多重角度给出了指导方向	实战攻略，拿来就能用
	OTC医药代表药店销售36计 鄢圣安　著	以《三十六计》为线，写OTC医药代表向药店销售的一些技巧与策略	案例丰富，生动真实，实操性强
	OTC医药代表药店开发与维护 鄢圣安　著	要做到一名专业的医药代表，需要做什么、准备什么、知识储备、操作技巧等	医药代表药店拜访的指导手册，手把手教你快速上手
	引爆药店成交率1：店员导购实战 范月明　著	一本书解决药店导购所有难题	情景化、真实化、实战化
	引爆药店成交率2：经营落地实战 范月明　著	最接地气的经营方法全指导	揭示了药店经营的几类关键问题
	引爆药店成交率：专业化销售解决方案 范月明　著	药品搭配分析与关联销售	为药店人专业化助力
	处方药合规推广实战宝典 赵佳震　著	推广体系搭建、推广人员岗位工作内容、推广服务外包商管理等六个方面	解决“医药代表转型”和“推广服务外包商管理”的困惑
	医药代理商实操全指导：新环境　新战法 戴文杰　著	结合医药市场政策环境解读新环境下医药招商的战法，着重分析药品产业链的盈利机会	医药销售业务人员的必备读物
	攻略基层诊所：医药营销这样做 张江民　著	对基层诊所的开发、维护和动销，拿来就用的方式方法	实战是本书的主旨，只要用心去看，就能在基层诊所市场中运用
	互联网医药的未来 动脉网　编著	介绍了互联网医药发展的现状与趋势	帮助创业者和投资人看清未来，把握当下
	处方药零售这样做 田　军　著	阐述了处方药零售的重要性，以及做处方药零售市场的具体措施和方法	系统性了解和掌握处方药零售方法
建材家居	**成为最赚钱的家具建材经销商** 李治江　著	从销售模式、产品、门店等老板们最关注和最需要的方面解决问题、提供方法	只要你是建材、家具、家居用品的经销商老板，这就是一本必读的书
	定制家居黄金十年 韩　锋　翁长华　著	梳理了定制家居的商业模式和发展情况	帮助定制家居看清方向，把握当下
	家具建材促销与引流 薛　亮　李永峰　著	十大促销模式的详细方法和工具	让你天天签大单

续表

建材家居	**家具行业操盘手** 王献永　著	家具行业问题的终结者	解决了干家具还有没有前途？为什么同城多店的家具经销商很难做大做强等问题
	建材家居营销：除了促销还能做什么 孙嘉晖　著	一线老手的深度思考，告诉你在建材家居营销模式基本停滞的今天，除了促销，营销还能怎么做	给你的想法一场革命
	建材家居营销实务 程绍珊　杨鸿贵　主编	价值营销运用到建材家居，每一步都让客户增值	有自己的系统、实战
	家居建材门店6力爆破 贾同领　著	合盘道出一线品牌销量秘籍	6力招招见血，既有招数，又有策略
	建材家居门店销量提升 贾同领　著	店面选址、广告投放、推广助销、空间布局、生动展示、店面运营等	门店销量提升是一个系统工程，非常系统、实战
	10步成为最棒的建材家居门店店长 徐伟泽　著	实际方法易学易用，让员工能够迅速成长，成为独当一面的好店长	只要坚持这样干，一定能成为好店长
	手把手帮建材家居导购业绩倍增：成为顶尖的门店店员 熊亚柱　著	生动的表现形式，让普通人也能成为优秀的导购员，让门店业绩长红	读着有趣，用着简单，一本在手、业绩无忧
	建材家居经销商实战42章经 王庆云　著	告诉经销商：老板怎么当、团队怎么带、生意怎么做	忠言逆耳，看着不舒服就对了，实战总结，用一招半式就值了
工业品	**销售是门专业活：B2B、工业品** 陆和平　著	销售流程就应该跟着客户的采购流程和关注点的变化向前推进，将一个完整的销售过程分成十个阶段，提供具体方法	销售不是请客吃饭拉关系，是个专业的活计！方法在手，走遍天下不愁
	解决方案营销实战案例 刘祖轲　著	用10个真案例讲明白什么是工业品的解决方案式营销，实战、实用	有干货、真正操作过的才能写得出来
	变局下的工业品企业7大机遇 叶敦明　著	产业链条的整合机会、盈利模式的复制机会、营销红利的机会、工业服务商转型机会……	工业品企业还可以这样做，思维大突破
	工业品市场部实战全指导 杜　忠　著	工业品市场部经理工作内容全指导	系统、全面、有理论、有方法，帮助工业品市场部经理更快提升专业能力
	工业品营销管理实务 李洪道　著	中国特色工业品营销体系的全面深化、工业品营销管理体系优化升级	工具更实战，案例更鲜活，内容更深化
	工业品企业如何做品牌 张东利　著	为工业品企业提供最全面的品牌建设思路	有策略、有方法、有思路、有工具
	丁兴良讲工业4.0 丁兴良　著	没有枯燥的理论和说教，用朴实直白的语言告诉你工业4.0的全貌	工业4.0是什么？本书告诉你答案
	资深大客户经理：策略准，执行狠 叶敦明　著	从业务开发、发起攻势、关系培育、职业成长四个方面，详述了大客户营销的精髓	满满的全是干货
	两化融合管理系统贯标流程与方法 戴　勇　张华杰　张百荣　编著	全面梳理贯标流程和方法	帮助企业成功贯标
	一切为了订单：订单驱动下的工业品营销实战 唐道明　著	其实，所有的企业都在围绕着两个字在开展全部的经营和管理工作，那就是“订单”	开发订单、满足订单、扩大订单。本书全是实操方法，字字珠玑、句句干货，教你获得营销的胜利
金融	**交易心理分析** (美)马克·道格拉斯　著 刘真如　译	作者一语道破赢家的思考方式，并提供了具体的训练方法	不愧是投资心理的第一书，绝对经典
	精品银行管理之道 崔海鹏　何　屹　主编	中小银行转型的实战经验总结	中小银行的教材很多，实战类的书很少，可以看看

续表

金融	**支付战争** Eric M. Jackson 著 徐 彬 王 晓 译	PayPal 创业期营销官,亲身讲述 PayPal 从诞生到壮大到成功出售的整个历史	激烈、有趣的内幕商战故事!了解美国支付市场的风云巨变
	中外并购名著专业阅读指南 叶兴平 等著	在 5000 多本并购类图书中精选的 200 著作,在阅读的基础上写的读书评价	精挑细选 200 本并一一评介,省去读者挑选的烦恼,快捷、高效
	新三板信息披露全流程:操作与工具 和珩科技 著	详细拆解董秘日常工作过程中所需的信息披露流程	董秘案头必备用书
	成功并购 300 本:一本书搞定并购难题 浩德军师并购联盟 著	从财务,税务,法律等角度详细解答疑问	能解决 80% 的并购问题
	互联网时代的银行转型 韩友诚 著	以大量案例形式为读者全面展示和分析了银行的互联网金融转型应对之道	结合本土银行转型发展案例的书籍
房地产	**产业园区/产业地产规划、招商、运营实战** 阎立忠 著	目前中国第一本系统解读产业园区和产业地产建设运营的实战宝典	从认知、策划、招商到运营全面了解地产策划
	人文商业地产策划 戴欣明 著	城市与商业地产战略定位的关键是不可复制性,要发现独一无二的"味道"	突破千城一面的策划困局
	中国城市群房地产投资策略 吕俊博 著	全方位、多角度分析城市群房地产现状是趋势	让亿元资产投资更理性、更安全
	电影院的下一个黄金十年:开发·差异化·案例 李保煜 著	对目前电影院市场存大的问题及如何解决进行了探讨与解读	多角度了解电影院运营方式及代表性案例
能源	**全能型班组:城市能源互联网与电力班组升级** 国网天津市电力公司 编著	借鉴国内外优秀企业的转型升级思路,通过对于新型班组组织模式和运行机制的大胆设想,力图构建充分适应内外环境变化的全能型班组	看看庞大的国企在新环境下是如何顺应时代的
	国网天津电力全能型班组建设实务 国网天津市电力公司 编著	本书聚焦于天津电力公司在探索全能型班组转型升级时的优秀实践	电力行业的班组实践,具体、可操作性强

经营类:企业如何赚钱,如何抓机会,如何突破,如何"开源"

	书名. 作者	内容/特色	读者价值
抓方向	**让经营回归简单. 升级版** 宋新宇 著	化繁为简抓住经营本质:战略、客户、产品、员工、成长	经典,做企业就这几个关键点!
	混沌与秩序Ⅰ:变革时代企业领先之道 **混沌与秩序Ⅱ:变革时代管理新思维** 彭剑锋 尚艳玲 主编	汇集华夏基石专家团队 10 年来研究成果,集中选择了其中的精华文章编纂成册	作者都是既有深厚理论积淀又有实践经验的重磅专家,为中国企业和企业家的未来提出了高屋建瓴的观点
	活系统:跟任正非学当老板 孙行健 尹 贤 著	以任正非的独到视角,教企业老板如何经营公司	看透公司经营本质,激活企业活力
	重构:快消品企业重生之道 杨永华 著	从 7 个角度,帮助企业实现系统性的改造	提供转型思想与方法,值得参考
	公司由小到大要过哪些坎 卢 强 著	老板手里的一张"企业成长路线图"	现在我在哪儿,未来还要走哪些路,都清楚了
	企业二次创业成功路线图 夏惊鸣 著	企业曾经抓住机会成功了,但下一步该怎么办?	企业怎样获得第二次成功,心里有个大框架了
	老板经理人双赢之道 陈 明 著	经理人怎养选平台、怎么开局,老板怎样选/育/用/留	老板生闷气,经理人牢骚大,这次知道该怎么办了

续表

抓方向	**简单思考:AMT 咨询创始人自述** 孔祥云　著	著名咨询公司(AMT)的 CEO 创业历程中点点滴滴的经验与思考	每一位咨询人,每一位创业者和管理经营者,都值得一读
	企业文化的逻辑 王祥伍　黄健江　著	为什么企业绩效如此不同,解开绩效背后的文化密码	少有的深刻,有品质,读起来很流畅
	使命驱动企业成长 高可为　著	钱能让一个人今天努力,使命能让一群人长期努力	对于想做事业的人,'使命'是绕不过去的
思维突破	**盈利原本就这么简单** 高可为　著	从财务的角度揭示企业盈利的秘密	多方面解读商业模式与盈利的关系,通俗易懂,受益匪浅
	经营:打造你的盈利系统 高可为　著	从盈利角度梳理了系统化的经营方式	让企业掌舵者把控经营全局
	创模式:23 个行业创新案例 段传敏　著	23 位行业精英的创新对话	创业者、转型者的实战参考
	企业良性成长:用顶层设计突破瓶颈 刘建兆　著	全方位介绍企业顶层设计的方法和思路	帮助企业用顶层设计突破成长瓶颈
	移动互联新玩法:未来商业的格局和趋势 史贤龙　著	传统商业、电商、移动互联,三个世界并存,这种新格局的玩法一定要懂	看清热点的本质,把握行业先机,一本书搞定移动互联网
	画出公司的互联网进化路线图:用互联网思维重塑产品、客户和价值 李　蓓　著	18 个问题帮助企业一步步梳理出互联网转型思路	思路清晰、案例丰富,非常有启发性
	重生战略:移动互联网和大数据时代的转型法则 沈　拓　著	在移动互联网和大数据时代,传统企业转型如同生命体打算与再造,称之为"重生战略"	帮助企业认清移动互联网环境下的变化和应对之道
	创造增量市场:传统企业互联网转型之道 刘红明　著	传统企业需要用互联网思维去创造增量,而不是用电子商务去转移传统业务的存量	教你怎么在"互联网 +"的海洋中创造实实在在的增量
	7 个转变,让公司 3 年胜出 李　蓓　著	消费者主权时代,企业该怎么办	这就是互联网思维,老板有能这样想,肯定倒不了
	跳出同质思维,从跟随到领先 郭　剑　著	66 个精彩案例剖析,帮助老板突破行业长期思维惯性	做企业竟然有这么多玩法,开眼界
	互联网 +"变"与"不变":本土管理实践与创新论坛集萃·2016 本土管理实践与创新论坛　著	加速本土管理思想的孕育诞生,促进本土管理创新成果更好地服务企业、贡献社会	各个作者本年度最新思想,帮助读者拓宽眼界、突破思维
	消费升级:实践　研究(文集) 本土管理实践与创新论坛　著	38 位管理专家及 7 位学者的精华思想,从经营、管理、行业及思想研究四个方面阐述中国企业在消费升级下的实践与研究	思想启发,行业借鉴
财务	**写给企业家的公司与家庭财务规划——从创业成功到富足退休** 周荣辉　著	本书以企业的发展周期为主线,写各阶段企业与企业主家庭的财务规划	为读者处理人生各阶段企业与家庭的财务问题提供建议及方法,让家庭成员真正享受财富带来的益处
	互联网时代的成本观 程　翔　著	本书结合互联网时代提出了成本的多维观,揭示了多维组合成本的互联网精神和大数据特征,论述了其产生背景、实现思路和应用价值	在传统成本观下为盈利的业务,在新环境下也许就成为亏损业务。帮助管理者从新的角度来看待成本,进一步做好精益管理

续表

财务	财报背后的投资机会 蒋　豹　著	以具体的公司案例分析，教你迅速看出财务报表与企业经营的关系、所反映的企业经营现状，从而找到投资机会	前四大会计所员工为读者解密财报，发现投资机会

管理类：效率如何提升，如何实现经营目标，如何"节流"

	书名．作者	内容/特色	读者价值
通用管理	让管理回归简单·升级版 宋新宇　著	从目标、组织、决策、授权、人才和老板自己层面教你怎样做管理	帮助管理抓住管理的要害，让管理变得简单
	让经营回归简单·升级版 宋新宇　著	从战略、客户、产品、员工、成长、经营者自身等七个方面，归纳总结出简单有效的经营法则	总结出的真正优秀企业的成功之道：简单
	让用人回归简单 宋新宇　著	从用人的原则、用人的难题与误区、用人的方法和用人者的修炼四大方面，总结出适合中小企业做好人才管理工作的法则	帮助管理者抓住用人的要害，让用人变得简单
	历史深处的管理智慧1：组织建设与用人之道 刘文瑞　著	对历史之典故、政事、人事、政制进行管理解析，鉴照企业人才的选用育留	推动理论与实践的对接，实现理性与情感的渗透，用中国话语说明管理智慧
	历史深处的管理智慧2：战略决策与经营运作 刘文瑞　著	对历史之典故、政事、人事、政制进行管理解析，鉴照企业战略设计与经营实践	推动理论与实践的对接，实现理性与情感的渗透，用中国话语说明管理智慧
	历史深处的管理智慧3：领导修炼与文化素养 刘文瑞　著	对历史之典故、政事、人事、政制进行管理解析，鉴照企业领导职业能力提升与文化修养	推动理论与实践的对接，实现理性与情感的渗透，用中国话语说明管理智慧
	管理的尺度 刘文瑞　著	对管理中的种种普遍性问题进行了批评	提高把握管理尺度的能力
	管理学在中国 刘文瑞　著	系统性介绍了管理学在中国的发展和演变	了解管理学在中国的发展脉络，更清晰理解管理学的本质
	看电影，懂管理 刘文瑞　著	16部经典电影，带你感悟管理智慧	能够帮助读者放松身心，驰骋想象，在不知不觉中增长智慧
	管理：以规则驾驭人性 王春强　著	详细解读企业规则的制定方法	从人与人博弈角度提升管理的有效性
	打造集成供应链：走出挂一漏十的改善困境 王春强　著	详解集成供应链全过程	帮助企业优化供应链管理
	用好骨干员工：关键人才培养与激励 王　敏　著	系统化分享关键人才打造与激励方法	企业能实在用人的最大化价值
	改变世界的管理学大师1：管理学的前世今生 刘文瑞　编著	介绍了古典管理学时期的大师事迹和思想	深入了解管理大师们的思想和智慧
	成为企业欢迎的咨询师 张国祥　著	从调研到落地，手把手教你咨询流程	不走弯路，方便直接的学到老咨询师的套路
	员工心理学超级漫画版 邢　雷　著	以漫画的形式深度剖析员工心理	帮助管理者更了解员工，从而更轻松地管理员工
	老板有想法，高层有干法：企业中的将帅之道 王清华　著	深入剖析老板与高管的异同	各司其职，各行其是，相辅相成
	分股合心：股权激励这样做 段磊　周剑　著	通过丰富的案例，详细介绍了股权激励的知识和实行方法	内容丰富全面、易读易懂，了解股权激励，有这一本就够了
	边干边学做老板 黄中强　著	创业20多年的老板，有经验、能写、又愿意分享，这样的书很少	处处共鸣，帮助中小企业老板少走弯路

续表

通用管理	**成为敏感而体贴的公司** 王　涛　著	本书为作者对企业的观察和冥想的随笔记录。从生活中的一个现象入手,进而探索现象背后的本质	从全新角度认识公司
	中国企业的觉醒:正直　善良　成长 王　涛　著	围绕着企业人如何发生转化展开,对中国人、中国文化及由此导致的企业现状的观察和思考	企业除了要利润,还需要道德
	有意识的思考:轻松化解问题的7个思考习惯 王　涛　著	本书是对思想、思考过程、思考方式进行的细致观察	养成好的思考习惯,更深刻地看问题
	中国式阿米巴落地实践之从交付到交易 胡八一　著	本书主要讲述阿米巴经营会计,"从交付到交易",这是成功实施了阿米巴的标志	阿米巴经营会计的工作是有逻辑关联的,一本书就能搞定
	中国式阿米巴落地实践之激活组织 胡八一　著	重点讲解如何科学划分阿米巴单元,阐述划分的实操要领、思路、方法、技术与工具	最大限度减少"推行风险"和"摸索成本",利于公司成功搭建适合自身的个性化阿米巴经营体系
	中国式阿米巴落地实践之持续盈利 胡八一　著	把企业做成平台,企业才能做大(格局);把平台做成阿米巴,企业才能做强(专业);把阿米巴做成合伙制,企业才能做久(机制)	中国式阿米巴落地实践三部曲的最后一部,告诉你企业如何做大做强做久
	集团化企业阿米巴实战案例 初勇钢　著	一家集团化企业阿米巴实施案例	指导集团化企业系统实施阿米巴
	阿米巴经营的中国模式 李志华　著	让员工从"要我干"到"我要干",价值量化出来	阿米巴在企业如何落地,明白思路了
	欧博心法:好管理靠修行 曾　伟　著	用佛家的智慧,深刻剖析管理问题,见解独到	如果真的有'中国式管理',曾老师是其中标志性人物
	领导这样点燃你的下属 孟广桥　著	领导者如何才能让员工积极主动地工作?如何让你的员工和下属保持工作的热情,自动自发?看了这本书就知道	只要你希望手下的"兵将"永远充满工作的斗志,这本书将使你获益良多
流程管理	**1. 用流程解放管理者** **2. 用流程解放管理者2** 张国祥　著	中小企业阅读的流程管理、企业规范化的书	通俗易懂,理论和实践的结合恰到好处
	跟我们学建流程体系 陈立云　著	畅销书《跟我们学做流程管理》系列,更实操,更细致,更深入	更多地分享实践,分享感悟,从实践总结出来的方法论
	人人都要懂流程 金国华　余雅丽　著	当前各企业流程管理方面最为典型的痛点现象及问题案例	通俗易懂,适合企业全员阅读
质量管理	**IATF16949质量管理体系详解与案例文件汇编:TS16949转版IATF16949:2016** 谭洪华　著	针对IATF的新标准做了详细的解说,同时指出了一些推行中容易犯的错误,提供了大量的表单、案例	案例、表单丰富,拿来就用
	五大质量工具详解及运用案例:APQP/FMEA/PPAP/MSA/SPC 谭洪华　著	对制造业必备的五大质量工具中每个文件的制作要求、注意事项、制作流程、成功案例等进行了解读	通俗易懂、简便易行,能真正实现学以致用
	ISO9001:2015新版质量管理体系详解与案例文件汇编 谭洪华　著	紧密围绕2015年新版质量管理体系文件逐条详细解读,并提供可以直接套用的案例工具,易学易上手	企业质量管理认证、内审必备
	ISO14001:2015新版环境管理体系详解与案例文件汇编 谭洪华　著	紧密围绕2015年新版环境管理体系文件逐条详细解读,并提供可以直接套用的案例工具,易学易上手	企业环境管理认证、内审必备

续表

质量管理	**ISO9001:2015 完整文件汇编:制造业** 贺红喜　著	按照ISO9001标准并超出标准的要求,提供了一套完整的制造业的质量管理体系文件	原汁原味完整收入,直接可以拿来就用
	SA8000:2014 社会责任管理体系认证实战 吕　林　著	作者根据自己的操作经验,按认证的流程,以相关案例进行说明SA8000认证体系	简单,实操性强,拿来就能用
	精益质量管理实战工具 贺小林　著	制造类企业日常工作中所需要的精益管理工具的归纳整理,并进行案例操作的细致分析	可以直接参考,实际解决生产中的具体问题
战略落地	**重生——中国企业的战略转型** 施　炜　著	从前瞻和适用的角度,对中国企业战略转型的方向、路径及策略性举措提出了一些概要性的建议和意见	对企业有战略指导意义
	公司大了怎么管:从靠英雄到靠组织 AMT 金国华　著	第一次详尽阐释中国快速成长型企业的特点、问题及解决之道	帮助快速成长型企业领导及管理团队理清思路,突破瓶颈
	低效会议怎么改:每年节省一半会议成本的秘密 AMT 王玉荣　著	教你如何系统规划公司的各级会议,一本工具书	教会你科学管理会议的办法
	年初订计划,年尾有结果:战略落地七步成诗 AMT 郭晓　著	7个步骤教会你怎么让公司制定的战略转变为行动	系统规划,有效指导计划实现
人力资源	**HRBP是这样炼成的之"菜鸟起飞"** 新　海　著	以小说的形式,具体解析HRBP的职责,应该如何操作,如何为业务服务	实践者的经验分享,内容实务具体,形式有趣
	HRBP是这样炼成的之中级修炼 新　海　著	本书以案例故事的方式,介绍了HRBP在实际工作中碰到的问题和挑战	书中的HR解决方案讲究因时因地制宜、简单有效的原则,重在启发读者思路,可供各类企业HRBP借鉴
	HRBP是这样炼成的之高级修炼 新　海　著	以故事的形式,展现了HRBP工作者在职业发展路上的层层深入和递进	为读者提供HRBP在实际工作中遇到种种问题的解决方案
	新任HR高管如何从0到1 黄渊明　著	全景式展现新任高管华丽转身全过程	助力新任高管安全着陆
	HR的劳动法内参 李皓楠　著	100个劳动法案例和分析	轻松掌握劳动法知识,方便运用
	把面试做到极致:首席面试官的人才甄选法 孟广桥　著	作者用自己几十年的人力资源经验总结出的一套实用的确定岗位招聘标准、提升面试官技能素质的简便方法	面试官必备,没有空泛理论,只有巧妙的实操技能
	人力资源体系与e－HR信息化建设 刘书生　陈　莹　王美佳　著	将作者经历的人力资源管理变革、人力资源管理信息化咨询项目方法论、工具和成果全面展现给读者,使大家能够将其快速应用到管理实践中	系统性非常强,没有废话,全部是浓缩的干货
	回归本源看绩效 孙　波　著	让绩效回顾"改进工具"的本源,真正为企业所用	确实是来源于实践的思考,有共鸣
	世界500强资深培训经理人教你做培训管理 陈　锐　著	从7大角度具体细致地讲解了培训管理的核心内容	专业、实用、接地气

续表

人力资源	**曹子祥教你做激励性薪酬设计** 曹子祥　著	以激励性为指导，系统性地介绍了薪酬体系及关键岗位的薪酬设计模式	深入浅出，一本书学会薪酬设计
	曹子祥教你做绩效管理 曹子祥　著	复杂的理论通俗化，专业的知识简单化，企业绩效管理共性问题的解决方案	轻松掌握绩效管理
	把招聘做到极致 远　鸣　著	作为世界500强高级招聘经理，作者数十年招聘经验的总结分享	带来职场思考境界的提升和具体招聘方法的学习
	人才评价中心．超级漫画版 邢　雷　著	专业的主题，漫画的形式，只此一本	没想到一本专业的书，能写成这效果
	走出薪酬管理误区 全怀周　著	剖析薪酬管理的8大误区，真正发挥好枢纽作用	值得企业深读的实用教案
	集团化人力资源管理实践 李小勇　著	对搭建集团化的企业很有帮助，务实，实用	最大的亮点不是理论，而是结合实际的深入剖析
	我的人力资源咨询笔记 张　伟　著	管理咨询师的视角，思考企业的HR管理	通过咨询师的眼睛对比很多企业，有启发
	本土化人力资源管理8大思维 周　剑　著	成熟HR理论，在本土中小企业实践中的探索和思考	对企业的现实困境有真切体会，有启发
企业文化	**36个拿来就用的企业文化建设工具** 海融心胜　主编	数十个工具，为了方便拿来就用，每一个工具都严格按照工具属性、操作方法、案例解读划分，实用、好用	企业文化工作者的案头必备书，方法都在里面，简单易操作
	企业文化建设超级漫画版 邢　雷　著	以漫画的形式系统教你企业文化建设方法	轻松易懂好操作
	华夏基石方法：企业文化落地本土实践 王祥伍　谭俊峰　著	十年积累、原创方法、一线资料，和盘托出	在文化落地方面真正有洞察，有实操价值的书
	企业文化的逻辑 王祥伍　著	为什么企业之间如此不同，解开绩效背后的文化密码	少有的深刻，有品质，读起来很流畅
	企业文化激活沟通 宋杼宸　安　琪　著	透过新任HR总经理的眼睛，揭示出沟通与企业文化的关系	有实际指导作用的文化落地读本
	在组织中绽放自我：从专业化到职业化 朱仁健　王祥伍　著	个人如何融入组织，组织如何助力个人成长	帮助企业员工快速认同并投入到组织中去，为企业发展贡献力量
	企业文化定位·落地一本通 王明胤　著	把高深枯燥的专业理论创建成一套系统化、实操化、简单化的企业文化缔造方法	对企业文化不了解，不会做？有这一本从概念到实操，就够了
生产管理	**精益思维：中国精益如何落地** 刘承元　著	笔者二十余年企业经营和咨询管理的经验总结	中国企业需要灵活运用精益思维，推动经营要素与管理机制的有机结合，推动企业管理向前发展
	300张现场图看懂精益5S管理 乐　涛　编著	5S现场实操详解	案例图解，易懂易学
	高员工流失率下的精益生产 余伟辉　著	中国的精益生产必须面对和解决高员工流失率问题	确实来源于本土的工厂车间，很务实
	车间人员管理那些事儿 岑立聪　著	车间人员管理中处理各种“疑难杂症”的经验和方法	基层车间管理者最闹心、头疼的事，‘打包’解决

续表

生产管理	**1. 欧博心法:好管理靠修行** **2. 欧博心法:好工厂这样管** 曾　伟　著	他是本土最大的制造业管理咨询机构创始人,他从400多个项目、上万家企业实践中锤炼出的欧博心法	中小制造型企业,一定会有很强的共鸣
	欧博工厂案例1:生产计划管控对话录 **欧博工厂案例2:品质技术改善对话录** **欧博工厂案例3:员工执行力提升对话录** 曾　伟　著	最典型的问题、最详尽的解析,工厂管理9大问题27个经典案例	没想到说得这么细,超出想象,案例很典型,照搬都可以了
	工厂管理实战工具 欧博企管　编著	以传统文化为核心的管理工具	适合中国工厂
	苦中得乐:管理者的第一堂必修课 曾　伟　编著	曾伟与师傅大愿法师的对话,佛学与管理实践的碰撞,管理禅的修行之道	用佛学最高智慧看透管理
	比日本工厂更高效1:管理提升无极限 刘承元　著	指出制造型企业管理的六大积弊;颠覆流行的错误认知;掌握精益管理的精髓	每一个企业都有自己不同的问题,管理没有一剑封喉的秘笈,要从现场、现物、现实出发
	比日本工厂更高效2:超强经营力 刘承元　著	企业要获得持续盈利,就要开源和节流,即实现销售最大化,费用最小化	掌握提升工厂效率的全新方法
	比日本工厂更高效3:精益改善力的成功实践 刘承元　著	工厂全面改善系统有其独特的目的取向特征,着眼于企业经营体质(持续竞争力)的建设与提升	用持续改善力来飞速提升工厂的效率,高效率能够带来意想不到的高效益
	3A顾问精益实践1:IE与效率提升 党新民　苏迎斌　蓝旭日　著	系统的阐述了IE技术的来龙去脉以及操作方法	使员工与企业持续获利
	3A顾问精益实践2:JIT与精益改善 肖志军　党新民　著	只在需要的时候,按需要的量,生产所需的产品	提升工厂效率
	化工企业工艺安全管理实操 黄　娜　编著	化工企业工艺安全管理全指导	帮助企业树立安全意识,强化安全管理方法
	手把手教你做专业的生产经理 黄　娜　著	物流、信息流、资金流,让生产经理管理有抓手	从菜鸟到能把控全局
员工素质提升	**TTT培训师精进三部曲(上):深度改善现场培训效果** 廖信琳　著	现场把控不用慌,这里有妙招一用就灵	课程现场无论遇到什么样的情况都能游刃有余
	TTT培训师精进三部曲(中):构建最有价值的课程内容 廖信琳　著	这样做课程内容,学员有收获培训师也有收获	优质的课程内容是树立个人品牌的保证
	TTT培训师精进三部曲(下):职业功力沉淀与修为提升 廖信琳　著	从内而外提升自己,职业的道路一帆风顺	走上职业TTT内训师的康庄大道
	培训师,如何让你的事业长青:自我管理的10项法则 廖信琳　著	建立了一套完整的培训师自我管理体系,为培训师的职业成长与发展提供有益的指引	培训师如何在自己的职业道路上越走越高,事业长青,一直有所收获与成长?本书将给你答案
	管理咨询师的第一本书:百万年薪　千万身价 熊亚柱　著	从问题出发,发现问题、分析问题、解决问题,让两眼一抹黑的新人快速成长	管理咨询师初入职场,让这本书开启百万年薪之路

续表

员工素质提升	**手把手教你做专业督导：专卖店、连锁店** 熊亚柱　著	从督导的职能、作用，在工作中需要的专业技能、方法，都提供了详细的解读和训练办法，同时附有大量的表单工具	无论是店铺需要统一培训，还是个人想成为优秀的督导，有这一本就够了
	跟老板"偷师"学创业 吴江萍　余晓雷　著	边学边干，边观察边成长，你也可以当老板	不同于其他类型的创业书，让你在工作中积累创业经验，一举成功
	销售轨迹：一位快消品营销总监的拼搏之路 秦国伟　著	本书讲述了一个普通销售员打拼成为跨国企业营销总监的真实奋斗历程	激励人心，给广大销售员以力量和鼓舞
	在组织中绽放自我：从专业化到职业化 朱仁健　王祥伍　著	个人如何融入组织，组织如何助力个人成长	帮助企业员工快速认同并投入到组织中去，为企业发展贡献力量
	企业员工弟子规：用心做小事，成就大事业 贾同领　著	从传统文化《弟子规》中学习企业中为人处事的办法，从自身做起	点滴小事，修养自身，从自身的改善得到事业的提升
	手把手教你做顶尖企业内训师：TTT培训师宝典 熊亚柱　著	从课程研发到现场把控、个人提升都有涉及，易读易懂，内容丰富全面	想要做企业内训师的员工有福了，本书教你如何抓住关键，从入门到精通
	28天速成文案高手 秦 士 安 丽　著	解构优秀品牌和出彩文案背后的逻辑，28天循序渐进成为文案高手	让优质文案变成"智慧工厂"般的工序管理与稳定出品
	让投诉顾客满意离开：客户投诉应对与管理 孟广桥　著	立足于投诉处理的实践，剖析了不同投诉者投诉的特点和应对措施，并提供各种技巧方法、赢得客户信赖所需培养的品质修炼、处理投诉应掌握的法律法规等工具	是投诉处理人员适应岗位职能需要、提升工作技能的良师益友，是企业变诉为金、培养业务骨干的法宝

营销类：把客户需求融入企业各环节，提供"客户认为"有价值的东西

	书名．作者	内容/特色	读者价值
营销模式	**精品营销战略** 杜建君　著	以精品理念为核心的精益战略和营销策略	用精品思维赢得高端市场
	变局下的营销模式升级 程绍珊　叶　宁　著	客户驱动模式、技术驱动模式、资源驱动模式	很多行业的营销模式被颠覆，调整的思路有了！
	动销操盘：节奏掌控与社群时代新战法 朱志明　著	在社群时代把握好产品生产销售的节奏，解析动销的症结，寻找动销的规律与方法	都是易读易懂的干货！对动销方法的全面解析和操盘
	弱势品牌如何做营销 李政权　著	中小企业虽有品牌但没名气，营销照样能做的有声有色	没有丰富的实操经验，写不出这么具体、详实的案例和步骤，很有启发
	老板如何管营销 史贤龙　著	高段位营销16招，好学好用	老板能看，营销人也能看
	洞察人性的营销战术：沈坤教你28式 沈　坤　著	28个匪夷所思的营销怪招令人拍案叫绝，涉及商业竞争的方方面面，大部分战术可以直接应用到企业营销中	各种谋略得益于作者的横向思维方式，将其操作过的案例结合其中，提供的战术对读者有参考价值
	动销：产品是如何畅销起来的 吴江萍　余晓雷　著	真真切切告诉你，产品究竟怎么才能卖出去	击中痛点，提供方法，你值得拥有
	1000铁杆女粉丝 张兵武　著	连接是女性与生俱来的特质。能善用连接的营销人员，就像拿到打开女性荷包的钥匙	重新认识女性的传播力量
	360°谈营销：一位营销咨询师20年实战洞察 王清华　古怀亮　著	各个角度，全方位，多视点剥营销	思路单一，此书帮你破

续表

<table>
<tr><td rowspan="2">营销模式</td><td>营销按钮:扣动一触即发的力量
老　苗　著</td><td>提供各种奇形怪状的营销武器</td><td>一定会带给你不一样的思维震撼</td></tr>
<tr><td>孙子兵法营销战
刘文新　著</td><td>逐句解读孙子兵法,以及在营销方面的感悟</td><td>帮助营销人用智慧打营销仗</td></tr>
<tr><td rowspan="6">销售</td><td>资深大客户经理:策略准,执行狠
叶敦明　著</td><td>从业务开发、发起攻势、关系培育、职业成长四个方面,详述了大客户营销的精髓</td><td>满满的全是干货</td></tr>
<tr><td>大客户销售这样说这样做
陆和平　著</td><td>大客户销售十大模块 68 个典型销售场景应对策略和话术,直接拿来就用</td><td>从“为什么要这么干”到“干什么、怎么干”</td></tr>
<tr><td>成为资深的销售经理:B2B、工业品
陆和平　著</td><td>围绕“销售管理的六个关键控制点”一一展开,提供销售管理的专业、高效方法</td><td>方法和技术接地气,拿来就用,从销售员成长为经理不再犯难</td></tr>
<tr><td>销售是门专业活:B2B、工业品
陆和平　著</td><td>销售流程就应该跟着客户的采购流程和关注点的变化向前推进,将一个完整的销售过程分成十个阶段,提供具体方法</td><td>销售不是请客吃饭拉关系,是个专业的活计！方法在手,走遍天下不愁</td></tr>
<tr><td>向高层销售:与决策者有效打交道
贺兵一　著</td><td>一套完整有效的销售策略</td><td>有工具,有方法,有案例,通俗易懂</td></tr>
<tr><td>学话术　卖产品
张小虎　著</td><td>分析常见的顾客异议,将优秀的话术模块化</td><td>让普通导购员也能成为销售精英</td></tr>
<tr><td rowspan="9">组织和团队</td><td>升级你的营销组织
程绍珊　吴越舟　著</td><td>用“有机性”的营销组织替代“营销能人”,营销团队变成“铁营盘”</td><td>营销队伍最难管,程老师不愧是营销第 1 操盘手,步骤方法都很成熟</td></tr>
<tr><td>用数字解放营销人
黄润霖　著</td><td>通过量化帮助营销人员提高工作效率</td><td>作者很用心,很好的常备工具书</td></tr>
<tr><td>成为优秀的快消品区域经理(升级版)
伯建新　著</td><td>用“怎么办”分析区域经理的工作关键点,增加 30% 全新内容,更贴近环境变化</td><td>可以作为区域经理的“速成催化器”</td></tr>
<tr><td>成为资深的销售经理:B2B、工业品
陆和平　著</td><td>围绕“销售管理的六个关键控制点”一一展开,提供销售管理的专业、高效方法</td><td>方法和技术接地气,拿来就用,从销售员成长为经理不再犯难</td></tr>
<tr><td>一位销售经理的工作心得
蒋　军　著</td><td>一线营销管理人员想提升业绩却无从下手时,可以看看这本书</td><td>一线的真实感悟</td></tr>
<tr><td>快消品营销:一位销售经理的工作心得 2
蒋　军　著</td><td>快消品、食品饮料营销的经验之谈,重点突出</td><td>来源于实战的精华总结</td></tr>
<tr><td>销售轨迹:一位快消品营销总监的拼搏之路
秦国伟　著</td><td>本书讲述了一个普通销售员打拼成为跨国企业营销总监的真实奋斗历程</td><td>激励人心,给广大销售员以力量和鼓舞</td></tr>
<tr><td>用营销计划锁定胜局:用数字解放营销人 2
黄润霖　著</td><td>全方位教你怎么做好营销计划,好学好用真简单</td><td>照搬套用就行,做营销计划再也不头痛</td></tr>
<tr><td>快消品营销人的第一本书:从入门到精通
刘　雷　伯建新　著</td><td>快消行业必读书,从入门到专业</td><td>深入细致,易学易懂</td></tr>
<tr><td rowspan="2">产品</td><td>产品开发管理方法·流程·工具:从作坊式到规范化
任彭枞　著</td><td>产品研发管理体系全指导</td><td>既有工具,又能开拓思路</td></tr>
<tr><td>新产品开发管理,就用 IPD(升级版)
郭富才　著</td><td>10 年 IPD 研发管理咨询总结,国内首部 IPD 专业著作</td><td>一本书掌握 IPD 管理精髓</td></tr>
</table>

续表

产品	**这样打造大单品：案例　策略　方法** 迪智成咨询团队　著	囊括十三个不同行业、企业的实际案例，从不同角度详细剖析、总结了这些品牌厂家打造大单品的成功经验或者失败教训	厘清大单品打造的策划与路径，得出持续经营的思路与方法
	研发体系改进之道 靖　爽　陈年根　马鸣明　著	提出一套系统性的方法与工具	指引企业少走弯路，提高成功率
	资深项目经理这样做新产品开发管理 秦海林　著	以 IPD 为思想，系统讲解新产品开管理的细节	提供管理思路和实用工具
	产品炼金术Ⅰ：如何打造畅销产品 史贤龙　著	满足不同阶段、不同体量、不同行业企业对产品的完整需求	必须具备的思维和方法，避免在产品问题上走弯路
	产品炼金术Ⅱ：如何用产品驱动企业成长 史贤龙　著	做好产品、关注产品的品质，就是企业成功的第一步	必须具备的思维和方法，避免在产品问题上走弯路
品牌	**中小企业如何建品牌** 梁小平　著	中小企业建品牌的入门读本，通俗、易懂	对建品牌有了一个整体框架
	采纳方法：破解本土营销 8 大难题 朱玉童　编著	全面、系统、案例丰富、图文并茂	希望在品牌营销方面有所突破的人，应该看看
	中国品牌营销十三战法 朱玉童　编著	采纳 20 年来的品牌策划方法，同时配有大量的案例	众包方式写作，丰富案例给人启发，极具价值
	今后这样做品牌：移动互联时代的品牌营销策略 蒋　军　著	与移动互联紧密结合，告诉你老方法还能不能用，新方法怎么用	今后这样做品牌就对了
	中小企业如何打造区域强势品牌 吴　之　著	帮助区域的中小企业打造自身品牌，如何在强壮自身的基础上往外拓展	梳理误区，系统思考品牌问题，切实符合中小区域品牌的自身特点进行阐述
渠道通路	**深度分销：掌控渠道价值链** 施　炜　著	制造商通过掌控渠道价值链，将管理触角延伸至零售层面及顾客现场，对市场根部精耕细作，从而挖掘需求，构筑区域市场尤其是三四级市场的竞争壁垒	深度分销是中国企业对世界营销的独特贡献。实践证明，互联网时代深度分销仍有生命力
	快消品营销与渠道管理 谭长春　著	将快消品标杆企业渠道管理的经验和方法分享出来	可口可乐、华润的一些具体的渠道管理经验，实战
	传统行业如何用网络拿订单 张　进　著	给老板看的第一本网络营销书	适合不懂网络技术的经营决策者看
	采纳方法：化解渠道冲突 朱玉童　编著	系统剖析渠道冲突，21 个渠道冲突案例、情景式讲解，37 篇讲义	系统、全面
	学话术　卖产品 张小虎　著	分析常见的顾客异议，将优秀的话术模块化	让普通导购员也能成为销售精英
	向高层销售：与决策者有效打交道 贺兵一　著	一套完整有效的销售策略	有工具，有方法，有案例，通俗易懂
	通路精耕操作全解：快消品 20 年实战精华 周　俊　陈小龙　著	通路精耕的详细全解，每一步的具体操作方法和表单全部无保留提供	康师傅二十年的经验和精华，实践证明的最有效方法，教你如何主宰通路

管理者读的文史哲·生活

书名. 作者		内容/特色	读者价值
思想·文化	**德鲁克管理思想解读** 罗　珉　著	用独特视角和研究方法，对德鲁克的管理理论进行了深度解读与剖析	不仅是摘引和粗浅分析，还是作者多年深入研究的成果，非常可贵
	德鲁克与他的论敌们：马斯洛、戴明、彼得斯 罗　珉　著	几位大师之间的论战和思想碰撞令人受益匪浅	对大师们的观点和著作进行了大量的理论加工，去伪存真、去粗存精，同时有自己独特的体系深度

续表

思想·文化	**德鲁克管理学** 张远凤　著	本书以德鲁克管理思想的发展为线索，从一个侧面展示了20世纪管理学的发展历程	通俗易懂，脉络清晰
	王阳明“万物一体”论：从“身－体”的立场看（修订版） 陈立胜　著	以身体哲学分析王阳明思想中的“仁”与“乐”	进一步了解传统文化，了解王阳明的思想
	自我与世界：以问题为中心的现象学运动研究 陈立胜　著	以问题为中心，对现象学运动中的“意向性”“自我”“他人”“身体”及“世界”各核心议题之思想史背景与内在发展理路进行深入细致的分析	深入了解现象学中的几个主要问题
	作为身体哲学的中国古代哲学 张再林　著	上篇为中国古代身体哲学理论体系奠基性部分，下篇对由“上篇”所开出的中国身体哲学理论体系的进一步的阐发和拓展	了解什么是真正原生态意义上的中国哲学，把中国传统哲学与西方传统哲学加以严格区别
	中西哲学的歧异与会通 张再林　著	本书以一种现代解释学的方法，对中国传统哲学内在本质尝试一种全新的和全方位的解读	发掘出掩埋在古老传统形式下的现代特质和活的生命，在此基础上揭示中西哲学“你中有我，我中有你”之旨
	治论：中国古代管理思想 张再林　著	本书主要从儒、法墨三家阐述中国古代管理思想	看人本主义的管理理论如何不留斧痕地克服似乎无法调解的存在于人类社会行为与社会组织中的种种两难和对立
	车过麻城　再晤李贽 张再林　著	系统全面而又简明扼要地展示了李贽独到的学术眼力和超拔的理论建树	帮助读者重新认识李贽的思想
	中国古代政治制度（修订版）上：皇帝制度与中央政府 刘文瑞　著	全面论证了古代皇帝制度的形成和演变的历程	有助于读者从政治制度角度了解中国国情的历史渊源
	中国古代政治制度（修订版）下：地方体制与官僚制度 刘文瑞　著	全面论证了古代地方政府的发展演变过程	有助于读者从政治制度角度了解中国国情的历史渊源
	中国思想文化十八讲（修订版） 张茂泽　著	中国古代的宗教思想文化，如对祖先崇拜、儒家天命观、中国古代关于“神”的讨论等	宗教文化和人生信仰或信念紧密相联，在文化转型时期学习和研究中国宗教文化就有特别的现实意义
	史幼波《大学》讲记 史幼波　著	用儒释道的观点阐释大学的深刻思想	一本书读懂传统文化经典
	史幼波《周子通书》《太极图说》讲记 史幼波　著	把形而上的宇宙、天地，与形而下的社会、人生、经济、文化等融合在一起	将儒家的一整套学修系统融合起来
	史幼波《中庸》讲记（上下册） 史幼波　著	全面、深入浅出地揭示儒家中庸文化的真谛	儒释道三家思想融会贯通
	梁涛讲《孟子》之万章篇 梁　涛　著	《万章》主要记录孟子与万章的对话，涉及孝道、亲情、友情、出仕为官等	作者的解读能帮助读者更好地理解孟子及儒学
	两晋南北朝十二讲（修订版） 李文才　著	作为一本普及性读物，作者尊重史实，运用“历史心理学”的叙事方法，分12个专题对两晋南北朝的历史进行阐述	让读者轻松了解两晋南北朝的历史
	每个中国人身上的春秋基因 史贤龙　著	春秋368年（公元前770－公元前403年），每一个中国人都可以在这段时期的历史中找到自己的祖先，看到真实发生的事件，同时也看到自己	长情商、识人心
	与《老子》一起思考：德篇 **与《老子》一起思考：道篇** 史贤龙　著	打通文史，回归哲慧，纵贯古今，放眼中外，妙语迭出，在当今的老子读本中别具一格	深读有深读的回味，浅尝有浅尝的机敏，可给读者不同的启发

续表

思想·文化	**说服天下:《鬼谷子》的中国沟通术** 翟玉忠　著	由内圣而外王,从心力的培育到具体的说服理论,再到生动的说服案例	从商业到军事再到日常生活,沟通说服已经变得越来越重要
	读《管子》,知天下财富:轻重术与中国古典经济思想 翟玉忠　著	中国农业社会规模庞大的市场产生了复杂发展的经济理论——以《管子》轻重十六篇为核心的轻重术	本书分为道、术两大部分,有思想、有谋略,相信你会从中有所收获
	中国商道:从古典商书说开去 翟玉忠　著	对中国先秦和明清两个商品经济大发展时期商业典籍的第一次系统整理和诠释	中华商道一脉相承,造就了无数商业奇迹,成就了无数商业巨子。今人读之,必能获益
	跟陈忠建学写名家书法Ⅰ **跟陈忠建学写名家书法Ⅱ** 陈忠建　著	中国台湾著名书法教育家,用视频手把手教你摹写历代名家笔触	用拟古千字文的形式,学习名家的技巧
	像美国人一样讲话:教你记住800句最地道的美语 马方旭　著	本书基本囊括了在美国最常用最地道的800习惯用语表达,包含中英双语翻译,以及清晰明了的注解帮助增强记忆,加入视频等流行的记忆方法	易读易懂,趣味十足
	别让你的执着毁了孩子 廖信琳　著	让职场人在家庭教育中不再焦虑,重塑亲子互动模式	只要放下你的执拗,孩子可以更优秀
	非暴力抵抗的诞生 甘　地　著	甘地在南非的自传,介绍了非暴力抵抗诞生的历史	深入了解甘地及其伟大思想
	中东历史与现状二十讲 黄民兴　著	介绍了中东历史和现状的20个重要问题	为研究和教学人员提供指导和依据
	郑子太极拳理拳法 杨竣雄　著	走进郑子太极拳完整训练体系的大门,随着书中另一主角——师父的课程安排与每日功课的练习	当您学完这套书后,在掌握拳架的同时具备诸多正确的太极理念与系统知识
	内功太极拳训练教程 王铁仁　编著	杨式(内功)太极拳(俗称老六路)的详细介绍及具体修炼方法,身心的一次升华	书中含有大量图解并有相关视频供读者同步学习
	中医治心脏病 马宝琳　著	引用众多真实案例,客观真实地讲述了中西医对于心脏病的认识及治疗方法	看完这本书,能为您节约10万元医药费